Otto Funcke

Fußspuren Gottes in meinem Leben

Otto Funcke

Fußspuren Gottes in meinem Leben

BRUNNEN VERLAG GIESSEN/BASEL

ABCteam-Bücher erscheinen in folgenden Verlagen:
Aussaat- und Schriftenmissions-Verlag Neukirchen-Vluyn
R. Brockhaus Verlag Wuppertal
Brunnen Verlag Gießen
Bundes Verlag Witten
Christliches Verlagshaus Stuttgart
Oncken Verlag Wuppertal

CIP-Kurztitelaufnahme der Deutschen Bibliothek

Funcke, Otto:
Fußspuren Gottes in meinem Leben/
Otto Funcke. – 130.–134. Tsd. –
Giessen; Basel: Brunnen-Verlag, 1986
(ABC-Team; 525: Geschenkbände)
ISBN 3-7655-2525-1
NE: GT

130.–134. Tausend

Umschlaggestaltung: Martin Künkler

Herstellung: Ebner Ulm

INHALT

Otto Funke
Fußspuren Gottes in meinem Leben

Der erste Band von Otto Funckes Lebenserinnerungen, den „Fußspuren des lebendigen Gottes in meinem Lebenswege“, erschien 1884. Dieses Buch erreichte bis zum Tode Otto Funckes im Jahre 1910 in 26 Auflagen eine Auflagenhöhe von 80 000 Exemplaren (Gesamtauflage: 130 000 Exemplare).

Nicht das „Neue“ der Gedanken, nicht einmal die herzerfrischend humorvolle, ungekünstelte, jedem verständliche Art seiner Darstellung hat zu dieser so stetig wachsenden Lesergemeinde geführt. Was die Menschen unterschiedlichster Prägung und Bildung zu ihm hinzog, war wohl die Tatsache, daß er als Christ ein ganzer Mensch und als Mensch ein ganzer Christ zu sein wagte.

Künstlich vollzogene Trennungen zwischen „Gottesreich“ und „Welt“, zwischen „geistlich“ und „weltlich“ blieben Otto Funcke fremd. Für derlei Trennungen war er zu direkt, zu praktisch, zu – „ehrlich“, wie er es selbst zu nennen liebte. Christentum war ihm Leben, praktisches Leben – keine Weltanschauung oder „Theologie“. Was er seinen Lesern geben wollte, war „frisches Quellwasser, ohne Grübeln und Kopfhängerei mit eigener Hand geschöpft“.

Heute, mehr als hundert Jahre nach dem ersten Erscheinen seiner „Fußspuren“, ist dieses Anliegen vielleicht aktueller denn je. In der oft so bedrängten geistigen und geistlichen Verwirrung, der Hetze und Unrast unserer Tage ist es gut, einen so geradlinigen, unbeirrbaren Wegführer zu haben wie Otto Funcke. Nur zu gern und mit Gewinn folgt der Leser dieser starken Persönlichkeit, dem es mit der Schilderung seines Lebensweges immer um eines ging: in allem und jedem „mit voller und ehrlicher Überzeugung den lebendigen Gott in den Vordergrund zu rücken“.

MEINE AHNEN

Die Großeltern

„Mein Großvater — mein Vater — ich — mein Sohn“, so schrieb einmal der fromme Gelehrte *Johann Georg Hamann*, von dem *Goethe* bekennen mußte: „Er war der hellste Kopf seiner Zeit, er wußte, was er wollte.“ Nun, wir verstehen wohl, was er sagen wollte: Jeder Mensch *ist* ein *Produkt* der Familie. Das ist gewiß richtig — aber es geht bei Menschen nicht ganz so wie bei Apfelbäumen oder Feldhühnern. Bei uns Menschen spielt die Verschiedenheit der Begabung, die verschiedene Verwertung des uns überkommenen Erbguts und vor allen Dingen die Stellung zum Evangelium eine ungeheure Rolle. Aber daß die Ahnen doch von großer Bedeutung sind, das hat schon Hamann erkannt. Und darum wäre es ein Fehler, wenn ich von *mir* erzählen wollte, ehe ich nicht meine Ahnen mit wenigen Strichen gezeichnet hätte.

Meine beiderseitigen Großeltern lebten in *Wülfrath*, meinem Geburtsort. Außer der mütterlichen Großmutter (die einen Tag vor ihrer goldenen Hochzeit, 69 Jahre alt, starb) sind sämtliche Großeltern erst hoch in den achtziger Jahren heimgegangen. Wenn man auch nicht gerade sagen kann, daß zwischen den beiden großelterlichen Häusern eine lebhafte Sympathie bestanden hätte (dafür war der Geist, der in beiden Familien wehte, zu verschieden), so blühten doch für die *Enkelkinder* hier und dort reiche Freuden.

Großvater Funcke stammte aus Dortmund und war — ich weiß nicht, aus welchen Gründen — aus Westfalen nach *Wülfrath* gezogen. Er war in der Mitte des 18. Jahrhunderts geboren und hatte sehr lebhafte Erinnerungen aus dem Siebenjährigen Kriege. Er war früh taub und darum für uns Kinder ziemlich unzugänglich. Aber ich erinnere mich noch, daß er oft erzählte, wie er einmal als junger Arzt mit dem Alten Fritz zusammengetroffen sei. Der fragte den Großvater nach seinem „Metier“ (Handwerk); und als dieser geantwortet hatte, sagte der große König verächtlich: „Ihr Feldscherer seid alle Lumpen;

ihr wißt immer da nichts, wo es am nötigsten wäre." Trotz dieser zweifelhaften Schmeichelei schwärmte der Großvater für den großen König. Sein starres Gesicht bekam jedesmal einen Hauch der Begeisterung, wenn er von ihm redete. Und das geschah sehr oft. Da er sehr spät geheiratet hatte, so erinnere ich mich seiner nur als eines alten Herrn, der Tag für Tag an derselben Stelle in einem lederbezogenen Lehnsessel saß. Zu seiner Seite stand stets ein alter Krückstock. Er benutzte ihn, um damit aufzuklopfen, wenn er etwa eines Menschen bedurfte. Denn von elektrischen und anderen Klingeln war noch keine Rede. Obgleich ich nun nicht weiß, daß Großvater den Krückstock jemals zu einem anderen Zwecke gebraucht hat, als um damit zu „klingeln", so hielten wir Jungen uns doch immer außer Schußweite von ihm. Wir hatten die Empfindung, daß er jeden Augenblick auf den Einfall kommen könnte, seinen Stock auch einmal zu unserer Erziehung zu benutzen. Kinderlärm war ihm verhaßt.

Um so zärtlicher und milder war *Großmutter* Funcke. Sie war eine Bauerntochter aus der Nähe von Wülfrath. Von „Bildung" konnte bei ihr keine Rede sein; aber sie hatte ein gutes Herz, einen gesunden Menschenverstand und einen vortrefflichen Witz. Sie wußte ihren nervösen Mann zu nehmen. Und obgleich sie immer sagte: „Alles, wie *du* willst, lieber Funcke", so ging doch tatsächlich alles, wie *sie* wollte. Und dabei standen sich die beiden Alten auch am besten. Großmütterchen war eine Meisterin im Gemüsebau und in der Kochkunst. Das kam uns Enkelkindern sehr zustatten. Wenn es z. B. zu Hause die verhaßten Rüben gegeben hatte, dann flüchteten wir zu ihr. Und sie tat dann das Mögliche, um unsere traurigen Herzen zu erfreuen. Denn zu Hause mußten wir essen, was auf den Tisch kam, oder aber hungern.

Ich war etwa elf Jahre alt, als sie starb. Es ist mir wie heute, daß mein Vater mich an die Hand nahm und an ihr Sterbelager führte. Sie lag so friedlich da, als ob die größte Freude sie beseelte. Ich ahnte nicht, daß sie im Sterben lag. Ich glaube, sie ahnte es auch selbst nicht. Mit ihrer rechten Hand streichelte sie mich, der ich mich ihrem Wunsche gemäß auf ihr Bett gesetzt hatte. Plötzlich fühlte ich ein leises, geheimnisvolles Zucken in ihrer Hand. Es ging mir durch und durch. „Großmutter ist tot“, sagte mein Vater dumpf, „lauf hin und sag es der Mutter und den Jungen!“ Also *das* war der Tod, von dem ich so viel Schreckliches gehört hatte. Nichts Schlimmeres? O ich hatte es mir so furchtbar gedacht! Da dies das erste Sterben war, das ich erleben durfte, so verlor der Tod alle Schrecken für mich; denn der erste Eindruck ist der maßgebende. Viel später erst wurde ich anderer Meinung. Aber *etwas* von jenem ersten Eindruck ist doch geblieben.

Übrigens muß ich bemerken, daß in dem Hause meiner Großeltern Funcke von Religion selten die Rede war. Alles, was sich ereignete, war so viel oder wenig wert, wie es Nutzen brachte für *diese* Welt. Die lieben Alten stammten aus der dürren Zeit des Vernunftglaubens. Und als ein neuer Odem durch das deutsche Land wehte, waren sie zu alt, um sich davon durchdringen zu lassen. Das wird in einer *anderen* Welt nachkommen oder, woran ich nicht zweifle, längst geschehen sein. Denn sie waren beide aufrichtige Leute.

Wenn ich noch einmal auf den Großvater zurückkommen darf, so war derselbe fast fünfunddreißig Jahre lang *Arzt* in Wülfrath. Und da mein Vater fünfundvierzig Jahre lang dasselbe Amt verwaltete, so haben die beiden ein Jahrhundert lang die Gesundheit der Wülfrather gepflegt. Kein Wunder, daß sie in Wülfrath sehr beliebt waren; davon bekamen auch wir Kinder etwas ab.

Ganz andere Leute waren unsere Großeltern mütterlicherseits, die in dem herrlichen *Wiedenhofen,* dem ersten Pastorat, wohnten. Ein großer Garten und Baumhof umgab das behagliche Pfarrhaus, das, um das Glück voll zu machen, dem großen Mühlenteich benachbart war.

Johann Peter Neumann war nicht nur der Sohn, sondern auch der Enkel und Urenkel eines Pastors. Sein Vater war Prediger in dem schönen *Cleve* an der holländischen Grenze, ein sehr angesehener Mann, aber natürlich durch und durch Rationalist, also ein Mensch, der nicht mehr an eine Offenbarung Gottes glaubt, sondern *alles* auf Erden und im

Himmel *vernünftig* erklären will. Die Bibel war für diese „Predigt" des Vernunftglaubens nur ein Märchenbuch, aus dem man schöne Beispiele für höchst vernünftige, im Grunde aber höchst *unvernünftige* und ganz überflüssige „Predigten" nehmen konnte*. Großvaters Jugend fiel in die Zeit, da die Franzosen Cleve besetzt hatten und mit den gleichfalls toll gewordenen Männlein und Fräulein der deutschen Stadt die Freiheitsbäume umtanzten. Durch seine fromme Mutter war Peter aber in ein stilles Gebetsleben eingeführt. In dem schwächlichen Knaben war ein gewaltiger, tiefer Hunger nach dem lebendigen Gott. Die Mutter, die im Evangelium lebte, befriedigte ihn nach bester Kraft. Da aber auf dem Gymnasium der reine Unglaube gelehrt wurde, so kam auch der junge Peter in große Anfechtungen. Einstmals umschlang er in seiner Not einen herrlichen Baum im Clever Wald und rief unter Tränen: „Du wärest nicht, wenn kein Gott wäre!" So gewann sein kindliches Herz wieder Festigkeit. Und bald trat der siebzehnjährige Gymnasiast in der Schule offen gegen die freigeistigen Lehrer auf.

Im Jahre 1800, als der gewaltige Korse die Alpen überschritt, wanderte der Großvater von Cleve nach Utrecht in Holland. Hier suchte und fand er Professoren, die im Unterschied von ihren deutschen Kollegen fest im Offenbarungsglauben wurzelten. Es waren fromme Leute, aber, mit Respekt zu sagen, etwas ledern. Die großen Gedanken des Evangeliums wurden unerbittlich in eine starre Kirchenlehre eingeschnürt, die allein die wahre „reformierte" sein sollte. Immerhin wiesen die Herren den jungen Peter in die Schrift hinein. Eine alte Magd aber, die in seinem Hause wohnte, vervollständigte allabendlich die Weisheit der Professoren. Großvater blieb auch lebenslang dem starren Buchstabenglauben und der dunklen, so oft Verwirrung anstiftenden Lehre von der Vorherbestimmung zum Glauben und zur Verdammnis treu. Das heißt: theoretisch. Im übrigen war er eine viel zu praktische

* Da wurde zu Weihnachten „gepredigt" vom „Nutzen der Stallfütterung" und zu Ostern vom „Segen des Frühaufstehens".

und warme Natur, als daß er sich im Alltagsleben dadurch hätte gefangennehmen lassen.

Mein Großvater hat die ganze Franzosenzeit in verschiedenen Gemeinden am Niederrhein durchlebt und war also zu seinem Entsetzen Untertan des liederlichen Königs Jerôme, des Königs „Morgen wieder lustik". Aber er behielt ein deutsches Herz und pflegte trotz allem echte deutsche Art nach bester Kraft. Sein ganzes Herz und all sein Wesen waren durchsichtig. Die Kehrseite der Sache war freilich eine Geradheit und Unvorsichtigkeit, zuweilen auch Grobheit, die manchmal haarsträubend war. Er hielt die Rücksichtslosigkeit für eine große Tugend. Aber dem treuen Manne konnte doch auf die Dauer niemand feind sein, denn Gott behütet die Einfältigen.

Eine geistvolle, durchgearbeitete Predigt zu halten, war nicht seine Sache. Sonnabends morgens ging er erst stundenlang, eine lange, holländische Tonpfeife rauchend, im Garten sinnend und betend auf und ab, immer denselben Weg. Dann siedelte er in seine Studierstube über und schrieb seine Predigt auf einen großen, ovalen Tisch, dessen Platte aus einem einzigen riesigen Schiefer bestand, nieder. Ehe er dann sonntags in die Kirche ging, wischte er alles mit einem nassen Schwamm aus. Und ich glaube, er hat auch kein Unrecht damit getan, daß er alle seine Predigten vernichtet hat. Dennoch war er fast vier Jahrzehnte hindurch auch als Prediger sehr beliebt. Man hörte ihn gewiß nie ohne Segen. Er traf in seiner Einfalt meist ins Schwarze. Leider erkannte er nicht die Zeit, da er hätte abdanken sollen.

Während er auf der Kanzel oft nur zu sehr der „polternde Elia" war, wie er selbst in seiner Jubiläumspredigt sagte, so wußte er in der persönlichen Seelsorge mit den Müden zu reden zu rechter Zeit. Die Seelsorge war seine eigentliche Gabe; kein Wetter war so schlecht, daß er sich hätte abhalten lassen, allnachmittäglich drei bis fünf Stunden in die Gemeinde zu gehen und Gesunde und Kranke zu besuchen.

Als Kinder durften wir oft mit ihm in die Gemeinde wandern. *Uns* war es dabei natürlich nicht um die Seelen zu tun, sondern um den herrlichen Bauern„platz" und den Kuchen, den es zum Kaffee gab, und um andere schöne Dinge: Äpfel, Birnen usw. Aber wir hörten doch öfter, wie Großvater mit den Leuten redete. So stand er einmal stille bei einem trunksüchtigen Manne, der Holz spaltete, und redete ihm sehr liebreich zu, doch endlich auch einmal an seine unsterbliche Seele zu denken. „Do han ek keen Tid för", war die grobe Antwort. Da wurde Großvater zornig und sprach in einem Tone, der uns Kindern Angst machte: „Wenn Ihr es denn nicht besser haben wollt, so müßt Ihr zum Teufel fahren! Seht, da hinter Euch steht er schon!" Der Mann schaute sich angstvoll um und — lachte nicht.

Mancher wird meinen, das sei zu grob gewesen. Aber die Tatsache, daß der Mann sich gerade auf dieses Wort hin bekehrte, gibt ihnen unrecht. Dem Holzspalter hatte die scharfe Antwort das Herz zerspalten. Er kam von da an in große Sündenangst, bis er in dem Kreuze Christi beides gefunden hat: Rechtfertigung und Heiligung.

Unglaublich groß war Großvaters Gleichgültigkeit gegen alles Äußere. An seinem Leibe freilich war er sehr reinlich, und er badete im Sommer mindestens einmal des Tages in den Teichen und Bächen, die in meiner Heimat so reichlich sind. „Wat pladdert do en miner Beek?"* rief einst ein Bauer der Gemeinde. Er meinte, nichtsnutzige Jungen fingen ihm seine Krebse und Forellen weg. Als er aber in die Nähe kam, war es der alte Pastor Neumann im Adamskostüm.

Auch inwendig liebte er das Wasser, besonders den frisch gefallenen Tau, den er frühmorgens mit der hohlen Hand vom Grase der Wiesen wegschöpfte. Er hielt ihn für ein besonderes Lebenswasser. Nun, ob infolge des frisch gefallenen Taus oder trotz desselben, er ist jedenfalls 87 Jahre alt geworden und war kerngesund bis zu der Minute, da er in seinem Mittagsschläfchen starb, ohne sich des Sterbens bewußt zu werden.

Um Geldsachen kümmerte er sich absolut nicht. Großmutter steckte ihm immer so viel Fünfgroschenstücke in seine

* Was plätschert da in meinem Bach herum?

Westentasche, wie er an dem betreffenden Tage in der Gemeinde ausgeben durfte. Als er einmal eine kleine Reise ohne Begleitung machte, legte er all sein Geld hin und ging mit seiner Fahrkarte fort. Nur mit Mühe konnte der ehrliche Schalterbeamte ihn zurückholen lassen.

An seinem fünfzigjährigen Jubiläum überbrachte ihm der Landrat den üblichen Roten Adlerorden IV. Klasse. Er wollte ihn gar nicht nehmen, bis man ihm zuflüsterte, daß das eine Beleidigung Sr. Majestät des Königs sein würde. Da ließ er ihn sich freiwillig anheften, wurde aber ganz rot über „das bunte Dingen", wie er sagte. Als er in seinem Pastorat angekommen war, nahm er den Orden ab, übergab ihn seiner Frau und sagte: „Da, Marie, tu das alberne Dingen in die Kist'!" Und in der Kiste hat es denn auch gute Ruhe gehabt.

Über *Großmutter* kann ich nur wenig sagen. Sie war eine stattliche, angenehme und stille Frau, aber im Gegensatz zu Großvater etwas unnahbar.

Gleich waren sich die beiden lieben Alten nur in aufrichtiger und ungeschminkter Frömmigkeit; sonst waren sie in allem verschieden. Natürlich führte Großmutter die Kasse; sonst wäre auch trotz des guten Gehalts und des ganz netten Vermögens der Bankrott bald unvermeidlich gewesen.

Gegen uns Enkelkinder war Großmutter sehr gütig, wenn sie auch wenig sprach. Zwar entsetzte sie sich oft, wenn wir aus Wiese und Wald mit zerrissenen Jacken und Hosen bei ihr landeten. Dann rief sie wohl: „Ihr unglücklichen Kinder! Wie seid ihr euerm Großvater so ähnlich!" Aber das hielt sie doch nicht ab, Nadel und Zwirn zu holen und dem Schaden abzuhelfen, damit wir, wie sie sagte, unserer Mutter keinen Kummer machten. Sie ließ uns auch nie gehen, ohne uns erst ein Schwarzbrot-Butterbrot mit aufgestreutem Zucker zu geben.

Die liebe alte Frau starb in Frieden und ohne Kampf, als schon große Zelte aufgeschlagen waren, worin sie inmitten der versammelten Gemeinde mit ihrem Peter die goldene Hochzeit feiern sollte.

Meine Eltern

Von ihnen will ich hier nur wenig sagen, da sie im folgenden selbstverständlich noch oft genannt werden. Als der Großvater unter Glockengeläut, Böllerschüssen und Musik in Wülfrath seinen Einzug hielt, da schaute aus dem offenen Wagen ein schönes siebzehnjähriges Mädchen mit rabenschwarzem Haar und ebensolchen großen, herrlichen Augen heraus. Es war Minchen, die älteste Tochter von Pastor Neumann. Ihre Blicke begegneten sich mit denen eines jungen Studenten der Medizin, einer stattlichen, charaktervollen Erscheinung. Beide jungen Leute fingen Feuer, und dieses Feuer ist nicht erloschen. Daß der Student mein Vater war, brauche ich wohl nicht erst zu bemerken.

Allerdings stellten sich dieser jungen Liebe, sobald sie offenbar wurde, die größten Schwierigkeiten in den Weg. Die Großeltern Neumann wollten, daß ihre Tochter auf jeden Fall nur einen *gläubigen* Mann heirate. Die Eltern meines Vaters drangen darauf, daß der Sohn seinerzeit ein *reiches* Mädchen eheliche. Dazu kam, daß die beiderseitigen Großeltern sich gegenseitig sehr unsympathisch waren. Großvater Funcke, der viele Kinder und wenig Geld hatte, erklärte seinem Karl, daß er „keinen roten Deut" mehr zu seinem ferneren Studium hergeben werde, wenn er nicht von dem Mädchen lasse. Karl aber war womöglich noch eigensinniger als sein Vater und schwur hoch und teuer, daß er und Minchen Neumann solidarisch seien. Da machte denn wirklich Großvater seinen Geldbeutel fest zu. Meine Mutter aber wußte Rat. Es war bis ans Ende ihres Lebens ihre besondere Gabe, daß sie immer Rat wußte; es war auch jetzt schon so bei der Siebzehnjährigen. Sie war der verwöhnte Liebling der ganzen Familie, und die wohlhabenden Onkel und Vettern in Barmen liehen ihr nach und nach fünfzehnhundert Taler für ihren Karl. Als er später die einträgliche Praxis in Wülfrath hatte, bezahlte er auf Heller und Pfennig alles zurück.

Wenn man aber aus dem Gesagten schließen wollte, daß die beiden Eltern ausgezeichnet zusammen gepaßt hätten, so wäre das ein großer Irrtum. Sie paßten zusammen, wie immer zwei schöne junge Leute zusammen passen. Aber damit ist auch das Beste schon gesagt. Infolge einer ganz verschiedenartigen Erziehung hatten die beiden eine völlig verschiedene *Weltanschauung*. Verschieden war ihr Charakter, verschieden ihr Temperament. Verschieden war auch das, was sie unter Religion, Glauben und Frömmigkeit verstanden. Daß bei so bewandten Dingen die Zusammenstöße nicht ausbleiben konnten, wird jeder begreifen.

Was meinen *Vater* betrifft, so hatte er eine außerordentlich starke, energische Natur, nicht ohne eine Neigung zu Trotz und Gewalttat. Wenn er zornig war, konnte er fürchterlich sein. Sobald aber der Zorn verraucht war, war er doppelt mild. Als Kind habe ich ihn nur einmal weinen sehen. Ich stand gerade neben ihm an seinem Schreibtisch. Und als ich ihn fragte, warum er weine, sagte er: „Großvater ist gestorben, ich schreibe die Todesanzeige." Die Tränen des Mannes, von dem ich meinte, daß er gar nicht weinen könnte, machten einen tiefen Eindruck auf mein Gemüt.

Seine Tatkraft war früh erwacht. Als sein Vater sich gar nicht entschließen konnte, den vierzehnjährigen Knaben auf das Gymnasium zu schicken, trat er ihm einst bei Sturm und Regen in einem engen Hohlweg entgegen, riß die Zügel des Pferdes an sich und sagte: „So, nun kannst du mich meinetwegen niederreiten; aber ich weiche nicht von der Stelle, bis du mir klaren Bescheid gegeben hast, ob ich nach Elberfeld aufs Gymnasium soll oder nicht." Und der kleine Karl bekam seinen Willen.

So wurde er Gymnasiast und darauf ein fleißiger Student. Auch er hätte als Burschenschafter das furchtbare Schicksal, das damals eine gottverlassene preußische Bürokratie über die edelsten jungen Leute verhängte, teilen müssen, wie denn mehrere seiner Freunde, gleich Fritz Reuter, langjährige Festungsstrafen erdulden mußten. Aber mein Vater war in der Zeit, als das Damoklesschwert über seinem Haupte hing, in einem Berliner Lazarett tätig. Die Cholera, die aus Rußland herübergekommen war, hatte es gefüllt. Mein Vater pflegte unter anderen mit ebensoviel Aufopferung wie Furchtlosigkeit einen cholerakranken General. Dieser hat sich dann an höchster Stelle für ihn verwandt, und man hat meinen Vater allergnädigst „übersehen". Ich besitze noch die hübsche bemalte Tabaksdose, die der General meinem Vater zum Andenken geschenkt hat.

Als die Ereignisse von 1870 das brachten, was jene Burschenschafter erstrebt, ist mein Vater wieder jung geworden. Ich werde es nie vergessen, wie er im Sommer 1881 mit allen seinen Söhnen am Fuß der Germania auf dem Niederwald stand. Es war ein Sonntagmorgen, und hundert Glocken läuteten aus dem Rheintal herauf. Gerade, als wir vor das Denkmal hintraten, durchbrach die Sonne den trüben Himmel und verklärte die Germania. Da hielt es mein Vater, dem es schon lange um die Mundwinkel zuckte, nicht mehr aus. Er zog seinen Hut vom Kopfe und fing, ohne nach irgendeinem Menschen zu fragen, mit lauter Stimme zu singen an: „Nun danket alle Gott mit Herzen, Mund und Händen!" Und das ganze Volk stimmte begeistert ein, und niemand lachte.

Daraus wurde deutlich, daß mein Vater kein unreligiöser Mann war. Im Gegenteil: Er konnte es gar nicht begreifen, daß damals wohl die meisten Ärzte Materialisten waren. Unglaube war in seinen Augen Dummheit oder Heuchelei. Er sagte uns oft, wenn man aus dem ganzen Kosmos auch nur an das so wunderbar organisierte menschliche Auge dächte, so müßte man schon, falls man keine sittlichen Gegengründe hätte, notwendig zur Erkenntnis einer persönlichen Intelligenz, die schöpferisch hinter den Dingen stünde, gelangen.

Selten habe ich Vater so heftig gesehen, als wenn ihm Menschen begegneten, die über die Religion spotteten. Einen jungen Mann, der durch sein unsittliches Leben seine Gesundheit ruiniert hatte, schnaubte er an: „Sie sind noch nicht trocken hinter den Ohren und wollen das verlachen, was die Welt zusammenhält? Sie Hanswurst Sie, Sie tragen das göttliche Gericht schon in Ihren faulen Knochen! Noch ein Wort wie vorhin, und ich werfe Sie einfach hinaus!"

Selten aber *sprach* er von Dingen des Glaubens, und dann

war es immer im Geiste des *ersten* Artikels: Man müsse auf den lebendigen Gott vertrauen, ernstlich beten, seine Gebote halten, seine Pflicht erfüllen usw. Das eigentlich *Christliche* war ihm, bis er ein alter Mann war, verborgen. Meine Mutter behauptete aber trotz allem steif und fest: „Auf den Abend wird es helle werden." Und sie hat nicht unrecht gehabt.

Was dem Vater die Erkenntnis des Evangeliums nicht wenig erschwerte, war das viele scheinfromme Geschwätz, das man am Niederrhein führte und wobei besonders die *Gnade* in einer Weise gepriesen wurde, daß die sittliche Seite des Lebens nicht zu ihrem Recht kam. Auch sonst gab es bei uns viele geistlich kranke Zerrbilder, bald pharisäischer, bald schwärmerischer Art — Menschen, die in Gefühlen schwelgten und immer von ihren „Erfahrungen" redeten.

Meine Mutter, die von Herzen fromm war, aber vielleicht ein wenig zur Überschwenglichkeit neigte, nahm immer die Partei der „Kinder Gottes", die ihrerseits meinen Vater einfach unter die „Ungläubigen" einordneten, ohne sich ein Gewissen daraus zu machen. Ganz wild wurde er der Heuchelei gegenüber. So ging ich einmal, als ich schon Student war, mit ihm durch einen Bauernhof. Der Besitzer war ein ebenso reicher als geiziger Mann. Jetzt trat er auf uns zu und bat meinen Vater, ob er nicht einmal seine Tochter, die nicht so ganz recht sei, ansehen wollte. Wir gingen mit ihm und fanden ein junges Mädchen, das die Rosen der Schwindsucht auf den Backen hatte. „Herr N.", sagte mein Vater ernst, „warum haben Sie nicht eher zu mir geschickt?" Die Antwort lautete: „Der Heilige Geist hat mir gesagt, daß Herr Dr. Funcke hier durchkommen würde, und so lange sollte ich warten." Da fuhr mein Vater los: „Nicht der Heilige Geist, sondern Euer Geizteufel hat Euch das gesagt. Ihr wußtet, daß ein *gelegentlicher* Besuch nur den dritten Teil kostet. Ihr werdet einmal Gott wegen des Sterbens Eurer Tochter Rechenschaft geben müssen. Auf ihren Grabstein könnt Ihr schreiben: ‚Der Geiz ihres Vaters hat sie getötet.'" Ob der Bauer diesen Vorschlag befolgt hat, ist mir nicht bekannt geworden.

Wir werden in diesem Buche meinem Vater noch öfter

begegnen. Aber ich will doch hier noch ein Wort über sein Ende sagen. Als er fast siebzig Jahre alt war, gab er seine Praxis in Wülfrath auf (die Mutter war schon früher heimgegangen) und zog nach dem herrlichen *Boppard* am Rhein. Er lebte fast immer auf seinem großen Balkon, der eine der schönsten Rheinaussichten bot. Ganz ohne Arbeit aber konnte der gesunde Mann nicht sein. Doch half er meistens nur armen Leuten, und zwar mit überraschendem Erfolg. Oft sagte er: „Seit ich für meine Hilfe kein Geld mehr nehme, mache ich die glänzendsten Kuren." Allmählich nahm sein Gehör so sehr ab, daß er sich gänzlich zurückzog. Da aber seine Augen gut waren, so las er viel, besonders auch die Schriften dessen, der dies hier schreibt. Meine „Täglichen Andachten" studierte er jeden Morgen, ehe er irgend etwas anderes unternahm. Schon öfter hatte er in seinen Briefen von der vergebenden Gnade Christi gesprochen als von seinem höchsten Trost. Als dann der hünenhafte Mann endlich zusammenbrach, hörten wir, seine Söhne, die um sein Sterbebett versammelt waren, ihn in abgebrochenen Sätzen sagen: „Meine Söhne verlassen mich nicht — du mein Heiland aber verläßt mich erst recht nicht — du hast mir die Tür aufgemacht — es scheint ganz hell herunter — — Kinder, Kinder — — Jesus steht in der Tür und sagt: ‚Karl Funcke, du bist ein großer Sünder; aber ich lasse dich doch durch!' "

So bekam die Mutter schließlich noch recht, und wer weiß, ob sie nicht auch im Himmel noch für ihn gebetet hatte? Ja, wer weiß? — Auf dem herrlichen Friedhof bei Boppard mitten in seinen lieben Bergen liegt er begraben. Auf seinem Grabstein stehen die Worte aus 2. Mose 15, 26: *„Ich bin der Herr, dein Arzt."*

HEIMAT UND VATERHAUS

Meine Heimat

Wohl hundertmal bin ich schriftlich und mündlich gefragt worden, wo ich denn eigentlich geboren sei. Meine Freunde sind dabei von der richtigen Voraussetzung ausgegangen, daß ich irgendwo geboren sein müßte. Irrigerweise aber schienen manche zu vermuten, daß ich an einem *berühmten* Ort das Licht der Welt erblickt hätte. Aber leider bin ich nicht „in Arkadien geboren" und glücklicherweise nicht in einer Weltstadt, wo die kleinen Menschen so früh groß, „gebildet", abgeschliffen und „angemessen" werden. Meine Heimat heißt *Wülfrath*, was soviel bedeutet wie „Ausrottung der Wölfe". So zeigt auch das Kirchensiegel der reformierten Gemeinde einen Pastor, also einen Hirten, der in treuem Kampf den Wolf ersticht.

Wenn ein Ort dadurch schon berühmt wäre, daß er alt ist, so wäre auch meine Heimat berühmt, denn man kann es mit Brief und Siegel nachweisen, daß Wülfrath schon ums Jahr 1000 nach Christus bestanden hat. Aber trotzdem hatte Wülfrath es zu meiner Jugendzeit nicht weiter als bis zu 1200 Einwohnern gebracht; in erhabener Stille hatte der Ort sein Dasein geführt.

Auf welchem Breitengrad Wülfrath liegt, kann ich leider nicht sagen, da ich es nie gelernt habe. Auf irgendeinem muß es liegen. Wenn man aber einen geraden Strich zieht von Elberfeld nach Düsseldorf und geht dann diesem Strich nach, dann liegt Wülfrath etwa eineinhalb Stunden rechts, also westlich, von der Mitte des Strichs. Obgleich diese Beschreibung an Klarheit nichts zu wünschen übrigläßt, will ich doch die Gegend noch mit einigen Strichen zeichnen. Natürlich ist sie bergig, denn Wülfrath liegt im „Bergischen", und ich wäre auch gewiß ein ganz anderer Mensch, wenn ich im Flachland geboren wäre. Der „Flehenberg" nach Osten ist ziemlich steil. Von seinem Gipfel aus sieht man in ein zerrissenes und noch vielfach bewaldetes Gebirgsland hinein, das heißt, nach Osten zu, wo „die Stadt", nämlich Elberfeld, liegt. Nach Westen und Norden gleicht die Landschaft einem Meer, dessen Wellen sich brechen und immer kürzer, niedriger und zahmer werden. Die Hügel laufen allmählich in die Rheinebene aus.

Von verschiedenen Höhen, die Wülfrath umgeben, sieht man denn auch bei hellem Wetter den Vater Rhein, wie er mit majestätischer Ruhe dem Meer seine Wogen zuwälzt. Ja, man sah deutlich die Schiffe, die im Abendsonnenglanz auf dem Spiegel des schönsten aller Ströme dahinglitten. In mir weckte dieser Anblick verschiedene Gedanken, je nachdem mein Befinden war. War ich einigermaßen gesund, dann packte mich als kleinen Jungen schon im Anblick des dahinflutenden Stromes eine unbändige Reiselust. Ich sehnte mich, mit ihm zum Ozean hinabzufahren und dann weit, weit in alle Lande der schönen Welt. War ich aber kränklich, so erweckte derselbe Anblick ein wehmutsvolles Heimweh nach der Welt der Ewigkeit. Wie oft sang ich dann leise und nicht ohne Tränen das Lied, das meine Mutter mich gelehrt hatte: „Der Pilger aus der Ferne zieht seiner Heimat zu"!

Wie ein Vogelnest in die Zweige, so ist Wülfrath in die Berge und Hügel eingesenkt. Eine uralte, halbgotische Kirche mit riesigem Schieferdach steht genau in der Mitte des Ortes, wie eine Henne schirmend und wachend zwischen den Küchlein. Zwei große Mühlenteiche, verbunden durch den schon genannten Eselsbach, flankieren den Ort. Dieser kristallklaren Teiche, ebenso wie der schnell fließenden fisch- und krebsreichen Bäche gibt's in der Gegend sehr viele. Es ist wohl überflüssig zu bemerken, daß wir oft über und in die Bäche gesprungen sind, daß ferner die Teiche im Winter zum Schlittschuhlaufen dienten, im Sommer aber die erwünschten Exerzierplätze für angehende Seefahrer abgaben. Zwar fehlten meistens regelrechte Kähne; aber wozu sind Waschbütten und große Tonnen anders da, als daß man sie durch kreuzweise unterlegte Bretter in Seeschiffe verwandelt? So wurden großartige Seeschlachten aufgeführt. Natürlich kenterten unsere Kriegsschiffe nicht selten, und nach dem kühlen Bade im oberen oder unteren Mühlenteich gab's dann daheim in Vaters

Studierstube auch noch das, was man mancherorts „ein nasses Jahr“ nennt. Aber das machte nichts.

Überhaupt war die Gegend für unternehmende Jungen wie geschaffen. Überall gab's kleine, herrliche Wälder, die von Erd= und Waldbeeren und wilden Kirschen wimmelten, wo man aber auch ganz herrlich „Räuber und Gendarm“ und allerlei Romane spielen konnte. Zwischen den Feldern liefen Hecken, in denen zahllose Haselnußstauden wuchsen. Hier sammelten wir im Herbst einen großen Schatz von Nüssen, die dann an behaglichen Winterabenden beim „Glocke=und=Hammer=“, „Dame=“ oder „Lotto=Spiel“ eingesetzt wurden. Die Welt wird bekanntlich immer langweiliger; und so sind auch diese Wälder und Hecken zum größten Teil der sogenannten Kultur zum Opfer gefallen. Aber ich war zum Glück noch vor der „Kultur“ in die Welt gekommen. Auch die zahlreichen wilden Kalksteinbrüche lockten zu allerlei Abenteuern. Hier erprobten wir die geheimnisvolle Macht des Schießpulvers. Daß wir uns dabei böse verbrannten, kann ich nicht leugnen, und daß der Herr Schulmeister folgenden Tags die Wunden seltsamerweise durch die Schläge seines spanischen Röhrleins heilen wollte, ist auch richtig. Aber eine gute Sache gewinnt bekanntlich an Reiz, wenn man dafür zum Märtyrer wird.

Menschen und Dinge in Wülfrath

Es ist Zeit, daß wir uns die *Bewohner* Wülfraths einmal ansehen, denn die Menschen sind doch immer das Beste an der Gegend. So sagt man wenigstens. Ob es immer wahr ist, will ich den Gelehrten zur Entscheidung überlassen. Jedenfalls hatten meine Landsleute durchschnittlich eine gute Meinung von sich selbst. Die Wülfrather lebten auch im ganzen in guten Verhältnissen. Die Bauernschaft in weiter Runde war sehr wohlhabend, und der Handwerker sowohl wie der Kaufmann zehrte davon. Man lebte gut und aß selbst am Abend etwas Warmes, ohne deshalb das Trinken zu vergessen.

Freilich war der ganze Zuschnitt des Lebens sehr einfach.

In meiner Jugend dachte man noch nicht an Eisenbahn, Theater, Kasino, Klubs, Gasbeleuchtung, Wasserleitung und dergleichen. Straßenbeleuchtung gab es nur, wenn es irgendwo brannte, was zu unserer Freude nicht so ganz selten vorkam. Für gewöhnlich behalf man sich wie auch einst in Athen mit Handlaternen. Das Wasser holte man aus den öffentlichen Pumpen; daß bei der Gelegenheit von Frauensleuten ein ordentlicher Mund voll geredet wurde, weiß der Menschenkenner schon ohne Bericht. Wenn im Frühling oder Herbst neue Kleidung für jung und alt beschafft werden mußte, so kam der Schneidermeister *Gottbehüt* mitsamt seinen Gesellen in das betreffende Haus und schneiderte hier so lange, bis alles fertig war. Das war für mich, der ich infolge meiner Kränklichkeit selten in die Schule durfte, immer eine herrliche Zeit. Denn die Schneider waren allermeist lustige Leute, sangen zweistimmig, flöteten zweistimmig, erzählten und flunkerten.

Wie einfach die Verhältnisse waren, geht auch daraus hervor, daß jedermann einen *eigenen Garten* bebaute. Ob das daher kam, daß es keinen Gemüsemarkt gab, oder ob es keinen Gemüsemarkt gab, weil die Leute durch ihre Gärten so reichlich mit Gemüse versorgt waren, ist mir nicht ganz klargeworden.

Selbstverständlich war in Wülfrath, daß jeder gebildete Mensch sein *eigenes* Schweinefleisch aß. Also im Herbst machte man mit Kind und Kegel einen Ausflug zu einem der „fetten Bauern" und kaufte ihm ein fettes Schwein ab. Das mußte dann so gegen Martini herum seinen Hals hergeben. Natürlich blieben an dem Tage die Kinder des betreffenden Hauses aus der Schule, denn es gab viel zu helfen. Zahllose Würste nach den mannigfaltigsten Rezepten und Methoden wurden fabriziert, dazu große Töpfe voll von dem unaussprechlichen Gericht, das „Pannhaas" hieß, ferner Sülze und sonst noch allerlei Herrlichkeiten, deren Namen mein Gehirn nicht festgehalten hat. Waren die Schlachttage vollendet, so brachten die Kinder des Hauses den Nachbarn und allen näherstehenden Familien eine gründliche Probe der hergestellten Fabrikate. Natürlich ließen sich die Beschenkten ihrerseits auch nicht „lumpen". Und so kamen die zerteilten Schweine nach ihrem Tode in zahllosen Teilen durch die ganze Residenzstadt. Schließlich wußten dann die ehrsamen Hausfrauen oft selbst nicht mehr, was eigenes und was fremdes Schweinefleisch war. Ich erinnere mich noch sehr gut, daß Vater, wenn er mittags eine Wurst zerteilte, fragte: „Minchen, von wem ist die?" Dann antwortete Mutter: „Von Apothekers", oder: „Von Pastors", oder: „Lieber Karl, ich weiß es nicht genau, aber ich glaube, du wirst es bald herausschmecken."

Schule und *Kirche* waren in guten Händen. Man legte Gewicht darauf, daß man immer Lehrer „der besten Sorte" hatte. Zu meiner Zeit durfte man mit Recht stolz darauf sein, daß einer der berühmtesten Orgelspieler der ganzen Rheinprovinz unser Oberlehrer und Organist war. Diese beiden Ämter waren nämlich in Wülfrath so unlöslich verbunden wie Eheleute oder vielmehr noch unlöslicher, denn man schied sie nie. Die Vor- und Nachspiele des trefflichen Künstlers machten auf jeden fühlenden Menschen einen tiefen, ja an den hohen Festtagen geradezu einen erschütternden Eindruck. Vor allem die Zwischenspiele waren dem Herkommen gemäß so gründlich, daß auch der geplagteste Asthmatiker zu neuem kräftigem Einsatz wieder genug Luft schöpfen konnte.

Der Kirchenbesuch war ziemlich gut, das heißt bei gutem Wetter. Die beiden treuen Prediger hätten's wohl verdient gehabt, daß er noch besser gewesen wäre. Die Predigten ließen an untadelhafter reformierter Rechtgläubigkeit nichts zu wünschen übrig. Daß wir Jungen sie gern gehört hätten, kann ich nicht behaupten. *Gottesdienst* und *Langeweile* waren leider lange Jahre hindurch für uns *dasselbe*. Ich muß bekennen, daß wir oft in der Kirche allerlei Allotria getrieben haben. Wir waren zu lebhaft, um lange unbeschäftigt sein zu können. Die Kanzelvorträge aber gingen hoch über unsere Köpfe hinweg. Ich mache den trefflichen Predigern nicht den geringsten Vorwurf daraus. Es ist nicht jedermanns Sache, so zu predigen, daß Kinder und Erwachsene gleichzeitig davon erfaßt werden. Aber darum sollte man auch Kinder nicht so früh mit in die Kirche nehmen. Meine sonst so weise Mutter tat in der Art des Guten zu viel. Wir Schlingel waren klug genug, zu merken, daß wir vielfach nur als Füllmaterial verwandt wurden, denn bei Großvaters Predigten war's oft entsetzlich leer, und das war seiner ältesten Tochter, unserer Mutter, schrecklich.

Auffallend war mir in meiner Jugend schon, daß die nicht seltenen *Bußpredigten* sich allermeist an die Adresse von Leuten richteten, die durch ihre *Ab*wesenheit glänzten. Säufer, Tänzer, Kirchenverächter, Flucher, Lästerer, Kartenspieler, Raufbolde, Ehebrecher wurden in genügendes Licht gestellt. Gewisse Leute wiegten dann wohl bei krassen Schilderungen der Sünde entsetzt das Haupt, um anzuzeigen, daß *sie* damit nichts zu schaffen hätten, aber in betreff des Abwesenden einverstanden wären. Zwei der in Rede stehenden, stark ans Pharisäische streifenden Gesichter haben sich mir so eingeprägt, daß ich sie jeden Augenblick malen könnte, wenn ich überhaupt malen könnte. Wenn's auf der Kanzel zu donnern anfing, faßte ich die beiden ins Auge und war dann sehr amüsiert, wenn bei der Höhe des Gewitters die üblichen Grimassen gemacht wurden. Nachher erzählte ich es der Mutter. Die sagte dann wohl: „Gottloser Bengel!" und gab mir einen leisen Klaps. Aber ich merkte, daß sie nur mühsam das Lachen unterdrückte.

Sehr auffallend und befremdlich war mir auch, daß, sooft der Pastor von den *erwählten Kindern Gottes* redete, einige Männer aufstanden und sich ein wenig verneigten. Als ich meine Mutter deswegen fragte, sagte sie: „Laß das nur! Das sind ehrenwerte Leute, die Gott damit preisen, daß er sie errettet hat." Mir genügte diese Antwort vor fünfzig Jahren nicht. Und wenn ich ehrlich sein will, so genügt sie mir auch heute noch nicht. Ich glaube, die ehrenwerten Leute hätten auch im Sitzen Gott preisen können — denn den *Demütigen* gibt Gott Gnade.

Natürlich waren die Wülfrather stolz darauf, daß je und je auf der Kanzel des Ortes bedeutende Geister wirksam gewesen waren, z. B. *Gottfried Daniel Krummacher* (geb. 1774, gest. 1837) und andere.

Übrigens waren unsere Wülfrather ebenso regsame als

intelligente Leute. Der lebhafte Verkehr mit der „Stadt" (wie *Elberfeld* schlankweg genannt wurde) regte auch wohl manche neue Gedanken an. Jedenfalls haben etliche meiner Jugendgespielen auf industriellem Gebiet erhebliche und glückliche Gründungen gemacht.

Was die *Moral* betrifft, so machten es meine Landsleute so, wie man's anderwärts auch macht. Man lebte so gemütlich und behaglich, wie's einem paßte, und was einem paßte, das war recht und gut; was aber diese Linie überschritt, das war ein Frevel. Man war im ganzen gutmütig, soweit es einen nichts kostete; man war wohlhabend und wollte auch was davon haben, nämlich Wohlsein. Es war so eine gewisse spießbürgerliche, etwas engherzige Art.

Das Elternhaus

Nun darf wohl ein wenig von dem *Geist und Leben im Elternhause* die Rede sein. Von meinen Brüdern kann ich nicht viel sagen, da sie sich's verbeten haben, „an die große Glocke" gebracht zu werden. Da ich ihrer aber schon öfter Erwähnung tat, so will ich bemerken, daß wir unser sechs waren, nämlich lauter Jungen und keine Schwester. Von diesen sechs Söhnen starb einer in der allerfrühesten Kindheit; ein anderer, ein hochbegabter Jüngling, wurde, achtzehn Jahre alt, als Primaner des Gütersloher Gymnasiums in die obere Heimat abgerufen.

In der Jugendzeit, davon ich rede, waren unser aber immer fünf zusammen, wenn auch Nummer vier und fünf durch starke Zwischenräume von den drei Ältesten getrennt waren. Da *ich* immer leidend und körperlich sehr zurückgeblieben war, so schloß ich mich nicht an meinen zwei Jahre älteren, sondern an den zwei Jahre jüngeren Bruder an. Wir waren *ein* Herz und *eine* Seele, waren auch fast gleich groß. Da man uns immer nur Arm in Arm zusammen sah, so nannte man uns die „Zwillingskinder".

Die Eltern sehnten sich verständlicherweise nach einer *Tochter*, und wären wir Jungen nicht so dumm gewesen, so hätten wir uns nicht minder nach einer *Schwester* gesehnt. Aber diese Sehnsucht fehlte ganz und gar. Auf diesem Gebiet wußten wir jedenfalls sehr wenig, was zu unserm Heil diente. Wir verstanden den Zauber der Weiblichkeit damals nicht zu schätzen; natürlich die Mutter ausgenommen, die ein für allemal ihresgleichen nicht hatte. Da diese aber in ihrer lebhaften Weise vielleicht mehr als nötig von dem unendlichen Glück und den Annehmlichkeiten sprach, die ihr der Besitz einer Tochter gewähren würde, so waren wir, sooft der Storch wieder in Sicht war, von einer fieberhaften Angst geplagt, daß er ein Mädchen bringen könnte. Ich weiß, daß wir drei Ältesten einen Bund gemacht hatten, falls der Storch taktloserweise ein Mädchen einliefern würde, so wollten wir diesem einen Stein an den Hals binden und es im Mühlenteich ersäufen, wie wir das wohl mit überflüssigen und lästigen Katzen getan hatten. Großer Jubel brach dagegen aus, wenn Vater uns meldete, daß es doch wieder „nur ein Junge" sei.

Trotz mangelnder Schwestern schien das Elternhaus uns so schön, daß wir mit keinen Kindern weder in Wülfrath noch in irgendeinem Königshof getauscht hätten. Vater und Mutter waren beide so unermüdlich, selbstlos und liebevoll auf die Ausbildung, das Glück und die Freude ihrer Kinder bedacht, wie nur wenige Eltern es sind. Auch darin waren sie einig, daß man den Kindern möglichst viel *Freiheit* belassen müßte. Alles, *was nicht verboten war, war erlaubt*. Und verboten war wenig. Gehorsam, wahrhaftig, fleißig, dienstfertig gegen jedermann — das waren die Worte, die immer wiederholt wurden. Aber damit waren die Moralvorschriften auch so ziemlich abgeschlossen. Aus dummen und wilden Streichen, aus Prügeleien, Neckereien, allerlei Tollheiten zu Wasser und zu Lande wurde nicht viel gemacht, auch dann nicht, wenn den Röcken einige Knöpfe fehlten und einige Risse in den Hosen zuviel waren. Die Eltern waren der Meinung, das Rauhe und Wilde schleife sich mit der Zeit von selbst ab, wenn nur der Grundcharakter fromm, treu und wahr sei.

Die Folge war, daß wir unseren Eltern gegenüber eine Offenheit bewahrten, die unseren sämtlichen Spielkameraden fremd war. Wir machten aus unserem Herzen keine „Mördergrube“ und kamen schlechterdings mit allem heraus. Die weitere Folge war, daß wir auch später, als wir nach der Konfirmation das Elternhaus verließen, die größere Freiheit nicht mißbrauchten. Hatten wir doch schon daheim gelernt, daß man am freiesten und glücklichsten ist, wenn man seinem Gewissen und dem göttlichen Gebot folgt.

Von *Erziehungserfolgen* zu reden, ist eine heikle Sache. Das Beste wird allemal durch ein *göttliches* und geheimnisvolles Etwas, das man wohl ahnen, aber nicht mit Worten klarmachen kann, hervorgebracht. Jedenfalls hatten meine Eltern niemals den Schmerz, daß einer ihrer Söhne im Leben einen offenbaren Irrweg einschlug oder einen augenfälligen Anstoß gab. Meine Brüder wurden alle rechtschaffene Männer, nahmen in der Welt eine ehrenhafte und geachtete Stellung ein und haben ein reiches und glückliches Familienleben geführt. Es ist aber gottlob auch keiner darunter, der nicht ein Herz für das Reich Gottes hätte.

Dieses Ergebnis dürfte einigermaßen befremden, da ich schon sagte, daß Vater und Mutter in ganz verschiedener geistiger Luft und Weltanschauung aufgewachsen und auch sonst nach Temperament und Charakter sehr verschieden waren. Vater war ebenso nüchtern und praktisch, wie die Mutter phantasiereich und idealistisch war. Vater war ohne Zweifel das Urbild eines echten Mannes; und wenn er seinen Schimmel bestieg, dem ungeduldigen Roß die Sporen gab und davonritt, so waren wir nicht wenig stolz auf ihn. Wir Kinder konnten uns nicht denken, daß er sich vor irgend etwas oder vor irgend jemand fürchten könnte.

Jedenfalls wußten die Fabrikbesitzer der Umgegend und auch die Regierung in Düsseldorf ein Liedlein davon zu singen, wie er sich des damals noch so oft gequälten kleinen Mannes und zumal der Arbeiter unerschrocken annahm. Lange, ehe die Revolution kam (1848), weissagte er, daß sie kommen werde und müsse. Und lange, ehe man von einer „sozialen Frage“ redete, hatte er sein soziales Programm. Von den Dingen, die später zum Besten der „arbeitenden Klasse“

staatlich eingeführt worden sind, von Krankenversorgung, von Invaliden-, Unfall- und Altersversorgung redete er oft, wenn auch mit anderen Worten. Er war auf dem Kreistag zu Elberfeld der Schrecken der Fabrikbesitzer und anderer großer Arbeitgeber. Und wehe auch uns Knaben, wenn wir den „geringen Mann" geringschätzig behandelten! Das große Wort Napoleons: „Respekt vor der Last!" wurde uns früh eingeprägt: „Ihr sollt gegen jedermann höflich sein, aber besonders gegen die armen Leute; die haben's am nötigsten. Vor den reichen Geldsäcken knickst und dienert sowieso schon alle Welt."

Hierin nun, ich meine in einer wirklichen und wahrhaftigen Menschenliebe, waren beide Eltern durchaus eins. Auch darin, daß die *Gottesfurcht* die Grundlage alles menschenwürdigen Daseins sei. Aber der Vater hatte, wie wir schon sahen, einen großen Zorn gegen alles religiöse Wesen, das auch nur von ferne an Überschwenglichkeit, Scheinheiligkeit und Übergeistlichkeit erinnerte. Er witterte das alles zuweilen auch da, wo es vielleicht gar nicht war. Die Mutter dagegen, die ganz Herz, Gemüt und Phantasie war, ging auf diesem und manchem anderen Gebiet ihre eigenen Wege. So konnte es nicht ausbleiben, daß in der Beurteilung vieler einzelner Dinge und Verhältnisse die Ansichten der Eltern auseinandergingen und daß das auch uns Kindern nicht verborgen blieb. Leider wurden die Gegensätze nicht immer „hinter den Kulissen" ausgeglichen. Vater und Mutter waren zu lebhaft, um zu warten, bis wir Kinder fort waren. Es gehört zu den *schmerzlichsten* Erinnerungen meiner Jugendzeit, wenn die Eltern miteinander stritten, wenn z. B. die Mutter wollte, daß wir mit in die Kirche gingen, Vater dagegen sagte: „Dummes Zeug! Bei dem herrlichen Wetter in die dumpfe Kirchenluft! Die armen Kinder verstehen ja doch nicht, was da gepredigt wird!" In diesem letzteren Punkt hatte er recht. Die Predigt war nicht danach. So leuchtete uns denn Vaters Wort sehr ein. Aber die Mutter siegte gewöhnlich doch, denn sie versprach uns für den Abend Apfelpfannkuchen oder dergleichen, wenn wir mit ihr gingen. Aber dies alles tat der Achtung und Ehrerbietung keinen Abbruch, da uns beide Eltern, jeder in seiner Weise, vollkommen imponierten.

Übrigens war es unbeschadet der religiösen Verschiedenheit der Eltern stehende Sitte, daß der Tageslauf mit einer „Andacht" begonnen wurde, und zwar vor dem Frühstück. Eine kurze Betrachtung aus Goßners oder Bogatzkys Andachtsbuch wurde verlesen; dann sprach eins der Kinder ein Vaterunser oder einen Gebetsvers. Das währte nur zwei bis drei Minuten und durfte auch nicht länger währen, denn Vater war ein sehr beschäftigter, ruheloser Arzt. Wir bekamen ihn oft während des ganzen Tages nicht zu sehen, denn die Enden seiner Praxis lagen meilenweit auseinander. In einem waren meine Eltern einig: Beide glaubten, daß sie in erster Linie für die *Kinder* da seien.

Ja, das war herrlich, wenn so um sechs oder sieben Uhr abends der Schimmel oder der Fuchs seinen Hufschlag vernehmen ließ. Karl, der Älteste, stürzte dann hinunter, um die Stalltür zu öffnen und andere Handreichung zu tun. Bernhard, mein „Zwillingsbruder", holte eine Flasche Bier aus dem Keller; ich stellte Stiefelknecht und Pantoffeln zurecht und stopfte eine lange Pfeife. Bald waren die nötigen Rezepte geschrieben und von dem Erstgeborenen in die Apotheke gebracht. Und nun setzte sich Vater in seinen Korbsessel, während die Mutter ihr Nähzeug zur Hand nahm. Die lange Pfeife entsandte kräftige Dampfringe, und wir alle hingen an Vaters Munde. Der glückliche, menschenfreundliche Arzt, der ein offenes Auge für alles hatte, was das Menschenleben bewegt, wußte immer etwas Interessantes von seinen Tagesfahrten zu berichten. Oder er erzählte von dem Räuberhauptmann Schinderhannes, der noch in Vaters Jugendzeit gelebt hatte. Es war das um so interessanter, da wir die Bauernhäuser, Klöster und Schlösser, wo er seine Untaten verübte, aus eigener Anschauung kannten. Da der Räuber nicht nur sehr tapfer und kühn, sondern gegen geringe Leute sehr liebenswürdig war, so nahmen wir durchaus Partei für ihn. Die oft gehörte Geschichte seiner Gefangennahme rührte uns bis zu Tränen. — Oder der Vater erzählte uns aus der Franzosenzeit, teils noch Selbsterlebtes, teils das, was er durch seine Eltern darüber vernommen hatte. Dann kamen die Russen dran, die Anno 1813 als rettende Engel in Wülfrath eingezogen waren; sie kamen sehr gut weg. O wie oft, und doch längst nicht oft genug, hörten wir diese Geschichte, die Vater selbst miterlebt! Wie gern hörten wir dann, wie die Kosaken ungekochtes Sauerkraut und rohen Speck „gefressen", Heringe mit Haut und Haar verschlungen und dann doch die Kinder so zärtlich geliebkost und abgeküßt hätten! — Zuweilen wurde auch *vorgelesen.* „Robinson Crusoe" und „Der alte Nettelbeck" sind mir noch in der lebhaftesten Erinnerung.

Meiner Mutter Bild

Von meiner Mutter muß ich nun doch ausführlicher sprechen. Mein Jugendleben ist so mit ihr verwachsen, daß ich eigentlich *überall* von ihr reden muß. Hier will ich nun das Wichtigste sagen, wenn ich auch fürchte, ich kann ihr Bild nicht so wiedergeben, wie ich es möchte, denn vieles kann man nicht mit Worten ausdrücken. In meiner Jugendzeit war sie eine Frau von großer Schönheit; ihr Haar war rabenschwarz, ihre tiefdunklen Augen blitzten und strahlten in einem fort, ihr Gebärdenspiel war so lebhaft wie ihre immer schaffende Seele. „Gelernt" hatte sie nicht viel. Als das älteste der zwölf Kinder des Pastors Neumann mußte sie früh und viel der Mutter helfen, sie war ihr natürlicher Adjutant. „Minchen hier und Minchen da", war später noch ein Sprichwort in der Familie. Früh und spät mußte sie in dem großen Haushalt dienen und helfen. Das hat weder ihrer Gesundheit noch ihrem Frohsinn Abbruch getan.

Die „höheren Töchterschulen" waren noch nicht so allgemein in Blüte, und Privatstunden hat man auch nicht an sie gewandt. Die alten Neumanns waren der Meinung, daß ihr Minchen alles, was zur Welt gehört, mit in die Welt gebracht habe. Zwar herrschte in dem großelterlichen Hause ein behaglicher Wohlstand, aber man legte dazumal noch nicht soviel Gewicht auf die „wissenschaftliche Ausbildung" der Mädchen.

So machte die Mutter manchen Schnitzer. Fremdwörter brauchte sie besonders gern, und sie war ein wahres Genie, sie immer falsch zu gebrauchen und falsch auszusprechen. Und wehe, wenn sie sich auf das Gebiet der Geschichte und Geographie wagte! So wenig wie es ihr in der Weltgeschichte auf tausend Jahre ankam, so wenig machten ihr in der Geographie ein- oder zweitausend Meilen etwas aus. Das war ja bedauerlich. Und es gab Zeiten, wo die jungen Herren Funcke nicht ohne Mitleid auf die Mutter heruntersahen. Indessen, wenn ihnen was am Herzen fraß oder auf dem Gewissen lastete, dann gab's doch auf Gottes weitem Erdboden keine Seele, zu der man so gern flüchtete wie zu ihr.

Und das galt nicht nur von ihren Kindern. Nein, Menschen aller Stände, und nicht am wenigsten Leute von hoher Bildung, begehrten fort und fort ihren Rat, ihre Erfahrung, ihre Hilfe, ihren Trost. Für tausend verstürmte Schifflein war sie ein Rettungshafen in Person. Und immer und für jeden hatte sie Zeit. Sie hatte ein unmittelbares Wahrnehmungsvermögen und lebte sozusagen von „Eingebungen". Das hätte gefährlich werden können, ist auch dann und wann in der Tat gefährlich geworden. Aber da sie ganz und gar in und mit der *Heiligen Schrift* lebte, so fand sie hier einen Damm und eine stete Korrektur. Der *Verstand* spielte bei ihr keine große Rolle. *„Es ist mir so"*, das war ihr höchster Beweis, mochte es sich nun um die Beurteilung einer Persönlichkeit oder um das Verständnis eines Bibelspruchs oder um irgendeine zu treffende Entscheidung handeln. „Es ist mir so" — weitere Gründe hatte sie selten. Falls sie sich aber einmal aufs Disputieren und Beweisen einließ, so war sie rettungslos verloren. Ihr unmittelbarer Instinkt dagegen betrog sie fast nie. Glaubte sie in einer Sache des *Willens Gottes* gewiß zu sein, so gab es überhaupt keine Schwierigkeiten mehr für sie. Sie lächelte dann nur noch treuherzig und überlegen über den, der die Unmöglichkeit der betreffenden Sache beweisen wollte. „Sollte dem Herrn etwas unmöglich sein?" — das war für sie nicht ein Lehrsatz, sondern ein sprudelnder Quell himmlischer Freuden. So *erlebte* sie denn auch die Nähe und Gegenwart

Gottes, wo sie ging und stand. Und diese göttliche Gegenwart war der Brunnquell ihrer geradezu unverwüstlichen Heiterkeit, ihres Humors, aber auch ihrer Poesie. Weil sie alles im Licht der Ewigkeit schaute, so war jedes Leiden, jeder Schmerz, jede Beschwerde, jeder Verlust „nur ein Übergang". Diesen Ausdruck: *„Kinder, das ist nur ein Übergang!"* brauchte sie unangenehmen Dingen und Verhältnissen gegenüber fast jeden Tag einmal. Alles *Schöne* und *Erfreuliche* aber erschien ihr in der himmlischen Beleuchtung doppelt begehrenswert und dankenswert. *Überall* vernahm sie eine Sprache von ewigen Gesetzen und innerlichen Dingen. Es mag dabei im einzelnen manches Alberne mit unterlaufen sein. Sie legte auch übertrieben viel Gewicht auf Ahnungen, Träume, ja auf Gesichte und überweltliche Stimmen — aber trotz- und alledem hatte sie in der Hauptsache recht.

Und weil so die *Ewigkeit* als etwas *ganz Gewisses*, als die Wirklichkeit aller Wirklichkeiten vor ihr stand, so blieb sie nicht nur „fröhlich in Hoffnung, geduldig in Trübsal", sondern sie war auch fort und fort fähig, für irgendeinen Menschen, der ihrer bedurfte, sich zu verleugnen und ihre eigenen Wünsche und Freuden fallenzulassen. Das wußten auch die, die ihren religiösen Standpunkt nicht teilten, ja belächelten, und sie machten trotz ihres Lächelns von dieser Wissenschaft auch ausgiebigen Gebrauch. Sie wußten auch, daß die Quelle ihrer Weisheit und die Kraft ihrer Liebe aus dem verborgenen Leben mit Gott strömte, und insofern war sie, trotz ihrer Schwächen, doch eine mächtige Evangelistin.

Die Mutter war uns Kindern also in Person der lebendige und hochwertige Beweis, daß das Leben und Weben in der Welt der Ewigkeit weder unempfänglich mache für die Freuden dieser Welt, noch ungeschickt zum Wirken und Dienen in den Kreisen der lebenden Menschen. Genau das Gegenteil zeigte uns all ihr Tun und Lassen. Daß „das Wesen dieser Welt vergeht" und daß man „dankbar sein kann allezeit und für alles", auch für alle „vorübergehenden Weltfreuden" — das lehrte sie uns nicht, das lebte sie uns vor in ihrer Person.

Großmutter Neumann erzählte einen Zug von ihrer neunjährigen Tochter Minchen, der sehr charakteristisch ist und den ich deshalb der Nachwelt erhalten will. Sie hörte einmal, wie ein Herr im Lauf des Gesprächs sagte: „Ach ja, alles ist eitel!" Das kleine Minchen eilte zu der Mutter und sagte: „Was heißt das: ‚Alles ist eitel'?" Die Mutter erklärte: „Alles vergeht!" Minchen versank darauf in tiefes Nachdenken. Alsdann ging sie in die Küche und legte ihre kleinen Finger auf jedes Stück, das sich da befand, und sagte leise: „Kochherd, du vergehst! Ihr Pötte (Töpfe), ihr vergeht! Besen, du vergehst!" usw. durchs ganze Haus, bis sie bei den Dachpfannen ankam und sagte: „Ihr Dachpfannen, ihr vergeht!" Dann kam der Garten mit all seinen Bäumen, endlich der Himmel mit Sonne, Mond und Sternen an die Reihe. Nun kehrte sie wieder und sagte: „Mutter, Mutter, vergehen wir *Menschen* denn *auch alle?*" Antwort: „Freilich, nur Gott vergeht nicht. Wenn wir aber Gottes Kinder werden, dann vergehen wir auch nicht." „O Vater, o Mutter", erwiderte da das kleine Mädchen unter Tränen, „so helft mir doch, daß ich ein Kind Gottes werde!" Und diese Sehnsucht, ein Kind Gottes zu werden und immer besser und wahrhaftiger zu sein, war die Grundsehnsucht ihres Lebens im Wechsel der Zeiten und der Wünsche.

Die ersten sechzehn Jahre ihres Lebens hatte Mutter in der Stadt Tersteegens, in *Mülheim an der Ruhr*, zugebracht, wo ihr Vater lange Jahre Pastor gewesen war. Da sie nun nicht nur ein sehr liebliches, sondern auch ein überaus „amüsantes" und liebenswürdiges Kind gewesen, da ferner Großvater unter den reichen und frommen Mülheimer Bauern ein sehr geliebter Pastor gewesen war, so wimmelte es zu unseren Zeiten in Mülheim und Umgebung von Freunden und Freundinnen meiner Mutter. Ja, wir Knaben brauchten irgendwo unter Kohlenschiffern, Bauern oder Kaufleuten nur zu sagen, daß wir Enkelsöhne des alten Pastors Neumann und Söhne von Minchen Neumann seien, so standen wir alsbald im hellen Sonnenschein der öffentlichen Huld. Kein Wunder, daß wir laut aufjubelten, wenn Mutter sagte: „Jungens, was denkt ihr von einer Wanderung nach Mülheim?" Nur Vater stöhnte dann wohl: „O weh, o weh, da kommen die armen Kinder ja gewiß wieder mit verdorbenem Magen nach Haus!" Und ich glaube heute noch, daß er nicht so unrecht hatte, denn die Mülheimer waren gar zu gütig.

Wenn wir dann so mit der Mutter durch die Mülheimer Gemeinde wanderten, kamen köstliche Geschichten zutage, die allerdings unter anderem auch dartaten, daß unsere Mutter zuweilen ein recht übermütiges Mädel gewesen war. So zeigte sie uns in der Stadt das Haus eines Herrn, der sich außerordentlich viel darauf zugute tat, daß er ein großer Weinkenner sei. Im Dunkeln, so behauptete er, könnte er jede Weinsorte erkennen und abschätzen. Nun, dieser große Mann besuchte einst den Großvater, und unsere Mutter bekam den Auftrag, eine Flasche „extrafeinen Rüdesheimer alten Geschlechts" ans Tageslicht zu befördern. Die neckische Tochter Minchen aber holte den geringsten Kutscherwein, klebte jedoch die Etikette des edlen Rüdesheimer darauf. Großvater pries im voraus seine Ware, deren Farbe in den grünen „Römern" nicht zu erkennen war. Der „große Weinkenner" aber probierte mit halbgeschlossenen Augen, schnalzte mit der Zunge und sagte mit Kennermiene: „Herr Pastor, Herr Pastor! Ich gratuliere Ihnen zu dem Besitze dieses Tropfens." Minchen aber saß in einem geheimen Ecklein und wollte sich, natürlich ganz leise, schier totlachen über die edle Kunst des großen Kenners und über die — Macht der Einbildung. —

Dort in dem kleinen Hause wohnte früher, so erzählte Mutter, ein altes Schneiderehepaar, brav und gut, aber sehr philisterhaft. Als nun einst der „vornehmste" Mann in Mülheim Hochzeit machte, luden wir, d. h. meine beiden Freunde und ich, das alte würdige Ehepaar zur Hochzeit ein. Natürlich im Namen des Brautpaares. Die braven Leute fühlten sich sehr geehrt. Die Frau ließ sich ein seidenes Kleid machen; der ehrsame Schneider besorgte seinen Staat selbst. Am Hochzeitstage stolzierten beide in das Patrizierhaus und bedankten sich gerührt für die große und unverdiente Ehre, daß auch sie eingeladen seien. Der glückliche junge Eheherr roch den Braten und machte gute Miene zum bösen Spiel. Der Schneider und seine Gattin bekamen Ehrenplätze. Minchen Neu=

mann aber und ihre Freunde beichteten die tolle Geschichte erst, als sie vor dem ersten Abendmahlsgang ernstlich ermahnt wurden, alle ihre Sünden an den Tag zu bringen.

In der Regel aber waren es *ernste* Geschichten, die Mutter erzählte. So zeigte sie uns ein geringes Hüttlein, darin hatte seinerzeit eine arme und doch reiche Frau gewohnt. Die wurde nämlich ganz durch die Gaben frommer Leute erhalten, aber sie lebte in Ewigkeitsgedanken und hatte eine wunderbare Kenntnis des göttlichen Wortes. Wenn Großvater einmal keinen Text für die Sonntagspredigt finden konnte, dann wallfahrte er zu der alten, ehrwürdigen Prophetin und klagte ihr sein Leid. Die ließ ihn niedersitzen und mahnte ihn zu beten. Dasselbe tat sie gleichzeitig, aber in ihrem Schlafkämmerlein allein. Nach einer kleinen Viertelstunde kam sie dann heraus und sagte: „Johann Peter Neumann, der Knecht Jesu Christi, soll am Sonntag predigen über" — nun, sagen wir: „über Jesaja 61, 10." Und sooft Großvater der Alten folgte, ging's dann herrlich. —

Dort in dem großen Bauernhof, so erzählte Mutter bei anderer Gelegenheit, kehrte Großvater häufig ein, wenn er erst die armen Leute besucht hatte. Da war es dann oft dunkel, wenn er heimkehrte. Ein alter frommer Knecht mußte ihm mit der Stallaterne in der Hand das Geleit geben. Waren die beiden dann an der Tür des Pfarrhauses angekommen, so drückte allemal der Knecht seinem Pastor die Hand, daß sie knirschte, und sprach:

„Nun, so bleibt es fest dabei:
Jesus soll es sein und bleiben! Amen."

Darauf wandte er sich zum Gehen, blies aber vorab die Laterne aus, um seine Herrschaft vor unnützem Ölverbrauch zu bewahren.

So haben wir Kinder viel von Mutters Jugenderlebnissen in uns aufgenommen, was unsere Welt- und Menschenkenntnis mehrte.

Daß eine so originelle Frau auch ihre besonderen Schwächen und Fehler hatte, brauche ich nicht erst zu melden. Ausgeprägte Originale haben auch ausgeprägte Fehler.

Mit einer so seltenen Mutter war nun gerade ich durch besondere Umstände besonders viel zusammen. Durch meine ständige Kränklichkeit war ich an das Haus und an die Mutter gefesselt. Wie eine *Schule* von inwendig aussieht, habe ich schwerlich vor meinem zwölften Jahre gewußt. Mutter war also meine Erzieherin, ja teilweise auch meine Lehrerin. Bei ihr lernte ich lesen, während ein junger Seminarist mir den nötigsten Unterricht im Rechnen und Schreiben gab. Aber das war nebenbei. Mutter hat ihren Geist in einer absonderlichen Weise in den meinen hineingebildet und hineingeprägt.

Es ist ein unschätzbares Glück, wenn man an der Seite eines Menschen wandeln darf, der ein *wirkliches* Leben mit Gott führt und durch solch ein gottverbundenes Leben glücklich, friedevoll und tugendreich ist. Der fortwährende Anblick eines solchen Menschen, der sich beugt vor einer unsichtbaren Macht und der in Sonnentagen und Sturmestagen aus unsichtbaren Quellen schöpft, dieser Anblick schafft zunächst ein großes Verwundern, ein unbewußtes Staunen in einer Menschenseele, zumal in einer Kindesseele. Er schafft aber auch allmählich und unmerklich eine *tiefe Überzeugung von der Wirklichkeit einer unsichtbaren und ewigen Welt.*

Keine Theologie, keine Rechtgläubigkeit, keine „Verteidigung" des Glaubens, keine menschliche Beredsamkeit kann diese Überzeugung schaffen. Lies sechs Bände, die Blatt für Blatt in schlagendster Weise dartun, daß die Welt durch das Evangelium völlig umgewandelt ist; lies sechs andere Folianten, die dir keinen Zweifel lassen, daß alles, was die Evangelisten von Jesus berichten, unumstößliche, streng-geschichtliche Wahrheit sei — alle diese zwölf trefflichen Bände mit all ihrer trefflichen Weisheit werden dennoch für dein Glaubensleben nicht *die* Bedeutung und Macht haben wie der Lichtwandel *eines* echten Gotteskindes, das du in allen möglichen Lagen des Lebens durch Jahre und Tage hindurch beobachten kannst. Es ist nämlich unmöglich, daß das, wovon ein Mensch fort und fort *lebt,* das, was ihn *fähig* macht, in allerlei Anfechtung und Trübsal ergeben, geduldig und freudig zu sein, das, was ihn stark macht, einen guten Kampf zu kämpfen und sich zu demütigen, wenn er schlecht oder wenn er gar nicht gekämpft hat, es ist, sage ich, unmöglich, daß hinter einem solchen Leben nicht gewaltige Wirklichkeiten und göttliche Urkräfte stehen, die stärker sind als *dieses* Leben.

In meinen Studentenjahren hat's Zeiten gegeben, wo ich in größter Gefahr war, am Glauben Schiffbruch zu leiden. Nicht nur am *christlichen* Glauben, nein, der Glaube an das Dasein Gottes, der Glaube an einen lebendigen Gott, der Gebete erhört, wurde mir erschüttert. Aber meinen Zweifeln war von vornherein ein Maulkorb umgehängt. Ich mußte mir nämlich sagen: „Ist dein Zweifel berechtigt, dann war deine Mutter die größte Närrin, die jemals auf zwei Füßen ging." Gegen diesen Gedanken aber empörte sich sofort nicht nur jeder Blutstropfen, der in meinen Adern rollte, nein, auch meine *Vernunft* empörte sich dagegen. Die Mutter, die durch ihren kindlichen *Glauben* so reich, so glücklich und beglückend war, sie hat mich, wer weiß wie oft, wieder zurechtgebracht, wenn ihr lichtes, liebendes Bild hinter meinem Arbeitstisch auftauchte.

Mit meiner Mutter allein

Wenn morgens um acht Uhr meine Brüder zur Schule abgetrollt waren, wenn die Dienstmädchen ihr Arbeitsprogramm empfangen hatten, wenn der Vater in die „Praxis" gegangen oder geritten war, dann kamen die herrlichen Stunden, wo ich mit der Mutter mehr oder weniger *allein* sein durfte. Ich fühle noch die Ungeduld, die mich bewegte, bis es glücklich soweit war; ich fühle noch den Ärger, ja, den höchst unchristlichen Zorn, der mich erfaßte, wenn etwa eine geschwätzige Nachbarin kam und wegen einer rebellischen Magd oder wegen des schlechten Fleisches durch lange Reden ihr Herz erleichterte. Aber endlich ging ihr dann doch auch der Atem aus. Dann hockte ich mich nieder auf ein Fußschemelchen zu der Mutter Füßen und schaute erwartungsvoll in die schönen dunklen Augen. Ich mußte ihr dann Garn halten, oder ich mußte Erbsen auspahlen oder Pellkartoffeln abziehen und dergleichen.

Irgend etwas mußte immer getan werden, wenn ich nicht gerade krank war.

Aber dazu kam nun das *Ewige*. Gewöhnlich fing sie damit an, daß sie betete; denn die Morgenandacht war ihr nicht genug. Und dies ihr *Beten* war mir durchaus nicht langweilig, wie man denken könnte. Nein, es war ein so kindliches, natürliches Reden mit Gott, daß mir das Herz darüber auf=ging. Es war nichts so klein und nichts so groß, nichts so zeitlich und nichts so ewig, das nicht in zwanglosester Weise mit dem himmlischen Vater besprochen worden wäre. Daß der kranke Bub, der vor ihr saß, dabei nicht vergessen, daß für den Vater gebetet wurde, dessen Fuchs heute so unruhig und wild gewesen, versteht sich von selbst. Aber sie blieb nicht wie so viele Beter bei der Familie hängen. Die Hotten=totten und Eskimos, die Kaffern und Hereros in Südafrika bekamen so gut ihr Teil wie der kranke Nachbar. Desgleichen wurden die neugepflanzten Erbsen im Garten und das Kana=rienvögelchen, das seit gestern nicht mehr fressen wollte, dem Schutze Gottes empfohlen. Aber „Dein Name werde geheiligt, Dein Reich komme, Dein Wille geschehe auf Erden wie im Himmel" – das war doch Anfang und Ende der Sache.

Nach dem Gebet wurde gewöhnlich ein *geistliches Lied* vor=genommen. Die Mutter besaß davon einen unerschöpflichen Vorrat. Vor allen Dingen war der fromme *Tersteegen* ihr Mann, und seine Pilgerlieder wurden früh mein Eigentum. Sie sind es auch bis heute geblieben, denn was man in der Morgenstunde des Lebens erlernt hat, geht nicht leicht wieder verloren.

Ich will aber der Ehrlichkeit wegen nicht verschweigen, daß es zuweilen zwischen der Mutter und dem Söhnchen auch kleine Zusammenstöße gab. So lehrte sie mich das Lied von *Friedrich Adolf Lampe*, das so beginnt: „Vater aller Gnade, ich, ein *Wurm und Made*, lieg' vor deinem Thron." Ich fragte, was eine Made sei, und wurde angesichts eines Limburger Käses, der in einen kritischen Zustand gekommen war, dar=über unterrichtet. Nun entsetzte ich mich und fand diesen Ausdruck sehr abgeschmackt; so schlecht, sagte ich, sei doch der Mensch nicht, daß man ihn mit einer Made vergleichen könne. Mutter duckte mich nun wohl und meinte, ich würde noch früh genug erfahren, daß im Menschenherzen viel schlimmere Tiere herumkrabbelten als in einem faulenden Käse. Indessen, bei aller Achtung vor meiner seligen Mutter und vor dem frommen Liederdichter finde ich doch auch heute den Ausdruck weder zutreffend noch geschmackvoll.

Die Höhe der Freude war immer, wenn die *biblische Geschichte* an die Reihe kam. Und sie kam *jeden* Tag. Ei, wie wußte die Mutter zu erzählen! Wie liebewarm hatte sie sich in die Herzen der Patriarchen, Propheten und Apostel hineingelebt! Es war mir, als müßte sie selbst dabeigewesen sein, und schließlich brachte sie ihren phantasiereichen Buben so weit, daß auch er dabei war und alles miterlebte. Prächtig schilderte sie die Lage und die Zeiten. Freilich, wie ich später merkte, stimmten die geschilderten Verhältnisse oft wenig mit der Wirklichkeit überein. Mutter hatte ja „wenig gelernt" und also auch von den orientalischen Örtlichkeiten und Zuständen keine Ahnung und Vorstellung. Aber doch — ohne daß ein Professor es ihr gesagt hatte — „übersetzte sie das Semitische ins Japhetische", ja ins Deutsche, ins Wülfrathische. Und das war gerade recht.

Auch viele herrliche *Bibelsprüche* wurden mir eingeprägt. Aber mit unbewußter feiner Pädagogik wurden diese immer an biblische Geschichten oder an solche aus dem Leben angeknüpft. Die Sprüche wuchsen sozusagen aus den Geschichten heraus. So kann ich heute noch den Spruch: „Denen, die Gott lieben, müssen alle Dinge zum Besten dienen" nicht hören, ohne daß mir alsbald die ganze ergreifende Geschichte des Patriarchen Joseph vor Augen tritt. Dabei wurden uns die Gestalten der biblischen Geschichte durchaus nicht nur als Vorbilder hingestellt; ja, Mutter zeigte mir am Beispiel des Abraham wie des Petrus, wohin Menschenfurcht und Lüge führen — aber es wurde ihr sehr schwer, die Sünden der heiligen Männer und Frauen, von denen uns die Bibel erzählt, wirklich als *Sünden* gelten zu lassen. Mutter suchte immer Entschuldigungen. So erklärte sie, daß im Alten Bunde das

Lügen noch nicht als eine wirkliche Sünde erkannt worden wäre – und wenn alle Stricke rissen, wenn gar nichts helfen wollte, dann half sie sich und sagte, das und das müsse ein Fehler in der Übersetzung sein*.

Sehr lebhaft erinnere ich mich eines Tages, als sie mir die *Geschichte des verlorenen Sohnes* in ergreifender Weise erzählte. Sie bedauerte den armen Jüngling, daß er offenbar schon früh seine Mutter verloren habe, sonst wäre er sicherlich nicht so weit heruntergekommen. Alsdann, indem sie den pharisäischen Hochmut des älteren Bruders besprach, schaute sie mich durchdringend an und suchte mir klarzumachen, daß ich, der ich durch meine Kränklichkeit gezwungen sei, immer hübsch zu Hause zu bleiben, in der Gefahr stehe, dem *selbstgerechten* Sohn ähnlich zu werden. Ich müsse daher gegen Hochmut und Dünkel fleißig beten. Nun, es sah freilich nicht danach aus, daß ich jemals solche wilden, freien Fahrten in die Welt machen könnte, wie der verlorene Sohn sie sich erlaubte. Dennoch fühlte ich auch damals sehr gut, daß in mir der Stoff zu dem *jüngeren* Bruder bereitliege. Wie ich ihr *alles* sagte, so sagte ich ihr auch das in meiner Weise. Meine Seele lag mit allen ihren Freuden und Leiden, mit aller ihrer Sehnsucht, Furcht und Hoffnung, mit allen ihren lichten und dunklen Stellen aufgedeckt vor Mutters Augen wie ein aufgeschlagenes, großgedrucktes Buch.

Ich muß übrigens der Vollständigkeit wegen eingestehen, daß es auf die Dauer zwischen Mutter und mir *nicht immer so geblieben ist,* wie ich es soeben beschrieben habe. Als ich älter wurde, als die Dinge und Zustände, deren ich mich zu schämen hatte, sich mehrten, schwand auch zeitweise jene vollkommene Offenheit, wobei ich mir – mit einem Bruchteil von Wahrheit – *vorlog,* daß auch die beste Frau nicht in der Lage sei, die Hoffnungen, Wünsche und Anfechtungen eines jungen Mannes richtig zu verstehen. Immerhin blieb auch auf die Dauer der Segen, daß es mir immer viel leichter wurde

* Später erkannte ich es als einen Beweis für die Wahrheit der Heiligen Schrift, daß sie die Sünden nicht verschweigt oder beschönigt, sondern ihre Folgen und oft auch ihre Bestrafung schildert.

als den meisten anderen Leuten, meine Sünden auch vor *Menschen* zu bekennen.

Es liegt eigentlich schon in dem Gesagten, daß meine Mutter vor allen Dingen darauf aus war, mich *in den Wandel vor Gott und mit Gott* hineinzuleiten. Lange ehe der Däne *Sören Kierkegaard* seine davon handelnden berühmten Aufsätze schrieb, wies mich meine Mutter schon immer hin auf den *einen Zuschauer* und auf den *einen Zuhörer*, der niemals fehle und immer da sei. Und mit einem so feinen Gefühl, wie es nur eine fromme Mutter für ihr Kind hat, spürte sie sogleich meinem Wesen an, wenn ich irgendwie abgeirrt war. Noch höre ich den mitleidigen, freundlichen Ton ihrer Stimme, wie sie — ihre Hand unter mein Kinn legend — sagte: „Wo ist mein Kind? Wo ist mein Kind?" oder: „Was betrübst du dich, du kleine Seele, und bist so unruhig in dir?" Sah sie mich düster und umwölkt — sie sah es, auch wenn sie es nicht sehen *sollte* —, so warf sie erst eine derartige Frage als Fühler hin. Und nachher gab's dann Auge in Auge eine Unterhaltung. „So, mein kleiner Sohn, nun guck mich einmal lustig an!" ... „Sieh, sieh, das kannst du nicht! Hab' ich's nicht gedacht? Da muß wohl ein Splitterchen im Auge stecken. Ist's nicht so? Komm, ich will dein Doktor sein!"

In der Regel stotterte ich dann heraus: „Ich habe gelogen", oder: „Ich habe genascht", oder: „Ich bin böse auf Karl." Die Tränen der Reue kamen dann fast gleichzeitig mit dem Bekenntnis. Die Mutter dachte nun nicht daran, mir eine Strafpredigt zu halten, sondern zeigte mir nur in tiefstem Mitleiden, wie *unglücklich die Sünde uns mache*, wie sie uns ruiniere in unserem innersten Wesen, uns verfinstere, uns stumm, starr, unbrauchbar mache, Friede, Freude, Geduld, Sanftmut und alle Tugenden in uns zerstöre.

Indes lagen — wie ich schon angedeutet habe — meine hauptsächlichsten Anfechtungen in den immer neuen Enttäuschungen, Entbehrungen und Verleugnungen, die meine Kindheit kennzeichneten. Und die Menschen waren manchmal unzart genug, in meiner Gegenwart von meiner Schwächlichkeit zu reden und zu weissagen, daß ich eines frühen Todes sterben müsse.

Mehr als einmal bat ein junger Wülfrather Mitbürger in zartfühlender Weise: „Nicht wahr, Otto, wenn du nächstens stirbst, dann bekomme ich das und das?!" Aber wenn's auch mit dem Sterben trotz lachender Erben nichts werden wollte, so mußte ich doch täglich, wer weiß wie oft, meinen Lieblingswünschen und Neigungen den Abschied geben. Darüber kam mich dann wohl eine heftige Ungeduld und Traurigkeit an. Auch fehlte es nicht an bitterem Neid gegen Brüder und Gespielen und an einem stillen Hadern mit Gott. Die Mutter fühlte tief mit mir und litt mit mir. Aber gerade deswegen konnte sie mich auch ausschelten: „Glaubst du nicht, Otto, wenn wir nächstens im Himmel sind, daß wir uns dann über das am meisten freuen, was uns hier so weh tut?" *„Nächstens im Himmel"* — das kam alle Augenblicke bei ihr vor, und es klang geradeso einfältig, wie wir sagen: „Wenn nächstens Frühling ist."

Es war eben ihre Art, alle Erdendinge und Verhältnisse im Licht des letzten Zieles zu betrachten.

Ich kam aufs Gymnasium, auf drei Universitäten, hatte Dutzende von hochberühmten Professoren zu Lehrern, hatte vortreffliche und überlegene Freunde, las viele gute Bücher. Aber ich bedaure, sagen zu müssen, daß sie alle miteinander nicht viel geholfen haben. Meine Theologie und meine Weltanschauung sind weniger auf Universitäten als in der Kinderstube gebildet, obgleich ich ein sehr fleißiger Student war. Und das eine darf ich sagen: Gott weiß, daß ich ihn suchte als Kind, daß ich ihn suchte als Student, daß ich ihn suchte als Mann. Darum hat er sich auch finden lassen. Den Hunger nach ihm selbst aber hat *er* mir in mein Herz gelegt, und meine Mutter hat ihn treu und weise gepflegt. Das will ich ihr in Ewigkeit danken.

Die Uhr steht

Als im Jahre 1892 mein lieber alter Vater zu Boppard am Rhein sanft entschlafen war und wir Söhne uns dann friedlichschiedlich in seine Hinterlassenschaft teilten, da erhielt ich einen großen Schatz, unsere alte Uhr, mit der so viele Erinnerungen meiner Kindertage verbunden sind.

Die Uhr spielte nicht nur in meinem Kindheitsleben, sondern auch in dem Wirken und Walten meiner lieben *Mutter* eine große und fast unheilvolle Rolle. Meine Mutter und ich hatten uns so ineinander eingelebt, wie es wohl nur selten bei zwei Menschen der Fall ist. Und so fühlten und empfanden wir alles in einer fast unheimlichen Weise gleich. Nur über *einen* Punkt dachten und fühlten wir sehr verschieden, nämlich über *das Fortschreiten der Zeit,* das unsere Uhr anzeigte und verkündigte.

Meine Mutter kam mit der Zeit immer zu kurz. Wohl hundertmal am Tage kam sie von der Küche, aus dem Keller oder vom Boden her in die „beste" Stube gestürzt und schaute nach der Uhr. Bei sich also trug sie keine Uhr, aus dem einfachen Grunde, weil sie keine mehr hatte. Ja, sie hatte einmal eine besessen. Aber die hatte sie in begeisterter Stunde auf den Teller einer Missionsfestkollekte gelegt. Noch höre ich, wie mein Vater, der seiner Braut einst die kleine goldene Uhr geschenkt hatte, erregt fragte: „Minchen, wo hast du deine Uhr? Ich habe sie seit Tagen nicht gesehen." Mutter beichtete nun, aber mit leuchtendem Angesicht. „Was ist das für ein hanebüchener Unsinn!" stieß mein Vater heraus. Mutter erwiderte: „Wenn aber auch nur eine Hottentottenseele dadurch zum Frieden kommt —?!" Vater fiel ein: „Bleibe mir vom Leibe mit deinen Hottentottenseelen! Die haben gar keine Seele, bis ihnen die Missionare eine anschwatzen. *Ich* aber weiß, daß du von jetzt an noch öfter die Zeit verpassen wirst als bisher schon." Und in dem *letzten* Punkt hatte Vater ohne Zweifel recht.

Für mich als ein Kind, das beide Eltern leidenschaftlich liebte, war die ganze Szene sehr peinlich. Vielleicht wäre es frommer von meiner Mutter gewesen, die Eigentümlichkeiten und Vorurteile meines Vaters zu schonen und die Uhr zu behalten. Aber das ist eine Gewissensfrage für Eheleute. Gewiß ist nur, daß meine Mutter keine Taschenuhr mehr hatte.

Um so öfter steckte sie nun ihren Kopf durch die Tür der besten Stube, sah die Uhr an und klagte: „Ach, du liebe Zeit – nein, das geht nicht mit rechten Dingen zu! Schon elf Uhr, und die Minna ist noch im Garten, und nicht einmal die Kartoffeln sind geschält!" – So ging es fast Tag für Tag. *Immer war die Uhr ihr zu schnell gelaufen.* Und das war auch kein Wunder. Die gute Mutter hatte sich in ihrer Liebe und in ihrem Dienemut so viel Geschäfte aufgeladen, daß auch der fleißigste Mensch sie in der zur Verfügung stehenden Zeit unmöglich bewältigen konnte. Mutter hatte einsame und betrübte Seelen zu trösten, für die Kleinkinderschule zu sorgen, Ströme Suppe zu kochen für die Patienten ihres Mannes, die halbe Verwandtschaft mit Dienstboten zu beglücken, entlassene Sträflinge an einen Meister zu bringen – und so ging es den ganzen lieben Tag, und immer kam etwas Neues dazu.

Solche Arbeiten aber, die man damals noch nicht irgendeinem Verein oder einer Einrichtung der Inneren Mission aufhalsen konnte, forderten natürlich viele Lauferei und eine umfangreiche Briefschreiberei. Und diese kostete viel Zeit, auch wenn man so windschnell, brockenhaft, prophetisch andeutend schreibt, wie meine Mutter es tat.

So war ihr denn die rastlos und rücksichtslos eilende Uhr ein Dorn im Auge. Um so mehr, wenn meine Brüder, die Punkt ein Uhr in der Schule sein mußten, jammerten und heulten: „Mutter, Mutter, es ist schon halb eins, und das Essen ist noch nicht auf dem Feuer! Und wenn wir zu spät kommen, kriegen wir Schläge." Nun, dieser Gedanke, daß ihre unschuldigen Jungen Schläge bekommen sollten, war natürlich dem Mutterherzen unerträglich. Und der andere, daß die Hungrigen ohne warmes Essen zur Schule gehen sollten, war nicht um ein Haar besser.

In dieser Notlage hat sie dann zuweilen etwas getan, was ich, der kranke Bube, der in der besten Stube weilte, mit meinen zwei Augen gesehen habe. Ich würde es nicht erzählen. Aber man hat mir nachgesagt, daß ich in meinen Erzählungen meine Mutter oft über alle Maßen verherrlicht hätte. Und in diesem Punkt mögen meine gestrengen Herren Kritiker vielleicht nicht so ganz unrecht haben. So will ich denn jetzt beweisen, daß ich auch für die *Fehler* der heißgeliebten Frau ein Auge hatte. Also, was tat sie in ihrer Not? Entschlossen, fast zornig schritt sie zur Uhr hin und — *hielt sie an.* Mit ihren eigenen Fingern hielt sie den Pendel fest. So, nun war es halb eins und blieb auch bis auf weiteres halb eins.

Ich fühle noch die Angst, die mich befiel, als ich das sah. Es erschien mir halb überwältigend groß und halb grauenvoll, daß meine Mutter sich so zum Herrn der Zeit machte. Daß sie keine gewöhnliche Frau sei, ahnte ich längst. Aber dies mit der Uhr schien mir doch fast wie ein Eingriff in das göttliche Weltregiment.

Warum aber tat sie, was sie tat? Nun, wer etwa um halb zwei Uhr über ihre Schultern geschaut und das Kärtchen, das unter ihrer Hand war, gelesen hätte, dem wären folgende Worte vor Augen gekommen: „Geehrter Herr Lehrer! Meine Jungen sind unschuldig. Unsere Uhr steht still . . ." Sie stand auch wirklich still. Darin hatte Mutter recht; daß sie sie aber selbst still*gesetzt* hatte — nun, das brauchte der Lehrer nicht zu wissen. Wozu braucht der Mensch denn auch alles zu wissen?

Ja, was man nicht alles in der Not tut! Und nun gar die Liebe der Mutter in der Angst um ihre Jungen! Freilich, man wird mir sagen: „Deine Mutter hat da nach dem bösen Satz gehandelt: ‚Der Zweck heiligt die Mittel.' " Ich kann das nicht leugnen und will es auch nicht. Wer aber seine Seele ganz rein weiß, der werfe den ersten Stein auf meine Mutter. Er wird ihr nicht mehr weh tun. Sie war und sie bleibt, trotz der Uhr, eine „anima candida", eine von innen „leuchtende Seele".

Aber wie ich schon andeutete: Wenn meiner Mutter die Zeit zu schnell lief, so ging sie ihrem kranken Jungen zu langsam voran. Nicht, daß ich ein so hervorragend langweiliger Geselle gewesen wäre. Aber der arme Junge sollte ja *nichts* tun. Wie sollte er sich da nicht langweilen? Lesen (so hieß es) regt ihn auf; Klavierspielen macht ihn nervös. Schlafen sollte er viel; aber das konnte er nicht. O es war zum Verzweifeln! Die Brüder waren in der Schule oder im Wald und auf der Heide. Und die liebe, unvergleichliche Mutter – ach, sie hatte viel zu wenig Zeit! Wie sollte *mir* da die Zeit nicht lang werden? Wahrlich, es war nur zu natürlich, daß der Blick auf die so langsam fortschreitende Uhr mich oft zu leidenschaftlicher und unartiger Ungeduld verführte.

UNTER VATERS PATIENTEN

Als ich noch ein Junge von sieben bis elf Jahren war, beneideten mich meine Brüder und Kameraden immer, weil ich meiner Kränklichkeit wegen nicht zur Schule zu gehen brauchte. Ich meinerseits beneidete sie, daß sie hingehen konnten. Ach, so beneiden sich die närrischen Menschenkinder gegenseitig und wissen doch nicht, was sie tun. Der Durchschnittsmensch ist so dumm, daß er bei dem andern immer die Vorzüge seiner Lage, bei sich selbst aber die Nachteile ins Auge faßt. Und so kommen die meisten Adamskinder aus dem Maulen nicht heraus.

Was aber nun mich betrifft, so glaube ich doch heute noch, daß ich meinen Brüdern gegenüber wirklich der Bemitleidenswertere war. Denn weil ich nicht zur Schule brauchte, so durfte ich in der Regel auch nicht teilnehmen an vielen Freuden, die sich ihnen in Wald und Heide, auf dem Wasser und auf dem Eis darboten. *„Otto darf das nicht"*, diese vier Wörtlein tönen mir noch aus der Jugendzeit in mein Alter hinein. Heute muß ich darüber lachen, aber seinerzeit habe ich, wer weiß wie oft, darüber geweint, bitterlich geweint. Wenn die Brüder zum Schneeballen auf den Kirchplatz gingen, so tönte Vaters Stimme: „Otto darf das natürlich nicht, er hat vorige Nacht stark gehustet." Jubelten andere Knaben über die herrliche Eisbahn, so hieß es: „Otto darf das nicht, es ist Ostwind." Handelte es sich um einen Ausflug oder um das Essen eines Pfannkuchens — immer, wenigstens sehr oft, kam das schreckliche Wort: „Otto darf das nicht." Ja, wenn ich länger als eine Viertelstunde auf dem Klavier klimperte oder wenn ich allzu eifrig in einem Geschichtenbuch las, hieß es: „Otto darf das nicht mehr, er wird sonst ganz nervös." Mir wäre das Leben verleidet worden, wenn meine Mutter nicht gewesen wäre. Diese wies mich nicht nur darauf hin, daß der liebe Gott mich im *Himmel* einmal reichlich entschädigen würde, wenn ich nur jetzt gelassen und geduldig sei; nein, sie verhieß mir auch mit einer wunderbaren Zuversicht, daß ich in meinem Leben noch so viel von der *Welt* sehen und genießen würde wie nur wenige Menschen. Sie sagte das so oft, bis ich's endlich allem Sichtbaren und Wahrscheinlichen zum Trotz fest glaubte. Und Mutter hat auch hierin wirklich recht bekommen.

Vaters Praxis führte ihn besonders aufs Land, und es war nicht außergewöhnlich, daß es sechs bis zehn Stunden dauerte, ehe die Hufe des Pferdes wieder an der Stalltür scharrten. Während dieser Zeit sammelte sich in unseren Zimmern allerlei Volk, das den abwesenden Doktor erwartete. Sie waren alle sehr leidvoll gestimmt, denn entweder waren sie krank, oder sie kamen wegen ihrer Angehörigen, die von den verschiedensten Gebrechen heimgesucht waren. Ich sehe noch diese bunte Gesellschaft, Bauern und Bäuerinnen, Tagelöhner, Handwerker, Fabrikarbeiter und auch mancherlei Handelsleute, ja, es fehlte selbst nicht an Zigeunern und langbärtigen Mönchen aus dem benachbarten Kloster Hardenberg.

Meist waren die Patienten in der Stimmung, daß sie ihr Innerstes gern herauskehrten und ihre Leidensgeschichte erzählten. Und wenn kein Besserer da war, sie anzuhören, so war selbst der kleine Doktorssohn Otto gut genug dafür.

Aber diese seufzenden Leute mußten auch *unterhalten* werden, damit sie nicht zu ungeduldig wurden und schließlich gar einen anderen Arzt aufsuchten. Es gehörte mit zu dem Beruf der Frau Doktor, die Leute in Stimmung zu halten. Die Mutter aber, die im Haushalt, im Weltreich und im Reiche Gottes viele Geschäfte hatte, machte mich — was die Unterhaltung der Patienten betraf — zu ihrem Flügeladjutanten. Ich *mußte* also mit jedem etwas anfangen, und darum *wußte* ich auch schließlich mit jedem etwas zu reden und aus jedem etwas *heraus*zubringen. Das habe ich auch bis heute noch nicht ganz verlernt. Die Professoren haben mich das also nicht gelehrt; die verstehen diese Kunst oft schlecht genug. Aber meine Mutter verstand sie aus dem Effeff. Nicht daß sie damit angefangen hätte, den Leuten *geistlichen Zuspruch* zu geben. Nein, das kam nachher so „bei wegelang" ungesucht und doch vom Himmel erbeten. Nein, Numero eins war, die Leutlein zu *beschäftigen.* Mädchen und Frauen bekamen je nach Talent, Stand und Würde entweder Kartoffeln zu schälen, Gemüse zu reinigen, Metallgeschirr zu putzen, Garn aufzuwickeln, Strümpfe für arme Leute zu stopfen, Hemden zu „merken" usw. Natürlich empfingen sie nachher auch irgendeine Belohnung dafür: eine Tasse Kaffee oder Schokolade, ein kleines Buch, ein Bild und dergleichen. Die Männer sind bekanntlich in der Welt nicht so gut zu gebrauchen und doch, wenn sie warten müssen, noch gefährlicher und boshafter als die Frauen. Ihnen, ich meine den männlichen Personen, wurde also ein Buch, eine Zeitung oder auch, wo's angebracht war, ein Missionsblatt in die Hand gegeben. Dankbarer pflegten sie noch für eine Zigarre zu sein oder für die Ehre, aus des Doktors selbsteigenem Tabakskasten ihre Pfeife stopfen zu dürfen. Nicht selten durfte ich auch diesem oder jenem ein Gläschen Wein bringen. Wurde aber jemand „flau", so wußte ich, wo das „Kölnische Wasser" seinen Platz hatte, und verstand es mit einigem Geschick, den Leuten davon etwas unter die Nase zu reiben.

Die Hauptsache blieb aber doch die Unterhaltung, freilich nicht immer. Zuweilen mußte auch die Mutter den Doktor spielen. Ich erinnere mich noch sehr gut, wie eines Tages eine Bauersfrau mit ihrer kleinen Tochter angerannt kam. Der nichtsnutzige Bruder des Kindes hatte ihm eine harte weiße Bohne tief in das eine Nasenloch hineingedrückt. Die ungeschickten Bemühungen der Bäuerin hatten aber nur eine noch höhere Lage der Bohne bewirkt. Das arme Kind war blau und rot im Gesicht, die Nase war entsetzlich geschwollen; die Augen standen ihm aus dem Kopf, und man mußte jeden Augenblick befürchten, daß Krämpfe eintraten. Rasch entschlossen legte meine Mutter das arme Wurm so hin, daß der Kopf eine nach hinten geneigte Lage bekam. Alsdann tröpfelte sie warmes Wasser in die Nasenhöhle, um die Bohne aufzuweichen. So konnte sie dann bald mit einem Instrument, das einen Widerhaken hatte, die schauerliche Bohne fassen und herausziehen. Vielleicht sagt der Leser: „Das hätte ich auch gekonnt." Ja freilich! Aber ob du auch den *Einfall* gehabt hättest? Doch meinetwegen magst du auch so klug gewesen sein. Jedenfalls war die Bauersfrau ganz aus Rand und Band vor Freude und Bewunderung. „Frau Doktor", rief sie, „Sie sind der beste Doktor in der ganzen Welt, und ich will es Ihnen im ganzen Leben nicht vergessen." Am anderen Tage kam eine riesige Bratwurst für die Speisekammer der Doktorin und ein Korb mit Äpfeln „für den jungen Doktor". Das war ich nämlich. Ich hatte dem Kinde während der „Operation" die Hände festgehalten, Witze gemacht und zärtlich mit ihm getan.

So griff die Mutter zuweilen in Vaters Amt. Aber in der Regel lag ihr doch die seelsorgerische Tätigkeit mehr am Herzen. Und in der Tat, meine Mutter hatte eine besondere Gabe des *Tröstens*, was nicht zu verwundern war, da sie die Gnadengabe der *Liebe* hatte. Mir freilich erschien sie oft *allzu mild*. Nur wenn ihr ein offenbar *selbstgerechtes Wesen* entgegentrat, konnte sie auch ganz „blitzig" werden.

Besonderes Interesse erweckten mir die *Zigeuner*, die damals in unserer Gegend nicht selten waren. Trotz ihrer berühmten Heilmittel waren sie doch oft genötigt, meinen Vater aufzusuchen. Ich betrachtete diese romantischen Leute, die mich allerlei kleine taschenspielerische Künste und Fingerfertigkeiten lehrten, mit einem lüsternen Grauen. Da ich gelesen hatte, daß diese Fremdlinge oft Kinder stehlen, ließ ich immer die Tür zur Küche ein wenig offen, damit Mutter mein Geschrei hören könnte, falls diese Unchristen mich rauben wollten. Aber ich kleines, schmächtiges Kerlchen bin ihnen wohl nicht der Mühe wert gewesen.

Ein wahrer Festtag war es immer, wenn einer der *Bettelmönche* aus dem *Kloster Hardenberg* kam, das eine Meile von meiner Heimat entfernt war. Sie steckten auch voll von interessanten Schnurren, die oft die Grenze des Schicklichen bedenklich streiften. Sie gaben in dem Wartezimmer meines Vaters, wo sie sich ja gehen lassen konnten, ihre „Dönkes" *derart* zum besten, daß die Leute oft vor Lachen platzen wollten. Es wird kein Unglück sein, daß ich sie alle vergessen habe, nämlich die Dönkes.

Warum die Franziskanermönche gerade zu meinem Vater

kamen, weiß ich nicht. Aber der „Ketzer" war ihnen doch sehr vertrauenswürdig. Der Bruder, von dem ich heute rede, hätte sich wohl vor dem heiligen Franziskus sehen lassen können. Es war ein riesiger junger Mann, mit ungelenken Beinen und unschönem Gesicht, nur daß die Augen ganz wunderbar tief und innig waren. Und er kam an jenem Tage gerade zur rechten Zeit. Denn ich hatte wieder meine böse Stunde. Verdrossen stand ich am Fenster. Mit viel Mühe hatte ich mit meinem warmen Atem die Eisblumen aufgetaut und schaute nun neidvoll und fast grimmig, wie da draußen meine Kameraden einen herrlichen Schneemann aufbauten.

Da knarrte die Tür, die von dem Wartezimmer meines abwesenden Vaters in die beste Stube führte. Ich wandte mich um, und ärgerlich, wie ich war, schaute ich den Mönch fragend und wohl nicht gerade freundlich an. Der Mann sagte, wie entschuldigend: „Ich wollte nur sehen, wieviel Uhr es ist." „Es ist *erst* fünf Uhr", sagte ich. — „Ach, es ist *schon* fünf Uhr?!" betonte er traurig. Mich überkam das Lachen, und ich antwortete: „Ich sage *erst*, und Sie sagen *schon;* wie komisch!" — Er entgegnete ernst: „Es kommt nur darauf an, wer von uns beiden ein *Recht* hat, so zu sagen, wie er sagt. Ich sagte: ‚schon' fünf Uhr, denn ich habe einem hinsterbenden Fuhrmann an der Tönnisheide, dem ein Rad über die Brust gegangen ist, versprochen, um sechs Uhr bei ihm zu sein und ihm die letzte Wegzehrung zu geben. Aber warum bist *du* so ungeduldig?" — Ich antwortete finster: „Weil ich immer krank sein muß." — *„Wer ist denn daran schuld?"* forschte der Mönch mitleidig und ernst. Ich wußte nichts zu antworten als: *„Gott! — Wer sonst als Gott?"*

Jetzt kam der Mönch und nahm meine kleinen weißen Hände in seine braunen Riesenhände hinein, schaute mir tief in die Augen und sagte: „Knabe, als du dich vorhin nach mir umschautest, sah ich in deinen Augen etwas Unheimliches, fast Dämonisches." — Ich fuhr zornig auf. Er aber sprach ruhig weiter: „Ja, der Geist der Ungeduld ist *dämonisch.* Er bedeutet Aufruhr gegen Gott. Ich will dir etwas sagen, das sollst du nicht vergessen, dein Leben lang. Du hast gesagt:

‚Gott ist schuld.' Ich aber sage dir: *‚Gott ist nie schuld. Gott ist immer Liebe.'* — — Immer Liebe, immer Liebe und Weisheit. Und es wird auch noch einmal ganz hell werden — ganz klar — alles, alles —", so hauchte und flüsterte er mehr in sich hinein, als daß er noch mit *mir* geredet hätte. Er drückte dabei meine Hände, daß ich fast aufschrie. Es hätte dieses Drucks nicht bedurft. Mein Herz war tief erschüttert, und zwar nicht nur durch das, *was* der Mönch sagte, sondern durch das *Wie*. Ich ahnte die Kämpfe des Mannes, aber auch, daß er sich durchgerungen hatte.

Endlich wieherte der Gaul vor der Tür, und nun trat mein *Vater* ein. Noch in Reitstiefeln und Sporen begann er unverzüglich seine Arbeit. Der Mönch kam des sterbenden Fuhrmanns wegen zuerst an die Reihe. Sonst wurden die chirurgischen Dinge womöglich zuerst abgemacht. Es wurde etwa einem Bauernknecht ein Zahn gezogen. (In dieser Kunst war Vater besonders berühmt.) Die Mutter hielt mit aller Kraft den Kopf des leidenden Mannes fest. (Dies Zusammenpressen ersetzte damals das Betäuben.) Ich präsentierte den Zinnteller zum gefälligen Ausspucken des Blutes. Der arme Sünder schrie wie ein Schwein, das geschlachtet wird; ich höre noch diese Töne. Vater schalt: „Alte Weiber! Hasenfuß! Wie kann ein Mann solche Fratzen schneiden?" Mutter tröstete: „Es ist bald überstanden. Gott hilft durch!" — Dann wurde dieser und jener zur Ader gelassen, was damals, als Bleichsucht und Blutarmut noch nicht so allgemein im Gebrauch waren, sehr oft verlangt wurde. Auch hierbei mußte ich den Teller halten und den Blutstrahl auffangen, was auch gelernt sein wollte. Jetzt erst kamen die Unterhaltungen wegen der *inneren* Krankheiten. Hierbei pflegten die Leute, besonders die ja bekanntlich mit großer Beredsamkeit ausgestatteten Frauen, sehr weit auszuholen. Da sollte denn oft das Magenleiden der Urgroßmutter verantwortlich gemacht werden für den Lungenkatarrh der Urenkelin. Auch sonst wurden, wie das bei ungebildeten Leuten zu geschehen pflegt, tausend Dinge in den Bericht gezogen, die mit der Sache selbst weniger als nichts zu tun hatten. Schließlich riß denn wohl Vater der

Geduldsfaden, und er sagte: „So, nun schweigt, und antwortet nur noch auf meine Fragen!"

Mein Vater war als Arzt berühmt. Aber es war ein Unglück, daß er selber nie krank gewesen war; so konnte er auch mit den leidenden Menschen nie so zart empfinden, wie diese es wünschten.

Nach beendigter Untersuchung, Pulsfühlen, Beklopfen und Betasten kam dann der große Augenblick des Rezeptschreibens. Mein Vater war ein vernünftiger Arzt und hielt nicht übermäßig viel von den sogenannten Medikamenten. Er glaubte, daß der liebe Gott die besten Heilmittel umsonst darbiete für jedermann, nämlich reines Wasser, reine Luft, warme Sonne; er meinte ferner, daß die Apothekerherrlichkeit nicht im entferntesten soviel wert sei wie eine *vernünftige* Lebensweise. Die Menschen aber waren und sind allermeist auch heute *noch zu dumm*, um das zu begreifen. Wenn mein Vater also den Bauern sagte: „Ihr braucht gar keine Medizin, sondern nur Vernunft", so machten sie daraus den Schluß: „Der Doktor weiß nichts." Alsdann gingen sie zu einem andern. Da mußte dann Mutter aushelfen. Manchmal bin ich mit ihr zu Patienten des Vaters hingewandert, wenn er sie vor den Kopf gestoßen hatte. Sie wußte dann durch ihre herzliche Art die Leute so zu gewinnen, daß sie trotz alledem dem Vater „treu" blieben.

So war der Vater oft gezwungen, wenigstens einen kleinen „Pott voll" zu verschreiben. Aber die Hauptsache waren *ihm* jedenfalls immer die Verhaltungsmaßregeln, die dem Patienten bei Aushändigung des Rezepts mitgegeben wurden. Noch klingt es mir in den Ohren: „Also fleißig an die Luft gehen, und zwar bei jedem Wetter — auch im Hause für frische Luft sorgen — fleißig waschen — kalt, dreimal des Tages, und, wenn es möglich ist, baden — keinen Schnaps trinken, *keinen Kaffee*, hört Ihr, keinen Kaffee!"

Hier muß ich noch eine Geschichte vorbringen, die doch unbedingt der Welt nicht verlorengehen darf; ich habe viel daraus gelernt. Als ich einmal als Student mit meinem Vater ausging, begegnete uns ein *Fuhrmann*, der schon lange, ehe wir bei ihm waren, den Hut zog und überaus demütig grüßte, als wir aneinander vorbeigingen. Das fiel mir auf, denn es gehört in meiner bergischen Heimat nicht zu den allgemeinen Tugenden, daß man höflich ist. Und die Fuhrleute vollends sind die Gröbsten von allen. Ich fragte also meinen Vater, warum der Mann wohl so höflich sei. Er lächelte und sagte: „Ich habe ihn etwas Gutes gelehrt." Ich: „Was denn, Vater?" Er: „Mores." Ich: „Was für Mores?" Er: „Ich habe ihn gelehrt, *wie Pferde empfinden.*"

Und nun erzählte er mir, vor Jahr und Tag sei er einmal den Müllerbaumer Berg hinaufgegangen; da habe er diesen Mann und sein Fuhrwerk getroffen. Der Wagen sei viel zu schwer mit Steinkohlen beladen gewesen, und das arme Tier hätte ihn trotz größter Mühe nicht vorwärtsbringen können. Der Unmensch aber hätte das Pferd aufs grausamste mit der Karrenhacke mißhandelt, so daß es an vielen Stellen blutete. Der liebe Pastor N. habe bei ihm gestanden und ihm mit sanftmütigen Worten sein Tun verwiesen. Die freche Antwort des Fuhrmanns war: „Paff, dat verschteist du nit." Da kam mein Vater. Er wurde zornig, riß dem Fuhrmann die Peitsche aus der Hand und bearbeitete den Kerl von oben bis unten so, daß er laut heulte und immer nur so tanzte vor Schmerz. „So", sagte Vater, indem er ihm die Peitsche ins Gesicht warf, „so, nun wißt Ihr, wie es dem Pferde zumute ist. Und jetzt augenblicklich geht Ihr hin und holt Vorspann, oder Ihr kriegt noch eine Ladung!"

Mein Vater konnte sich das leisten, denn er war ein riesenstarker Mann und vollends im Zorn fürchterlich. Es ist hoffentlich nicht respektlos gegen den heiligen Jakobus, wenn ich sage, daß zuweilen doch auch der *Zorn* tut, was *recht* ist vor Gott und vor Menschen. Dem Fuhrmann jedenfalls ist, wie wir gesehen haben, diese „Seelsorge mit der Peitsche" sehr heilsam gewesen. –

Mein Vater war von den engen Grenzen des ärztlichen Wissens und Erkennens oft so niedergedrückt, daß wir ihn kaum froh machen konnten. Und doch war er in hohem Maße das, was man einen „glücklichen Arzt" nennt. So sah ich denn auch mit eigenen Augen, wieviel Leid er in Freude wandeln durfte. Und deshalb war mein ernster Wille, später auch Arzt zu werden. Warum ich es doch nicht geworden bin, gehört auf ein anderes Blatt. Man wird eben nicht, was man will, sondern was man soll, und mancher wird überhaupt nichts.

DUMME STREICHE UND GUTE LEHREN

Die Hokus=Melibokus=Hiebe

Ein besonderes und weitschichtiges Kapitel kann ich über Prügel und Ohrfeigen *nicht* schreiben; denn Stock und Peitsche kamen in unserem Hause *nicht oft* zur Anwendung. Vollends wurde *ich* meiner zarten Veranlagung wegen durchweg mit dem „Stabe Sanft" erzogen. Mancher, der dies liest, mag denken: Das ist traurig genug; der Mann wäre besser geworden, wenn er mehr Schläge bekommen hätte. Das will ich auch nicht bestreiten. Aber es verhielt sich jedenfalls so, wie ich berichtet habe. Meine Eltern huldigten durchaus den evangelischen und nicht den gesetzlichen Erziehungsgrundsätzen. Sie waren *nicht* der Meinung, daß man Menschenkinder wie Hunde und hartköpfige Zugochsen erziehen müsse. Was durch Liebe gemacht werden konnte, wurde durch Liebe gemacht. Wir konnten schon viele wilde Streiche ausführen und allerlei Unheil, ja materiellen Schaden an Kleidern, Möbeln, Porzellan und Fensterscheiben anrichten, ohne daß viel Wesens davon gemacht worden wäre. Zuweilen aber wurde der „Stab Wehe" bei Gelegenheiten gebraucht, wo andere Eltern es bei einem einfachen Tadel hätten bewenden lassen oder wo sie sogar diesen gespart hätten.

Erinnerlich ist mir, daß ich einmal Prügel und einmal eine Ohrfeige bekommen habe. Daß es nicht öfter geschehen ist, will ich nicht mit meinem Blute unterschreiben; aber erinnerlich sind mir nur diese beiden Fälle. Sie sind auch ohne Zweifel kennzeichnend für die Erziehungsweise meiner Eltern. Auch bin ich der Meinung, daß viele Pädagogen, selbst hochberühmte, etwas daraus lernen können, gar nicht zu reden von gewöhnlichen Sterblichen, Vätern und Müttern und anderen schlichten Menschenkindern.

Also Nummer eins: die Prügel. Mein *Vater* bekam einmal Besuch von einem vortrefflichen Herrn, nämlich von einem Buchhändler aus Elberfeld, der unglücklicherweise Mebus hieß. Herr Mebus war ein kleiner Mann, hatte aber einen großen Buckel oder Höcker. Ich sagte, der Elberfelder Buchhändler hätte „unglücklicherweise" den Namen Mebus geführt. Ich hätte auch sagen können, daß wir nichtsnutzigen Jungen unglücklicherweise zu dieser Zeit in der Geographiestunde von dem Berge Melibokus, der bekanntlich im Odenwald liegt, gehört hatten. Auch hatte der Lehrer gesagt, daß man diesen Berg scherzweise Hokus Melibokus nenne. Das hatte uns wohl viel Spaß gemacht. Jetzt aber beim Anblick des Herrn Mebus, der einen Höcker (Hokus) führte, glaubten wir die Stunde gekommen, unsere geographische Weisheit und unseren Witz leuchten zu lassen. Als der liebe Mann nämlich das Haus verließ und an uns vorbei über den Kirchplatz schritt, riefen wir unartigen Jungen ihm nach: „Hokus Melibokus! Hokus Melibokus!" — geradeso, wie vor 2 500 Jahren die flegelhaften Burschen in Bethel dem ehrwürdigen Elisa nachschrien: „Kahlkopf, komm herauf! Kahlkopf, komm herauf!" Dafür wurden nach dem Bericht der Bibel ihrer zweiundvierzig von den Bären zerrissen. Nun, so schlimm erging es uns gerade nicht; aber die Strafe blieb auch bei uns nicht aus. Denn kaum hatten wir hinter dem Herrn M. her unser „Hokus Melibokus" gerufen, so ertönte ein scharfer Pfiff. Den kannten wir. Er kam vom Vater, der, am offenen Fenster stehend, alles gehört und gesehen hatte. Alsbald wandelte sich die böse Freude in bitteres Leid. Denn als wir gesenkten Hauptes in Vaters Studierstube traten, der älteste voran, dann ich und so weiter — wir alle nach der Zahl unserer Jahre —, da stand er schon da mit der Reitpeitsche in der Hand, und die Ader auf seiner Stirn war geschwollen. Alsbald gab es Schläge, die hatten sich gewaschen, wie man wohl sagt. Die Striemen aber, die sie machten, konnte man nach acht Tagen noch *nicht* wegwaschen.

Als diese erste Lektion vollendet war und wir alle unsere Portion bekommen hatten, kam der zweite Vers. Vater fragte, ob wir wüßten, weshalb wir geprügelt worden wären. Wir antworteten alle durcheinander heulend: „Ja, Vater!" Wir fürchteten, daß wir eine zweite Auflage der Prügel erleben könnten; darum waren wir so eifrig, unsere Schuld zu bekennen. Aber unser Gewissen überführte uns auch wirklich.

Nachdem der Vater also seines Strafamtes gewaltet hatte, trat die *Mutter* ihr Lehramt an. Sie nahm uns mit sich in die stille Kammer und offenbarte uns gründlich, wie häßlich und unmenschlich wir uns benommen und daß wir den Heiland geradezu ins Gesicht geschlagen hätten. *Der* hätte sich immer der Elenden, Leidenden und Verachteten am meisten angenommen, und wer sein Jünger sein wolle, müsse sich bestreben, es ebenso zu machen. Sie zeigte uns in überzeugender Weise, daß das allein menschlich, edel und lieblich sei, daß es aber eine elende Feigheit verrate, wenn man der Leidenden spotte. Sie machte uns auch darauf aufmerksam, wie jeder verunstaltete oder sonst von der Natur vernachlässigte Mensch uns eine Ursache zu Lob und Dank sein sollte. „Denn", sagte sie, „was wolltet ihr denn machen, wenn ihr nun alle einen Buckel hättet, oder warum seid ihr denn besser wie die, die nur ein Auge oder zwei taube Ohren haben?"

*

Übrigens werden manche sagen: „Die Hokus-Melibokus-Hiebe waren ganz in der Ordnung. Sie kamen durchaus zur rechten Zeit. Du hättest sie von uns auch bekommen." Nun gut; jedenfalls aber war die Ohrfeige, von der ich nun berichten werde, durchaus original, und viele Leser werden sie für grausam halten, obgleich es eine einfache, natürliche Ohrfeige war. Ich aber halte sie für noch heilsamer als die besprochenen Prügel. Ja, ich glaube, ein jeder, Mann oder Frau, der sich diese Ohrfeige, die ich vor etwa fünfzig Jahren bekommen habe, demütig zu Herzen nimmt, wird dadurch vielem Leid entrückt und hier und dort höherer Freude teilhaftig werden. Also hört!

Mein Bruder Bernhard und ich wanderten mit unserem Vater durch einen Wald. Unterwegs erzählte er uns in der meisterhaften Art, die ihm eigen war, eine interessante Geschichte, die uns ganz bestrickte und verzauberte. Wir lauschten, als ob wir die Engel im Himmel singen hörten. Inzwischen kamen wir an einer alten Frau vorüber, die war schmutzig, häßlich und runzelig, und ihre Kleider waren sehr zerlumpt. Sie hatte dürres Holz gesammelt und quälte sich gerade ab, ihr Bündel auf den Kopf zu heben. Aber vergeblich! Ob sie zu schwach oder das Bündel zu stark war, genug, es ging nicht. Als mein Vater nun bemerkte, daß wir sahen, was da geschah, gab er patsch! patsch! erst mir, dann dem Bruder Bernhard eine saftige Ohrfeige. Darauf ging er hin und half der alten Frau, daß sie ihr Bündel auf den Kopf kriegte und in das richtige Gleichgewicht kam. Wir schauten ihm unter Tränen verwundert zu. Der Engelsgesang war verstummt. Vater aber sagte, während er weiterging: „Jungens, wißt ihr, wofür ihr in der Welt seid?" – Keine Antwort! „Nun, dann will ich es euch sagen. *Die Menschen sind da, um einander zu dienen, und wo sie das nicht tun, da ist es schlechterdings nicht auszuhalten."*

Diese kleine Geschichte ist mir oftmals eingefallen, wenn ich las, was der Heiland in Johannes 13 bei Gelegenheit des Fußwaschens sagt, und mir wollte scheinen, und mir scheint auch heute noch, daß mein seliger Vater, obgleich er praktischer Arzt, Chirurg und Geburtshelfer war, doch eigentlich ein ausgezeichneter Bibelausleger gewesen ist, bei dem viele Doktoren der Philosophie, Theologie und Philologie hätten in die Lehre gehen können.

Daß ein solcher Mann wie mein Vater eine Zuflucht der Armen und Gedrückten war, wird demnach niemand verwundern. Das Wuppertal und zum Teil auch die Umgegend war und ist ja in seltenem Maße ein großer Industriebezirk. Das Los der Zehntausende von Arbeiterfamilien war wahrlich kein leichtes. Die Löhne waren an und für sich sehr niedrig, so daß eine Arbeiterfamilie ohne die moralisch und körperlich ruinierende Mitarbeit der Frauen und Kinder kaum durchkommen konnte. Sobald vollends Arbeitsstockungen eintraten, waren die Leute der äußersten Not preisgegeben. Für Invaliden und Altersschwache war, wenn man von einzelnen menschlich denkenden Fabrikbesitzern absieht, gar nicht gesorgt. Dazu herrschte in manchen Kreisen das System, daß die

Arbeiter statt mit Geld mit Waren bezahlt wurden, und zwar mit Waren, die oft schlecht genug waren und die sie doch zu einem verhältnismäßig hohen Zwangskurs annehmen mußten. Mein Vater, der als Arzt die elende Lage der Arbeiter täglich kennenlernte, der aber auch in die wachsende Bewegung der Unzufriedenen hineinsah, hatte durch Wort und Schrift die kommenden Stürme oft vorausgesagt und als das gerechte Gericht des Himmels gepredigt. Man hatte ihn aber als den „Advokaten der Proletarier" verlacht und sich mit der Macht der Bajonette getröstet. Er sollte aber bald mehr recht bekommen, als ihm selbst und jenen Herren lieb war.

In Mutters Schule

Daß in meinem elterlichen Hause nicht zu viel geboten oder verboten war, habe ich schon erwähnt. *Was* aber geboten war, das *war* auch geboten. Ungehorsam und Unwahrhaftigkeit wurden in jedem Falle ohne Barmherzigkeit bestraft. Da aber unsere Eltern dafür sorgten, daß wir von ihrer Liebe fort und fort die tiefste Überzeugung hatten, so wurde es uns im ganzen auch nicht schwer, unseren Kopf und unseren Nacken unter das Joch des elterlichen Willens zu beugen. Immerhin gab es aber doch Gelegenheiten, wo es ohne sauren Kampf nicht abging, da der Wille der Eltern gar zu dunkel und wunderlich oder gar grausam erschien.

Noch eins mußten die Funcke-Kinder früh lernen: *dienen.* Darin waren unsere Eltern einig: Die Jungen müssen angehalten werden zu dienen, überall und allezeit, wo und wie und wem sie dienen können. Die Eltern waren auch nicht der Meinung, daß man den Kindern diese schöne *Theorie* einprägen und ihnen zeigen müsse, wie sie *später einmal,* wenn sie in der Welt etwas vorstellen, Geld, Gaben, Ansehen, Macht, Ehre für andere in Dienst stellen sollen. O nein; wir wurden als Kinder dazu *erzogen.* Und das war nicht nur so, daß wir innerhalb der vier Wände des Hauses Dienste tun mußten, die sonst den Dienstmädchen oder meinetwegen den Töchtern zugeschoben werden. Nein, wir mußten nicht nur den Tisch decken, Erbsen auspahlen, Pellkartoffeln abziehen und dergleichen, wir mußten auch alles einholen, wie Senf, Salz, Pfeffer, Mehl und was weiß ich alles, wenn das Gedächtnis der guten Mina nicht dicht gehalten hatte.

Doch kommen wir auf das Dienen zurück, worin unser Gehorsam gegen Vater und Mutter geübt wurde, so war uns das nicht das Schwerste, was wir innerhalb des Hauses tun mußten, sondern das, was vor den Augen des Wülfrather Weltalls, also auch vor den Augen unserer Spielkameraden, geschehen mußte. Und das war so: In Wülfrath gab es besonders unter den Fabrikarbeitern immer einen ganzen Haufen Leute, die krank oder doch sehr arm und also unterstützungsbedürftig waren. An einem Mittag der Woche kochte meine Mutter einen riesigen Topf Suppe für diese Leute. Das tat sie nicht allein; es gab noch einige andere Familien, wo man es ebenso machte. Was aber die Mutter allein tat, das war dies, daß sie ihre leibhaftigen Söhne damit fortschickte. Andere angesehene Leute schickten die Dienstboten oder ließen auch wohl, soweit dies möglich, die Armen selbst kommen, sich ihren Segen zu holen. Mutter aber hatte, wie sie sagte, „ihre Gründe", die Jungen an diese Arbeit zu stellen. In jeder Hand einen Henkeltopf mit heißer Suppe tragend, so zogen wir los. Aber halt, wir brachten nicht nur den Topf; nein, wir brachten auch das Evangelium. „Hier diesen kleinen Topf kriegt die alte Sting in der Fabrik, zwei Treppen hoch; sie mag nicht viel, wird wohl bald sterben. Sagt ihr dabei: Mutter läßt Euch sagen: ‚Es ist ein köstlich Ding, geduldig sein und auf die Hilfe des Herrn harren.' — Diesen großen Topf hier kriegt der alte Stinder im Armenhaus, er hat die Schwindsucht und ist nicht satt zu kriegen. Sagt ihm den Vers dabei: ‚Wer Gott vertraut, hat wohl gebaut.' " — Und so ging's weiter. Überall mußten wir natürlich einen Gruß bestellen und uns nach dem Befinden erkundigen oder auch gleich Mutters baldigen Besuch anmelden.

Nun werden meine jugendlichen Leser und auch die Alten, wenn sie sich noch in die jugendliche Lage zurückversetzen können, verstehen, daß uns diese Wege bitter waren. Sie waren uns an und für sich nicht angenehm; denn auch wir hätten lieber gespielt. Indes, darüber wären wir noch zu trösten gewesen, wenn nur der *Spott* der Straßenjungen, ja unserer eigenen Spielkameraden nicht gewesen wäre. Aber die verhöhnten uns als „Raben des Elia", als „heilige Engel" usw. — Ja, das war bitter. Wir protestierten daher oft und viel und sogar unter Tränen. Aber unsere sonst so zärtliche, liebevolle Mutter fragte nach diesem Protest so wenig, als ob wir uns gegen Seife und Waschwasser gewehrt hätten. Sie sagte lächelnd: „Nun, geht nur; ihr werdet es mir noch einmal danken." Wir glaubten damals nicht, daß sie je recht bekommen werde; aber wir gingen doch.

Oder sie packte uns bei der Ehre: „Was? Ihr wollt einmal freie und selbständige Männer werden, und ihr fragt danach, was die dummen Jungen sagen? Ihr wißt doch ganz gut, daß es etwas Gutes ist, was ihr tut, und nun laßt ihr euch durch solch ein Geschwätz bange machen? Ihr müßt so tun, als wären sie alle Kohlköpfe. Aus keinem Knaben wird ein rechter Mann, wenn er nicht früh lernt, das Rechte zu tun und sich nicht zu kümmern um die ganze Welt."

Es ist ein großer Segen, wenn Kinder bemittelter Eltern *früh die Armut* und die *Armen* kennenlernen. Man schwärmt für Weltkenntnis im allgemeinen, aber unzählige unter den Gebildeten sind nie den Leuten nähergetreten, die ihr Brot mit Tränen essen. *Wer aber die Armen und ihre Zustände nicht kennt, der kennt die Welt nicht,* und wenn er zehnmal die Reise um die Welt gemacht oder wenn er dicke Folianten über Steine, Pflanzen und Tiere aller Zonen vollgeschrieben hätte. Daran wird die gegenwärtige Welt noch einmal in Trümmer gehen, daß die meisten Wohlhabenden die Zustände ihrer armen Brüder nicht kennen. Weil sie diese Zustände nicht kennen und zum Teil nicht kennen *wollen,* so werden sie nicht dankbar für ihre unverdienten Vorzüge.

Wir lernten die Armen *verstehen,* indem wir sie in ihrem eigenen Heim besuchten. Wir lernten sie *lieben,* indem wir etwas für sie taten. Wir entdeckten allerdings, daß allerlei nichtsnutziges, freches und undankbares Volk unter ihnen war, aber doch nicht mehr als unter reichen Bauern und fetten Bürgern. Wir entdeckten aber auch, daß wahre Frömmigkeit, stille Zufriedenheit, Ordnung und Sauberkeit ebenso in den ärmsten Hütten wie in den Palästen wohnen können. Wir entdeckten zu unserem Erstaunen, daß die schönen Bibelworte, die wir den einsamen, elenden und kranken Leuten brachten, oft wie eine himmlische Kraft wirkten und daß solch eine erstarrte Seele auftaute und in Freudentränen ausbrach. Manche zitternde Hand alter und kranker Leute in kümmerlichen Mansardenstuben hat segnend auf meinem Haupte gelegen, und manche treue Fürbitte aus Krankenstuben und Hinterhäusern ist mir gefolgt, als ich, fast sechzehn Jahre alt, das Elternhaus verließ.

DER ALTE WAGNER

Der Gott, der das Menschenherz kennt — er, der weiß, was für ein Gemächte wir sind, weiß auch, was wir nötig haben — er erbarmte sich immer wieder über mich. Er schickte mir *Menschen.* Tut er doch fast alles durch Menschen als durch seine Mittler und Boten.

So muß ich jetzt von einem Manne erzählen, der zwar nur ein alter, gebrechlicher und armer *Seidenweber* war, der aber zur Zeit meiner Jugend für mein inneres Leben eine größere Bedeutung gewonnen hat als alle anderen frommen Leute (meine Mutter ausgenommen) zusammengerechnet. Wenn man von Wülfrath zu Fuß nach Elberfeld geht, so führt der nächste Weg über den Flehenberg. Schön ist die Aussicht vom Gipfel dieser Höhen. Aber nicht wegen der schönen Aussicht ging ich so gern zum Flehenberg hinauf, sondern wegen des alten, ehrwürdigen Mannes, der da wohnte. Das Hüttlein war klein, aber inwendig und auswendig sauber. Es enthielt nur *einen* Raum, der Wohnzimmer, Schlafzimmer, Küche und Werkstatt zugleich war. In diesem bescheidenen Hüttlein also wohnte der alte *Wagner,* der Vater unserer treuen Dienstmagd *Mina.* Seine Frau war seit einem Vierteljahrhundert tot. So war denn, aufs Äußere gesehen, der alte Mann sehr einsam. Aber tatsächlich war niemand weniger einsam als er. Nicht daß hier viele Menschen aus- und eingegangen wären; aber wer erfahren wollte, was es heißt, ein Leben mit Gott zu führen, der mußte hier eintreten.

Vater Wagner besuchte uns oftmals; fast schien es, daß eine innere Stimme ihn immer dann zu uns wies, wenn ich in meiner Krankheit seinen Trost am nötigsten hatte. Oft, wenn die innere Spannung bei mir am größten war, erschien plötzlich in der Tür unserer Stube das schneeweiße Haupt und das friedereiche Angesicht des alten Mannes. Gewiß, er war seines Zeichens „nur ein Weber“, aber er war trotzdem ein tiefsinniger Magister und christlicher Philosoph, ein Schüler des Görlitzer Schusters *Jakob Böhme.* Wenn er in unser Haus trat, bekam seine Tochter einen *kurzen* Besuch, denn sie hatte für einen langen keine Zeit. Für mich aber, den er ganz unverdientermaßen tief in sein fürbittendes Herz geschlossen hatte, für mich hatte er immer so viel Zeit, bis mein heftigeres Husten ihm sagte, daß es genug sei.

Ich kann mit Worten nicht aussprechen, was ich in der Gegenwart dieses Gottesmannes erfuhr. Es ging etwas von Himmelsfrieden und doch auch von Erdenfreude von ihm aus, als ob er unmittelbar aus dem Anschauen Gottes hergekommen wäre. Und das war auch wohl meist der Fall. Auch ich durfte dann etwas von dieser Luft aus der anderen Welt einatmen. Was mir der liebe Alte in solchen Stunden *gesagt* hat, habe ich fast alles längst vergessen. Aber was er mir *gewesen* ist, das ist er mir noch, denn er hat damals und für immer mir in die Seele geprägt, daß der Umgang mit Gott Leben ist und Leben schafft – ewiges Leben. Dies steht für mich hoch *über* aller Theologie und Philosophie und *jenseits* aller Wissenschaft.

Einmal, als ich auch bitterlich klagte, daß mir die Zeit so lang wurde, hat er lange, wie fragend und suchend, gen Himmel geschaut. Dann sprach er: „Ich will dir etwas sagen. Eigentlich ist's noch nicht für dich. Aber vielleicht kannst du es doch ein wenig ahnen und im voraus schmecken." Und nun wiederholte er die bekannten, mir aber damals noch völlig unbekannten Worte von Jakob Böhme:

„Wem Ewigkeit ist wie Zeit
und Zeit wie Ewigkeit,
der ist befreit
von allem Streit."

Leise und feierlich wie Gottesworte hauchte er die kleine Strophe seines Lieblingsphilosophen. Ich aber mußte sie nachsprechen, bis ich sie „auswendig konnte". Waren mir diese Worte von Zeit und Ewigkeit in gewisser Beziehung auch dunkel wie das Rätsel der Sphinx, so tönte mir doch jeweils etwas von Trost und Hoffnung der Ewigkeitswelt daraus entgegen.

Es war an einem anderen Tage, da kam der liebe Alte auch zu mir. Diesmal fand er meinen ehrwürdigen Großvater bei mir. Ach, diese beiden herrlichen Männer kamen in ein Gespräch, das leider fast in einen *Streit* ausartete, der mir schrecklich war. Großvater, der milde Mann, aber ein „strenger" Reformierter alten holländischen Stils, vertrat die Sache der Vorherbestimmung und Erwählung. Ich verstand nur wenig davon. Nur dies hörte ich den alten Weber noch sagen: „Ehrwürdiger Herr Pfarrer, ich verstehe nicht, wie Ihnen ein Glas Wein und eine Zigarre schmecken können, wenn Sie wirklich der Meinung sind, daß die meisten Menschen in die ewige Qual fahren müssen." Ärgerlich nahm Großvater Stock und Hut und ging fort, nachdem er vorher noch sein Glas Wein ausgetrunken hatte.

Der alte Wagner aber blieb bei mir. Er hörte die Klagen über meine Gefangenschaft mit Lammesgeduld an und wußte mich durch Geschichten aus dem Leben von Gottesmännern zu trösten. Damals hörte ich zum ersten Male den Namen des großen schwäbischen Theologen *Oetinger.* Als es mir später gesundheitlich besser ging, sandte meine Mutter mich oft mit einem Korb voll Erquickungen zu dem bescheidenen Hüttlein des alten Pilgers.

Vater Wagner war ein Süddeutscher, ich glaube, ein Bayer; jedenfalls war sein Dialekt sehr fremdartig. Er wird wohl lutherisch gewesen sein; denn über seinem Bette hing ein Kruzifix — das erste, das ich in meinem Leben zu sehen bekam und das darum einen großen Eindruck auf mich machte. Es ging mir ganz merkwürdig. Ich hatte den lieben alten Mann bald derartig ins Herz geschlossen, daß ich, ein sonst so unruhiger Geist, stundenlang an seinem Webstuhl sitzen konnte, zufrieden, wenn ich ihn nur anschauen durfte. Ich wußte, der alte Mann liebte mich auf seine Art, und ich liebte ihn wieder in meiner kindlichen Art. Er starb, wie gebrechlich er auch war, sehr spät; denn wie mein Vater sagte: „Krakende Wagen halen am langsten."* Ich empfing die Nachricht von seinem Tode als Sekundaner. Obgleich ich nun damals mehr in einer romantischen als geistlichen Strömung war, mußte ich doch

* Krachende Wagen halten am längsten.

bitterlich weinen und konnte tagelang nicht essen vor großer Traurigkeit.

Eins, was mir großen Eindruck machte, muß ich noch erzählen. Der alte Wagner gehörte auch zu einem *Missionsverein*, wo man Berichte über die Arbeit unter den Heiden las und für ihre Bekehrung betete. Selbstverständlich ist, daß man auch sein Scherflein opferte. Nun war aber der alte Wagner in den letzten Lebensjahren durch seine Gebrechlichkeit meist verhindert, an den Missionsstunden teilzunehmen. Dennoch nahm er teil, obgleich er leiblicherweise nicht gegenwärtig sein konnte. Er setzte nämlich zu der bestimmten Stunde seinen Webstuhl still und betete, das friedvolle Antlitz zum Himmel erhoben, für die Mission. Wenn ich das mit Staunen sah, so ahnte ich, welches die weltüberwindenden Kräfte im Reiche Gottes sind.

Auch für meine spätere Theologie war der alte Wagner von erheblicher Bedeutung. Zwar sprach er nie viel von religiösen Dingen; aber wenn er es tat, so war es allemal die Liebe Gottes, die er mit leuchtenden Augen pries. Das machte den alten Mann so glücklich und so lieb. Über die Menschen urteilte er außerordentlich mild, auch über die rohesten und gottlosesten. „Glaube nur, Otto", sagte er wohl, wenn ich ihm allerlei Schreckliches erzählte, was ich in dem Sprechzimmer meines Vaters gehört hatte, „glaube nur, die armen Menschen kennen Gott noch nicht. *Man kann ihn nicht kennen, ohne ihn zu lieben.*" — „Ja, Vater Wagner, wenn sie aber *sterben*, ohne ihn zu kennen?" — „Nun", lächelte er, „Gottes Liebe zu den Menschen stirbt *nicht* mit, wenn der Leib der Menschen stirbt. Aber das ist noch nichts für dich", fügte er hinzu, und so mochte ich auch nicht weiter fragen.

Was mich unbewußt so anzog, war wohl der Adel einer in Gott verklärten Persönlichkeit. Wenn ich später sang: „Morgenglanz der Ewigkeit", so tauchte oft das edle Angesicht des alten Wagner mit den blauen Augen und den schneeweißen Haaren vor meinen Augen auf. Denn auch äußerlich sah mein alter Freund sehr gut aus. Er hatte feine kleine Hände; um seine Lippen spielte immer das Lächeln einer überirdischen

Freude, und jedes der wenigen Worte, die er redete, bewies eine so feine Herzensbildung, wie sie keine menschliche Schule und Erziehung, sondern nur der vertraute Umgang mit Gott verleiht. Wenn er *webte, sprach er oft halblaut mit seinem Gott.* Es war, wie wenn ein Mann mit seinem Freunde redete. Mein Name kam dann oft darin vor. Ich verstand nichts Näheres; aber es war mir wichtig genug, daß er mit Gott über mich redete. Kurz, es war eine wunderbare Freundschaft zwischen dem Kinde und dem Greise. Und sie bestand fort, als er längst nicht mehr war.

MIT MEINER MUTTER AUF REISEN

Wie wir die Revolution von 1848 erlebten

Es war im Frühling 1848, als unsere liebe Mutter mit uns zu einem Missionsfest wanderte, das in *Haan* abgehalten wurde. Dies war nichts Ungewöhnliches, denn wo ein Missionsfest war, da mußte unsere Mutter dabeisein. Meine Mutter war mit ihrer begeisterten Liebe für die Heidenmission den allermeisten Gebildeten ihrer Zeit um ein halbes Jahrhundert voraus. Damals nahmen auch die streng kirchlichen Kreise im ganzen noch wenig Anteil an dieser großen Sache. Aber Mutters biblisches Christentum, ihre brennende Menschenliebe und ihre ideale Geistesrichtung – das alles zusammen machte sie zu einer glühenden Missionsfreundin. Der Vater dagegen gehörte zu denen, die meinten, man könne Kraft und Geld in der Heimat besser verwerten. Und er stand nicht allein; die Presse der „Gebildeten" und des Volkes spottete der Mission. Die „Gartenlaube" brachte Karikaturen über die „Missionärlein", über ihre überfrommen Ehegefährten, und alle Welt lachte darüber.

Von dem Missionsfest berichte ich nichts, weil ich nichts anderes davon weiß, als daß wir Kinder uns langweilten. Gegen Abend aber fuhren wir von Haan nach *Düsseldorf*. Es fiel mir auf, daß auf dem kleinen Haaner Bahnhof eine große Anzahl finsterer und unheimlicher Gestalten war, die auch mitfuhren. Einer dieser Männer, dem meine Mutter einmal bei Gelegenheit eine Wohltat erwiesen haben mochte, warnte sie, nach Düsseldorf zu fahren; denn in der folgenden Nacht würde ganz Düsseldorf in die Luft gesprengt werden; mehr wolle er nicht sagen. Aber ob nun meine Mutter dem Manne nicht glaubte oder ob die Reiselust und der Zug zum Romantischen alles andere überwand, genug, wir fuhren doch. Unterwegs hörten wir aus den benachbarten Wagen furchtbare Lieder und schreckliche Flüche heraustönen. Aber meine Mutter tröstete uns: „Wir sind in Gottes Hand." Hier in der

Eisenbahn lehrte sie uns den Spruch: „Ob auch das Meer wütete und wallte ..." (Ps. 46, 4–6).

Als wir auf dem Düsseldorfer Bahnhof ankamen, wurde die Sache ernster. Von allen Türmen der Stadt tönte dumpf und schaurig das Geläut der *Sturmglocken: „Revolution!!"* Aus der Ferne hörte man Schüsse fallen. Auf dem großen Platz vor dem Bahnhof war eine Versammlung von Männern, die zum großen Teil bewaffnet waren. In der Mitte stand auf einem hohen Tisch ein Mann mit jüdischen Zügen. Es war der bekannte *Ferdinand Lassalle.* Neben dem Tisch stand eine sehr „emanzipiert" aussehende Dame, die eine Zigarre rauchte. Sie war die erste rauchende Dame, die ich in meinem Leben sah; man sagte uns nachher, es sei die Gräfin Hatzfeld gewesen.

Meine Mutter mußte doch trotz ihres Schreckens, um der Wahrheit nach allen Seiten hin auf die Spur zu kommen, ein wenig zuhören; denn wie Fritz Reuter einmal von der „lütten Fru Pastern" sagt: „Sie war zwar nicht neugierig, aber sie mußte alles wissen." Mutter also vertraute sich und uns der Leitung jenes Arbeiters an. Ich erinnere mich aber nur noch, daß wir sehr oft das Wort „Tyrannei" hörten, worauf dann die gesamte Zuhörerschaft in ein furchtbares Johlen ausbrach: „Nieder mit den Tyrannen! Tod den Blutsaugern!" und dergleichen. Uns Kindern war das so unheimlich, daß wir Mutter fortwährend am Kleide zupften, bis sie dann endlich mit uns in die Stadt eilte. Und es war hohe Zeit. Denn kaum waren wir bei Kellermanns angelangt, so sahen wir vom Fenster aus, wie Ulanen mit eingelegten Lanzen durch die Straßen sprengten, um sie zu säubern. Aber in den engeren Gassen waren schon Barrikaden gebaut. Dumpfe Schüsse tönten von allen Seiten. Man sagte, die Stadt brenne bereits an verschiedenen Ecken. Das war nun zum Glück übertrieben; aber wir sahen doch zu unserem Entsetzen, daß Verwundete und Tote herumgetragen wurden und daß dabei aufreizende Reden an das Volk gehalten wurden.

Es folgte eine Nacht voll Angst und Schrecken. Doch uns passierte nichts Schlimmes, nur daß wir wilde Träume hatten.

Da man nicht wußte, wie die Sache weiter verlaufen würde, so expedierte uns unser Gastgeber kommenden Morgen beizeiten zur Eisenbahn, und wir dankten Gott, als wir mittags wieder in unserem stillen Wülfrath ankamen und der staunenden Menschheit von unseren Erlebnissen und Heldentaten erzählen konnten. Die Mutter hatte einen solchen Eindruck von diesen Dingen, daß sie wohl zehnmal sagte: „Kinder, ihr sollt sehen, die Welt geht jetzt unter!" Dies war uns um so verhängnisvoller, als wir es ihr wirklich glaubten.

Wenige Tage später, wenn ich mich recht entsinne, begann der Spuk in *Elberfeld*, wo es ohnedies schon lange gegärt hatte. Eines Tages kam der Bote, der täglich mit einem Eselwagen von Wülfrath nach Elberfeld fuhr und Export und Import zwischen genannten Großstädten vermittelte, in höchster Aufregung zurück. Er und sein Esel waren schweißbedeckt. Sie hatten nicht in die Stadt hineinkommen können; „denn", so sagte er, „ganz Elberfeld ist in heller Revolution". Er erzählte haarsträubende Dinge, von denen gottlob kein Wort wahr gewesen ist. Aber wenn auch nicht Ströme Menschenbluts geflossen waren, wie der Eselmann berichtete, so hatte diese Hiobspost doch insofern recht, daß eine Arbeiterrevolution ausgebrochen war. Und das war auch richtig, daß man durch die ganze Stadt hindurch Barrikaden errichtet hatte, wobei die feinen Polstermöbel, Pianos und Betten der Reichen nicht geschont worden waren. Tagelang hatten die Revolutionäre in Elberfeld die Gewalt ganz allein in Händen, und jedermann, der etwas zu verlieren hatte, begab sich auf die Flucht. So kamen denn auch ganze Züge trauernder Flüchtlinge nach Wülfrath. Besonders kamen die reichen Familien, die in der Umgebung von Wülfrath Landgüter besaßen. Daß in dieser Zeit der fieberhaften Aufregung keine Schule gehalten werden konnte, ist selbstverständlich; das war aber für uns die Hauptsache. Die verständigen Leute waren aufs höchste gespannt, wie das Drama an der Wupper sich weiter entwickeln werde. Die Lösung ließ nicht lange auf sich warten. Es gelang den königlichen Truppen, nach kurzem Kampfe die Stadt zu gewinnen.

Und nicht nur in Elberfeld, sondern allenthalben wurde die Revolution schnell überwunden. Scheinbar wenigstens. Daß aber durch Bajonette und Flintenkugeln die Herzen nicht verändert werden können, hat die Welt bald erfahren; Gerechtigkeit, Verständnis und Liebe — diese drei allein heilen die Nöte des Volkes.

O Wandern, o Wandern!

Ich war etwa zwölf oder dreizehn Jahre alt, als meine Mutter beim Gardinenaufstecken von der Treppenleiter fiel und sich verletzte. Zwar konnte mein Vater trotz wiederholter und eingehender Untersuchungen weder eine innere noch eine äußere Verletzung entdecken. Mutter aber blieb dabei, es sei seit jenem Fall irgend etwas bei ihr nicht in Ordnung. Ob sich das nun wirklich so verhielt, läßt sich begreiflicherweise heute nicht mehr feststellen. Das aber ist gewiß, daß die lebhafte Vorstellung eines nicht vorhandenen Übels ein Menschenkind schlimmer quält als ein Übel, wovon man keine Ahnung hat. Bei meiner seligen Mutter vollends spielte, wie wir bereits wissen, die Phantasie eine bevorzugte Rolle.

Es konnte also auf diese Weise nicht weitergehen. So wurde denn beschlossen, das Universalmittel meines Vaters, das Mittel, das gegen alle Schäden und Gebrechen Leibes und der Seele helfen mußte, anzuwenden, nämlich eine energische *Fußwanderung*. Drei bis vier Wochen sollte die Reise dauern. Für mich armen Lazarus war ein für allemal die Stärkung der Gesundheit ungleich wichtiger als die Vertiefung in die Wissenschaften. Darum sollte *ich* jedenfalls mit. Da man aber meinen heißgeliebten Bruder Bernhard nicht von mir trennen wollte, so wurde im hohen Rat der Familie beschlossen, daß der auch mitreisen müsse. Die anderen Brüder wurden ohne Zweifel in passender Weise untergebracht. Der Vater und die alte Magd Mina blieben allein zurück, und diese letztere sorgte für „ihren Doktor" unübertrefflich. Darüber konnte Mutter ganz beruhigt sein.

Doch zur Reise! Die jungen Burschen und Mädel, die dieses

lesen, werden begreifen, was für eine Freude das war, noch etwa vier Wochen Ferien *vor* den Ferien zu haben.

Freudenberg im Siegerland war das erste Ziel unserer Reise. Hier war eine Schwester meines Vaters an den Inhaber einer Färberei verheiratet. Die trefflichen Verwandten hatten auch Jungen und Mädchen in unserem Alter. *Elberfeld* aber war die Operationsbasis, von der aus meine Mutter alle ihre Reisen antrat. Hier wohnten allerlei wohlhabende Vettern und Basen, weltkundige Leute, deren Ratschläge eingeholt wurden; auch wurde nötigenfalls hier die Kleidung noch ergänzt. In unserem Fall erinnere ich mich nur noch, daß wir durch ein üppiges Abendessen und den zugehörigen „Schlaftrunk" für die Nachtreise zugerüstet wurden. Das „dicke Ende" kam nämlich in diesem Falle zuerst. Die Reise begann mit einer *Postfahrt* von etwa acht bis neun Stunden.

Für Mutter und Bruder war das nicht sehr betrübend. Wir hatten das Straßenpflaster von Elberfeld noch nicht verlassen, da schliefen sie beide schon den Schlaf des Gerechten. Mir war es aber nicht einmal als Kind beschieden, auch im Sitzen schlafen zu können. Überhaupt fehlte mir von früh auf allermeist der süße, sanfte Schlummer. „Im Himmel wirst du's nachholen" — so tröstete mich einmal unsere treue Mina, als sie bei mir wachte. Jedenfalls weiß ich, daß mir's in jener Nacht zwischen Elberfeld und Olpe gegenüber den lieben Schnarchern sehr schwer wurde, den Neid zu bekämpfen und mich glaubensvoll in diesen Mangel meiner Natur zu schikken, zumal ich der Stärkung am meisten bedürftig war.

In Hückeswagen war aber nun auch für die beiden Siebenschläfer die Herrlichkeit zu Ende. Sie wurden durch das Blasen des Postillions und anderen Lärm geweckt, und unser sehr väterlicher Schaffner lud uns ein, in der Posthalterei zum Ertragen fernerer Trübsale ein „Köppken" Kaffee zu trinken. Im Poststübchen saßen bereits drei Personen, die willens waren, bis Olpe, das heißt also bis zum Ziel unserer Postfahrt, unsere Reisebegleiter zu sein. Es waren Viehhändler, und keine von der angenehmsten Sorte. Sie waren äußerst zutunlich und vertraulich mit der Mutter, die sich freilich für die Nachtfahrt so kostümiert hatte, daß sie wohl nicht von ferne einen vornehmen Eindruck machte. So erlaubten sie sich denn auch, im Postwagen ihre Pfeifen weiterzurauchen. Meine Mutter verbat sich das energisch, aber freundlich, und zwar mit gutem Postwagenrecht. Dennoch hätte es wohl eine Szene gegeben, wenn sie sich nicht alsobald eines Besseren besonnen hätte. Sie erbot sich nämlich, das Rauchen zu erdulden, wenn jene ihrerseits still und ohne Lästerung anhören wollten, was sie ihnen von dem Herrn Jesus erzählen würde, von dem sie sicher lange nichts gehört hatten. Der Pakt wurde von der anderen Seite gebilligt und auch gehalten. So saßen wir denn in Qualm und Dunkel; die Viehhändler aber hörten das Evangelium — vielleicht zum ersten Male von einer Frau.

Die Mutter wußte unvergleichlich zu erzählen. Natürlich lief alles auf die Spitze hinaus, daß es geradezu unverantwortlich sei, jetzt noch länger zu warten, nachdem doch Christus für alle Völker gekommen sei.

Ich zweifle nicht, daß manche Leser jetzt meine holde Mutter auslachen. Aber das sollen sie nur bleibenlassen. Solches Missionieren ist freilich nicht zum Nachmachen, wie denn überhaupt irgend etwas Originelles nicht nachgemacht werden darf. Wenn's aber aus dem kindlichen Glauben so unmittelbar herausquillt — wer will's dann tadeln? Mutter konnte das, was sie tat, mit natürlicher Unbefangenheit und Einfalt tun, und darum bezweifle ich nicht, daß sie es auch tun *mußte*. Zwar erlebten wir keine Bekehrung in jener Nacht. Aber jedenfalls lachten die Männer über meine Mutter nicht; sie zürnten ihr auch nicht; sie *dankten* ihr tief bewegt, als wir in Olpe Abschied voneinander nahmen. Ihre Pfeifen aber hatten sie schon längst vorher kalt werden lassen. Die Ewigkeit wird zeigen, ob die begeisterten Worte meiner Mutter in jenen denkwürdigen Postwagenstunden verloren waren oder nicht.

Wir atmeten lang und tief, als wir in Olpe aus dem Kerker des engen, dunstigen Wagens erlöst wurden und wieder auf zwei Füßen stehen und gehen konnten. Ich habe Gott oft gedankt, daß ich in dem übrigens gewiß nicht idealen Eisenbahnzeitalter geboren worden bin. Trotz aller unbändigen

Reiselust würde ich nicht weit in der Welt gekommen sein, wenn ich per Post hätte fortkommen müssen.

Nun, an jenem Sommermorgen ging's zu Fuß in eine schöne, strahlende Welt hinein. Ein Büblein rechts, ein Büblein links, die Mutter in der Mitten. Die Straße nach *Freudenberg* zu windet sich zwischen rauhen Bergen hindurch. Nach einigen Wanderstunden kamen wir in die Nähe des Dörfleins, wo *Jung-Stilling* geboren und erzogen ist. Stilling war aber einer der Herzensheiligen meiner Mutter, und sie sagte öfter, daß sie es kaum erwarten könne, ihm „am kristallenen Strome zu begegnen". Ich brauche also kaum erst zu erwähnen, daß jener Tag seine Weihe und Herrlichkeit dadurch erhielt, daß Mutter uns Stillings Jugendgeschichte in herzergreifender und glaubenstärkender Weise erzählte, denn das wunderbare und handgreifliche Walten der göttlichen Vorsehung trat hier ins klarste Licht. Es hat uns diese Geschichte viele Tränen gekostet an jenem Tage, und ich bedaure heute noch keine derselben. Hoffentlich sind meine Leser mit Stillings Lebensgeschichte schon bekannt. Sonst sollen sie sich beeilen, diese Lücke in ihrem Wissen auszufüllen, und das Buch mit den Kindern lesen. Und wer es auf die Worte meiner seligen Mutter hin nicht tun will, der soll wissen, daß *Goethe* es gewesen ist, der den Jung-Stilling veranlaßt hat, seine Lebensgeschichte mit seinen wunderbaren Gotteserfahrungen aufzuzeichnen.

Übrigens hatten wir auf dieser Wanderung keine erheblichen Abenteuer. Freudenberg trägt nämlich seinen Namen mit Recht. Es ist umgeben von Bergen, die alle mit Wald oder Heide bestanden sind und die demnach offenbar uns zur Freude so erschaffen waren. Die ganze Welt um uns her war also ein großer, freier Tummelplatz unserer Taten und Untaten. Die streifenden Knaben trafen höchstens auf Köhler, die bei ihren Meilern ein einsames Leben führten, oder auf Kuhhirten, denen unsere lustige Gesellschaft auch hochwillkommen war.

So hatten wir denn goldene Tage auf unsere Weise und die Mutter noch bessere nach ihrem Geschmack. Freudenberg war nämlich *„das Hauptquartier des Pietismus"* für einen weiten Umkreis. Das Siegerländer Völklein, das damals noch weitab vom großen Weltverkehr in seinen einsamen und ernsten Bergen hauste, war von jeher durch einen frommen und biedern Sinn, durch eine ernste und ehrenhafte, wenn auch etwas rauhe Art ausgezeichnet. Es war kein Zufall, daß Jung-Stilling gerade hier geboren wurde; er ist die richtige Pflanze dieses Bodens. Ein tiefreligiöser Zug wohnte der Bevölkerung dieses Landes inne, ein Verlangen, in die Tiefe zu dringen und mit allem, was Wahrheit ist, unerbittlichen Ernst zu machen.

Durch die *Kirche* konnte damals das religiöse Bedürfnis dieser Leute nicht befriedigt werden. Ein großer Teil der Pastoren gehörte noch der rationalistischen Schule an, das heißt, sie setzten ihre Vernunft, ihr Erkennen auf den Thron, der dem lebendigen Gott gehört. Aber auch den *„recht*gläubigen" Geistlichen fehlte oft das, was jene „Pietisten" nicht mit Unrecht bei ihnen suchten, nämlich das rechte *Glauben.*

So hatten sich denn überall im Lande *Privatversammlungen* gebildet, die zwar eine verschiedene Färbung hatten, aber doch schließlich darin alle eins waren, daß es sich im Gegensatz zu einer bloßen Rechtgläubigkeit oder einem faden Vernunftglauben um das *innere Leben* handelte. Kein Land in der Welt hatte, wenigstens damals, in seiner religiösen Ausgestaltung so viel Ähnlichkeit mit Württemberg wie das Siegerland.

Die Fäden dieser religiösen Bewegung aber liefen in Freudenberg zusammen. Hier waren unter den vielen wohlhabenden Gebern auch die Leute, die Opfer bringen konnten und wollten, um je und dann beredte und „geistgesalbte" Prediger aus der Nähe und Ferne kommen zu lassen. Nicht, daß man geradezu Front gemacht hätte gegen die Kirche und die Ortspfarrer. Nein, man ging zur Kirche der christlichen Ordnung wegen, selbst wenn man auch hier und da nichts als Häcksel und Stroh empfing. Aber jene fremden Pastoren wurden zu Festen der Heidenmission herbeigeholt und dann — wie ich aus späterer Erfahrung weiß — gründlich „ausgepumpt".

Damals war gerade der Pfarrer *Johann Christoph Blumhardt* in Freudenberg, der mit neuen Zungen redete und durch Gebet und Handauflegung große Wunder verrichtete, die Mutter als ganz selbstverständlich anerkannte, Vater aber auch als Arzt ablehnte. Für ihn war der „Wunderpfarrer" keineswegs ein Betrüger, wohl aber ein Schwärmer. Was mich betrifft, so habe ich, der ich damals ganz von Jungenstreichen in Anspruch genommen war, nicht die leiseste Erinnerung an den Mann, dem ich später als Student nähertreten durfte.

Zuweilen wurden Bernhard und ich auch mit in die Versammlungen genommen, wofür wir schwerlich sehr dankbar gewesen sind. Dennoch machten diese Gemeinschaften einen tiefen Eindruck auf mein empfängliches Gemüt. Hier atmete man Gebetsluft, hier gab es wirkliche brüderliche Gemeinschaft, hier war Zucht der Liebe, hier waren Opfer der Liebe, hier war alles begeistert für die großen Gedanken des Reiches Gottes, hier waren Leute, die jederzeit freudig bereit waren, auch äußerlich dem Ruf Jesu zu folgen, sei es in die Heidenwelt, sei es in die Arbeit der „rettenden Liebe" hinein. Und dabei diese mächtigen, fast hünenhaften Männergestalten, diese hochgewachsenen, ernsten und doch so sanften Frauen, die in ihrem täglichen Leben so gar nichts Schwärmerisches an sich hatten.

Unsere Freudenberger Tage gingen schnell zu Ende. Wir Knaben waren schließlich sehr damit zufrieden, denn Veränderung erfreut, und es ging ja auch noch längst nicht nach Hause, sondern nach *Puderbach.* Dieses Puderbach gehört mitnichten zu den Millionenstädten, sondern zu den kleinen und armseligen Dörfern im *Westerwald,* dessen vornehmste Produkte Hafergrütze, Buchweizen und Kartoffeln sind. Daß nun Puderbach unser nächstes Reiseziel war, kam nicht gerade von der Hafergrütze her, sondern daher, daß in diesem Dorfe eine Schwester meiner Mutter an den Pastor R. verheiratet war.

Gründlich und bis zum Überdruß abgeküßt von unseren lieben Verwandten und anderen trefflichen Leuten, reichlich versehen mit „Waffeln", dem landesüblichen Leckerbissen, traten wir eines Tages, oder genauer, noch ehe der Tag dämmerte, unsere Reise an. Dieser lange Tag steht noch heute mit leuchtender Klarheit vor meiner Seele, und so kann ich denn erzählen.

Wir sollten nicht gehen, sondern fahren. Unser Fuhrwerk war aber weniger vornehm als billig. Gute Freunde hatten ausgekundschaftet, daß an dem Tage, der für unsere Reise bestimmt war, ein Fuhrmann mit einem leeren Heuwagen nach *Puderbach* fuhr. Er nahm uns gegen ein geringes Entgelt mit. Billigkeit war ja für meine Mutter allezeit die Hauptsache, denn sie hatte viel Geld „für gute Zwecke" nötig.

Als Freudenberg unseren Blicken entschwunden und des Tücherschwenkens nun endlich ein Ende war, bedachte die Mutter, daß wir in der Eile des Aufbruchs noch nicht dazu gekommen waren, zu *beten.* Wir Jungen beteten also unsere Verslein, die Mutter dagegen betete halblaut aus dem Herzen und erflehte Gottes Segen, Schutz und Frieden für unsere Reise. Der alte Fuhrmann nahm dabei sein Mützlein ab, rauchte aber unverdrossen weiter, um der himmlischen und irdischen Segnung gleichzeitig teilhaft zu werden. Der Mutter kam das freilich sehr unehrerbietig vor, doch auch hier sagte sie nichts. Sie war, wie wir schon gemerkt haben, eine weise Frau und wußte, daß man einen Gaul nicht vom Schwanz her aufzäumen muß, was manchen gelehrten Männern, die zu Erziehern oder Seelsorgern berufen werden, verborgen zu sein scheint.

Also Mutter ließ den alten Schmöker beten und qualmen zugleich. Daß der stinkende Qualm ihr durch den Wind immer ins Gesicht getrieben wurde, ertrug sie bereitwillig und demütig nach der goldenen Lebensregel von Römer 8, 28. Dagegen fing sie sogleich an, die gute stille Stunde auszukaufen. Sie sagte uns nämlich das Lied „Lobe den Herren, o meine Seele" vor, bis wir's auswendig wußten. Zugleich wurde die Melodie geübt, und bald saß sie fest. Der Vater Fuhrmann lernte, ob er wollte oder nicht, mit und sagte nach einiger Zeit mit strahlendem Gesicht: „Dem ersten Verse kann ick nu ooch."

Nachdem wir ein bis zwei Stunden fortbugsiert waren, saß da am Wege eine keuchende alte Frau, die Holz gelesen hatte und unaussprechlich elend aussah. Unsere Kutsche hielt auf

Wunsch meiner Mutter, denn es jammerte sie. Sie erfuhr so viel von der Alten, daß sie sich gedrungen fühlte, ihr eine nach ihren Verhältnissen große Geldspende und gewiß auch ein gutes Wort zu geben. Unter den warmen Segenswünschen der armen Frau zogen wir weiter. Mutter machte uns aber nun die höchst unerfreuliche Eröffnung, daß wir (infolge ihrer Wohltat) mit einem sehr einfachen Mittagbrot vorliebnehmen müßten. Der liebe Gott sei aber reich genug, uns irgend etwas anderes zu bescheren, auch könne er uns ohne viel Essen satt machen.

Ich weiß noch, daß sie das alles in etwas befangener Weise sagte. Gewiß nicht, weil *ihr* Glaube schwach war, sondern weil sie an der Stärke des unsrigen zweifelte. In der Tat waren wir Jungen von ihren Eröffnungen wenig erbaut, und auch ihre Verheißungen hafteten nicht. Dennoch harrten wir, ob Gott etwa ein Wunder tun werde, und wir sollten nicht vergebens warten.

Es währte nicht lange, so waren wir an einem steilen Berge angekommen. Der Fuhrmann, dem der Geist meiner Mutter vielleicht etwas unbequem wurde, eröffnete uns, daß er in einem weiten Bogen um diese Höhe herumfahren müsse. Er meinte, es sei uns wohl angenehmer, quer über den Rücken zu Fuß zu gehen; wir hätten dann auf der Höhe noch Zeit genug, ein Stündchen zu rasten und die schöne Aussicht zu genießen. Nachher träfen wir wieder mit ihm zusammen.

Wie gesagt, so getan. Oben an der schönen Aussicht betteten wir uns im Moose. Vor uns hatten da schon andere Menschen gelagert und offenbar gefrühstückt. Sie mußten in sehr angenehmen Verhältnissen gewesen sein, denn sie hatten nicht nur Wurst- und Eier*schalen,* sondern auch einige *Eier* liegenlassen. Die Mutter weinte vor Freuden. „Seht, Kinder, das hat der liebe Gott getan! Er hat den Leuten, die hier frühstückten, so das Herz gelenkt, weil wir der armen Frau geholfen haben.“ Auch uns wurde das Herz weit und weich. Wir sahen und glaubten das Wunder um so mehr, da es zu unserem Besten war. In der Tat lieferten die wunderbaren Eier in Verbindung mit den Freudenberger Waffeln ein vortreffliches zweites Frühstück. Wir fanden es auch nicht unappetitlich, die Eier von ganz unbekannten Menschen zu essen. „Durch eine Eierschale dringt weder Schmutz noch Gift" — so hatten *wir* jedenfalls gelernt.

Vielleicht werden etliche Leser bei diesem Eierfest moralische und juristische *Bedenken* haben. „Die Eier" — so könnten sie etwa sagen — *„die Eier waren ja gar nicht euer Eigentum.* Wie, wenn nun, nachdem ihr sie verzehrt hattet, die rechtmäßigen Eigentümer erschienen wären und sie von euch gefordert hätten?" Nun, ich kann diesen vorsichtigen und überaus tugendhaften Herren, die alles besser wissen, die Versicherung geben, daß *uns* solche klugen Gedanken damals nicht gekommen sind. Meine Mutter nahm die Eier unmittelbar aus *Gottes* Hand. Sie dachte dabei so wenig an einen Diebstahl, wie weiland der Prophet Elia den Engel in der Wüste fragte, ob er sich auch über den rechtmäßigen Erwerb der Brote, die er ihm anbot, ausweisen könne. Übrigens haben sich die rechtmäßigen Eigentümer der Eier bis auf den heutigen Tag noch nicht gemeldet. Aber nicht nur die Mutter, sondern, wie ich bereits andeutete, auch Bernhard und ich sahen darin, daß wir die Eier fanden, ein sichtliches Wunder, ein unmittelbares Eingreifen des persönlichen Gottes.

Vielleicht fragt mich nun doch der wißbegierige Leser, *ob ich ähnliches denn heute auch noch erlebe.* Ja, lieber Freund, darauf zu antworten, ist nicht leicht. Ich habe in meinem späteren Leben noch viel auffallendere Offenbarungen Gottes, noch viel handgreiflichere Erweisungen seines Naheseins kennengelernt. Aber die Sache ist immer so, daß *ein Türlein für den Zweifel offen bleibt.* Denn Gott zwingt uns nicht zum Glauben, er lockt uns nur; wer ihm aber vertraut wie ein Kind dem Vater, wird solche Wunder immer neu erfahren.

An jenem Tage jedenfalls wanderten wir glaubensfroh, mit Sang und Klang auf den Lippen weiter, bis wir das herrliche *Siegtal* erreichten. Hier liegt ein Städtchen, das heißt *Wissen.* Ringsumher sind stattliche Höhen. In der Fuhrmannskneipe bekamen wir eine solide Milchsuppe mit „Brocken". Auf der Straße kaufte Mutter Birnen und Stuten (Kuchenbrot) für den ferneren Teil unserer Pilgerfahrt, der noch sehr lang war, besonders weil unser Fuhrmann so langsam fuhr.

In endlosen Windungen zog sich die Landstraße jenseits der Sieg zum Westerwald hinauf. Leib und Seele waren matt, denn wir hatten nur eine halbe Nachtruhe gehabt. Himmel und Erde schienen uns sehr prosaisch, und selbst die Mutter gähnte. Wunder ereigneten sich auch nicht mehr. Wohl aber fing es gegen Abend, als wir die Höhe des Westerwaldes erklommen hatten und nun auf der endlosen Hochebene dahinschlichen, zu regnen und zu stürmen an. Wir waren bald bis auf die Haut durchnäßt. Dazu umhüllte uns allmählich rabenschwarze Nacht, und die Straße wurde immer kläglicher, je mehr wir uns dem Ziel unserer Reise näherten.

Die Lage auf unserem nachgerade sehr abgemagerten Heusack war wirklich nicht beneidenswert, denn das Heu war doch das Futter unseres Pferdes und wurde immer weniger und weniger.

Die Mutter, die in *Kleinigkeiten* leicht ängstlich war, wurde etwas nervös und fing an, Gespenster zu sehen. Allerlei Räubergeschichten, desgleichen Geschichten von umgefallenen Wagen traten vor ihre Phantasie und wurden immer wahrscheinlicher, bis sie endlich fast wirklich waren. Mutter beschwor den alten Fuhrmann, ich weiß nicht wie oft, vorsichtig zu sein, obgleich er schneckenmäßig langsam fuhr.

Der Mann gab aber auf alle ihre Fragen oder Bitten mit keiner Silbe Antwort; mochte meine Mutter dies oder das sagen, er schwieg stur und still, trotz der geistlichen Erbauung, die er doch am Morgen durch uns empfangen hatte. So blieb denn der Mutter nichts weiter übrig, als leise vor sich hin zu beten, während wir „gottlosen Bengels" lachten. Wir sehnten uns im stillen nach der Romantik des Umkippens; ja, bei der entsetzlichen Eintönigkeit unserer Fahrt wäre uns irgendwelche Abwechslung angenehm gewesen.

Bald lagen wir in den Armen der lieben Verwandten. Lieb und Leid, Wunder und Fährlichkeit, Poesie und Prosa des vergangenen Tages erschienen nun im heitersten Licht. Und so ist's heute noch. Ja, so ein Reisen auf einem Heuwagen ist noch der Rede wert, vor allen Dingen, wenn so eine Mutter wie die unsrige mit auf dem Strohsack sitzt.

Acht bis vierzehn Tage weilten wir drei da oben in „Haferspanien", wie man diese schöne Gegend auch wohl nennt, und wanderten darauf über das Aldeck hinunter nach Neuwied; dann ging's zu Wasser nach *Remagen*, wo unser Vater mit seinem Erstgeborenen uns an der Landungsbrücke erwartete. Von da folgte abschließend noch eine herrliche Tour in das wildromantische Aartal.

ALLERLEI SCHULGESCHICHTEN

Mancherlei Lehrer

Die *Schule* spielte meiner ewigen Krankheit wegen keine bedeutende Rolle in meinem Jugendleben. Daß ich Gelegenheit genug hatte, die Menschen und das Menschenherz, also auch mich selbst, kennenzulernen — daß ich Gelegenheit genug hatte, die Weisheit auf der Gasse und die Torheit auf der Gasse sowie die eigene Torheit und den Mangel der eigenen Weisheit kennenzulernen, das alles habe ich nach Kräften gezeigt. Aber die Wissenschaften kamen schlecht weg. Den alten, *recht anfechtbaren* Satz: „Ein gesunder Geist wohnt nur in einem gesunden Leibe" betonte mein Vater sehr stark, und er folgerte daraus: Also muß der Junge erst gesund werden, dann kommt das Lernen noch früh genug. Und wenn er nicht gesunder wird, wie er ist, so ist alle Wissenschaft „für die Katz'".

Als ich etwa elf bis zwölf Jahre alt war, wurde ich halbe Tage, zeitweise auch ganze Tage zur Schule geschickt. Aber nicht nur, daß meine Krankheiten häufige Unterbrechungen brachten, o nein, auch die Eltern schufen diese Unterbrechungen oft auf künstliche Weise. So weiß ich natürlich wenig von der Schule zu berichten. Mit dem Stock habe ich, wie schon vermerkt, nicht viel Bekanntschaft gemacht, obgleich er damals noch eine sehr bedeutende Rolle in der Unterweisung und Bildung der Jugend spielte. Meine Lehrer hatte ich bis auf eine Ausnahme, von der wir noch hören werden, sehr lieb, und sie machten es mir in der Tat leicht, sie liebzuhaben.

In sehr schmerzlicher Erinnerung ist mir eins, das ich der Wahrheit wegen berichten muß. Gewisse schmutzige Dinge und Verhältnisse, von denen ich bis dahin keine Ahnung hatte, wurden mir durch Schulkameraden mitgeteilt, und zwar, indem sie mir gewisse Abschnitte der Bibel zeigten. Sie hatten eine wahrhaft teuflische Kenntnis von den Kapiteln, in denen geschlechtliche Dinge mit großer Unbefangenheit besprochen werden. Ich war entrüstet über die Kameraden; aber meine „Unschuld“ war dahin. Ein neues, unreines Element war in meine Gedankenwelt eingedrungen. Ich will die Sache hier nur warnend erwähnen.

Ich war vielleicht dreizehn Jahre alt, als in Wülfrath die Schule längere Zeit hindurch verwaist war, wenigstens die erste Klasse. So wurde denn beschlossen, uns in die Landschule *Oetzbach,* die etwa eine halbe Stunde von Wülfrath entfernt war, zu senden. Ich muß in jener Zeit sehr wohl gewesen sein, daß ich daran teilnehmen durfte, obgleich ich mich noch gut erinnere, daß viele Wülfrather Tanten es barbarisch fanden, daß der Dr. Funcke das arme, blasse „Jüngsken“ so durch Wind und Wetter schickte. Ich aber war froh, daß ich dabeisein durfte. Wir segneten diese schulmeisterlose und köstliche Zeit, denn so viel Tollheiten und „Jokus“, wie wir zwölf bis zwanzig Jungen morgens und abends auf dem Schulwege machten, waren in meiner bisher so ereignislosen Lebensgeschichte unerhört.

Von dem Landschulmeister weiß ich nichts Besonderes zu berichten. Jedenfalls war er ein sehr gutmütiger Mann, hatte aber die üble Angewohnheit, *viel zu schimpfen.* Es war nicht böse gemeint, aber er schimpfte doch *immer;* „du Mops“ war in seinem Munde fast ein Schmeichelwort; „Bär, Esel, Schaf, Rindvieh, Kamel, Rhinozeros“ spazierten in buntem Wechsel auf und nieder. Mich nannte er konsequent „Teekessel“, was gerade keinen glänzenden Schluß auf meine Begabung zuläßt. Die meisten Schulkameraden machten sich gar nichts aus diesen Schmähungen. Ich aber, der ich etwas sehr verwöhnt und auch von Natur schon empfindlich war, konnte es doch nicht gut verwinden. Jedenfalls war ich der Meinung und bin es auch noch, daß ein Lehrer durch solch fortwährendes Schimpfen nur sich selbst beschimpft und leicht der Lächerlichkeit verfällt.

Bald nach dieser Zeit fing ich auch an, den *Konfirmandenunterricht* zu besuchen. Nicht bei meinem Großvater, sondern bei seinem Kollegen, Pastor R. Meine Eltern hielten an dem Wahlspruch fest: „Jedem das Seine!“ Darum meinten sie auch, es sei billig, jedem Pastor das Seine zu geben; das heißt: eine

Hälfte der Jungen diesem, den Rest jenem Pastor. So fiel ich denn dem Pastor R. zu; denn mein Bruder Karl war als der Älteste bei Großvater konfirmiert. Ich muß zu meiner Schande bekennen, daß der Konfirmandenunterricht und auch die Konfirmation *selbst sehr wenig Eindruck* auf mich machten. Ich verkenne nicht, daß der Unterricht viele und große Vorzüge hatte. Erstens diesen, daß der, der ihn gab, ein zwar sehr feierlicher, aber dabei recht ehrwürdiger Mann war. An seinem christlichen Ernst konnte niemand zweifeln, auch niemand von seinen Schülern. Sehr nützlich, wenn auch sehr ärgerlich war ferner für uns, daß wir *so viel lernen* mußten, und zwar erstens den *Heidelberger Katechismus* von A bis Z, ohne Barmherzigkeit. Über diesen wurde auch sonntags nachmittags in der Kirche öffentliche Katechese gehalten.

Ich freue mich heute, daß ich den „Heidelberger" auswendig kann, obgleich ich nicht mit jedem Wort übereinstimme. Er hat viele Stellen von unübertrefflicher Schönheit und Innigkeit, und ich halte ihn für eins der besten Erbauungsbücher. Für *Kinder* aber ist diese Speise zu schwer, und wir haben denn auch schwer daran zu verdauen gehabt. Zweitens lernten wir *unzählige* Bibelstellen, auch oft bis zum Zähneknirschen; aber wir lernten sie doch und *hatten* sie nachher als *unverlierbares* Eigentum in uns und also immer bei uns. In späteren Jahren lernt man nicht mehr viel auswendig, und was man mühsam lernt, behält man doch nicht lange. Der Erwerb jener Konfirmationszeit aber ist mir *geblieben,* und selten hatte ich eine schwere Stunde in meinem Leben, wo mir nicht ein köstliches, tröstliches Bibelwort in den Sinn kam; und selten saß ich mit traurigen Menschen zusammen, ohne daß ich ihnen dienen konnte mit dem, was ich seinerzeit, ob auch widerstrebend, gesammelt hatte.

Was übrigens die Methode und den Geist des Religionsunterrichts, von dem ich rede, betrifft, so waren sie wenig geeignet, meine lebhafte Seele zu befriedigen. Der Unterricht war mehr auf den Himmel als auf die Erde, mehr auf ein seliges Sterbestündlein als auf den Kampf in dieser versuchungsreichen Welt berechnet. Was in solch einem jungen

Herzen sprudelt und strudelt von Hoffnung und Sehnsucht, von Freude und Furcht, von Mut und Angst, das schien der treue Pastor nicht mehr zu wissen. Der Mensch schien nur in der Welt zu sein, um hier das ewige Heil zu suchen. Von seiner Bestimmung und Aufgabe für *diese Welt* war wenig die Rede. Die Göttlichkeit Christi wurde einseitig hervorgehoben, so daß ich gar nicht begriff, wie der Heiland die Menschen auffordern konnte, ihm nachzufolgen. Es war mir später wie eine neue Entdeckung, als ich beim selbständigen Lesen der Evangelien fand, daß Jesus, der Sohn Gottes, dennoch in *allen* Stücken ein *ganzer* Mensch gewesen ist, versucht wie wir, doch ohne Sünde.

Von einer freien Unterhaltung zwischen Pastor und Schüler war damals noch gar keine Rede. Ein einziges Mal wagte ich bei Gelegenheit des Jonaswunders die Frage, ob das denn wirklich wahr sei. Diese Frage wurde aber als die Eingebung eines bösen Geistes behandelt. Mit dem einfachen „Es steht geschrieben" wurde ich mundtot gemacht.

Meinen *Konfirmationsspruch* aber hatte mein Seelsorger trefflich gewählt. Ich habe ihn allezeit in hohen Ehren gehalten. Er hat mir auch oft als eine starke Macht zur Seite gestanden. Es war nämlich der Spruch: „So sei nun stark, mein Sohn, durch die Gnade in Christo Jesu; leide dich als ein guter Streiter Jesu Christi!"

Ich war fünfzehn Jahre alt, als ich konfirmiert wurde. Mit den Wissenschaften sah es natürlich noch sehr traurig aus, obgleich mein Religionslehrer die Güte gehabt hatte, mich mitsamt seinen Söhnen und Töchtern in den Anfangsgründen des Lateinischen und Französischen ein wenig vorzunehmen. So wurde denn abgemacht, daß ich mit meinem Bruder Bernhard die höhere Bürgerschule in *Mettmann* besuchen sollte. Also wanderten wir jeden Tag, das Ränzel auf dem Rücken, dorthin und kehrten abends heim. Das währte ein halbes Jahr. Aber der Rektor F. beging den Fehler, mich in eine Abteilung zu setzen, die bereits so weit gefördert war, daß ich auch mit Anspannung jeder Kraft nicht folgen konnte. In der Tat arbeitete ich wie auf Tod und Leben. An Ehrgeiz fehlte es mir wahrscheinlich auch nicht. Aber ich war und blieb zurück, und der Lehrer schob immer aufs neue mir die Schuld zu und nannte mich faul. Das erbitterte mich. Dazu kam, daß er mich wegen meines Stotterns, woran ich doch erst recht unschuldig war, oftmals lächerlich machte, ja, es mir vor der ganzen Klasse nachmachte. So geschah es, daß in meiner Seele gegen diesen Lehrer ein glühender Haß entbrannte, ein Haß, wie er nur bei einem so leidenschaftlichen Gemüt, wie das meine war, entbrennen konnte. Ich war ein liebeverwöhntes Kind und empfand die harte und ungerechte Behandlung um so schmerzlicher. Es hat auch *nie* ein Mensch bei mir *anders als durch Liebe* etwas ausrichten können.

Und so ging es denn in Mettmann von Woche zu Woche bergab. Das Schlimmste aber war der *Haß*. Er war mir ein ganz fremdes Gefühl und machte mich ganz unglücklich. Ich war bis dahin durch Gottes Gnade vor groben Sünden bewahrt geblieben; ich besaß ein kindliches Gottvertrauen und eine warme Liebe zu den Menschen. Jetzt aber stand ich unter einem Bann; ich versuchte zu beten, aber es war mir völlig unmöglich. Immer wieder trat die *Rachsucht* zwischen mich und Gott. Ich wußte sehr gut, wie schrecklich das war; ich haßte auch meinen Haß, ich kämpfte dagegen mit aller Macht, *aber vergeblich.* Da ging mir zum ersten Male innerlich auf, welch ein schreckliches, verwüstetes Ding das Herz ist; da fing ich an zu verstehen, wie der Heiland von dem Menschenherzen schlechthin, also von *jedem* Menschenherzen, sagen kann: „Aus dem Herzen kommen arge Gedanken."

Das verstand ich jetzt wohl; aber ich kam nicht von der Stelle. Wohl dem Menschen, der in solchen Zeiten einen Menschen hat, in dessen Seele göttliche Liebe, Wahrheit und Weisheit wohnen, einen Menschen, dem er sich rückhaltlos hingeben und aufschließen kann! Mir fehlte dieser Mensch nicht; aber es graute mir, meine treue *Mutter* in den Abgrund hineinschauen zu lassen, der sich mir in mir geöffnet hatte. Endlich hielt ich es doch nicht mehr aus und offenbarte mich ihr völlig und ehrlich. Sie hatte wohl schon lange meinen Kummer gesehen, ihn aber aus der Vergeblichkeit meines

Arbeitens hergeleitet. Auch sah sie mich damals wenig, da wir von morgens bis abends fort waren. Jetzt aber weinte die Mutter mit mir, wie ich über mich selbst weinte. Aber *meine* Tränen waren eine Mischung von Tränen des Zorns über den Lehrer und von Tränen meiner Trauer über diesen Zorn.

Meine Mutter machte mich nun auf das Wort des Heilandes aufmerksam: „Wo zwei unter euch eins werden, um was es ist, das sie bitten, das soll ihnen widerfahren" (Matth. 18, 18). Sie zeigte, daß unser Gebet ganz offenbar ein „Gebet im Namen Jesu" sein würde und daß wir der Erhörung felsenfest gewiß sein müßten. Nur müßte ich wirklich meinen Haß ablegen *wollen*. Ich wollte. Viel von dieser Sache reden will ich nicht; das aber kann ich sagen, daß unser gemeinsames, lange wiederholtes Gebet herrliche Erhörung fand und ich schließlich meine Last mit Freuden trug. *Ich lernte für meinen Feind beten*, und es war, als ob das auch auf ihn Eindruck machte. Vielleicht haben auch die Eltern mit ihm geredet. Genug, als ich am Ende jenes Halbjahres Abschied von ihm nahm, war mein Herz ganz versöhnt, und sein Auge war feucht. Ich aber hatte ein Großes gelernt. Mein Ideal von der menschlichen Natur war zerronnen, aber *ein neues Ideal* war dem betenden Knaben aufgegangen, nämlich dies: „Wo die Sünde mächtig geworden ist, da ist die Gnade noch viel mächtiger."

Auf der hohen Schule in Gütersloh

Da ich allen Weissagungen der Ärzte zum Trotz noch immer nicht sterben wollte, so mußte man sich endlich doch entschließen, mich auf ein Gymnasium zu schicken. Ich war nämlich willens, Medizin zu studieren und seinerzeit Vaters Nachfolger in Wülfrath zu werden, so wie er seinem Vater im Amt gefolgt war.

Die Frage war jetzt nur: „Auf *welches* Gymnasium soll der Junge?" An und für sich hätte es ja aus vielen Gründen nahegelegen, mich nach Elberfeld zu schicken. Aber mein Vater hatte gegen diese Stadt einen unbezwinglichen Widerwillen, der, wie ich später erfahren durfte, auf Vorurteilen beruhte, die zum Teil ganz unbegründet waren. Also nicht nach Elberfeld, das stand fest. Aber wohin denn nun? Bei der Lösung dieser ernsten Frage kamen uns bald Gott und Menschen zu Hilfe.

Es wurde nämlich zu der gleichen Zeit in Wuppertal ein *Kirchentag* abgehalten. Die Frage der *„christlichen Gymnasien"* wurde hier lebhaft verhandelt. Dr. *Rumpel,* der Direktor der von ihm soeben gegründeten Gütersloher Anstalt, sprach mit großer Wärme, ja mit begeisternder Beredsamkeit für *christliche* Gymnasien, das heißt für Gymnasien, auf denen das Christentum die alles beherrschende Macht sei. Mein Vater hatte diesen Mann kaum gehört, da stand sein Entschluß fest: *„Gütersloh!"* Ich aber bin heute noch Gott dankbar, daß *er* meinen Eltern diesen Gedanken ins Herz gab.

Der Koffer war bald gepackt, der Abschied schnell genommen. Beim alten Wagner und beim Großvater wurde er mir sauer. Noch viel unerträglicher wäre mir das Scheiden von meinem Bruder Bernhard gewesen, wenn ich nicht die Zusage gehabt hätte, daß er mir bald folgen sollte, was denn auch tatsächlich geschehen ist. Meine Freunde in Wülfrath und Mettmann waren allermeist schon vor uns ausgewandert. Ich war wie ein Vöglein, das erst nach der normalen Zeit flügge wird, zurückgeblieben.

Es war an einem der ersten Oktobertage des Jahres 1851, als ich, zwischen Vater und Mutter schreitend, das Elternhaus verließ. Ich sollte es von da an nur besuchsweise wieder betreten. Mein Herz war im Sturm. Einerseits ging es hoch in Freude und in Sehnsucht, hinauszukommen in die weite Welt. Anderseits war es voll Angst und Grauen, denn ich sah nicht, wie ich durchkommen würde.

Es war noch sehr früh am Tage, und die Straßen der Stadt waren menschenleer. Kein Mensch winkte mir einen Abschiedsgruß zu. Wir wanderten nach der nächsten Eisenbahnstation Aprath, die eine dreiviertel Stunde entfernt lag. Der Abschied aus dem Elternhause war durchaus nicht ideal. Die Mutter konnte einmal wieder nicht fertig werden, und es war begründete Aussicht, daß wir den Zug verfehlen würden.

Darüber gab es zwischen den Eltern eine unliebsame Szene. Das ist für Kinder immer schmerzlich. Und nun gar in solcher Abschiedsstunde! Sodann war Vater verstimmt, daß es ein so schauerliches Regenwetter war, und Mutters Bemerkung, *daß Gott ohne Zweifel seine weisen Absichten dabei habe,* diente durchaus nicht dazu, diese Verstimmung aufzuheben. Der pflichttreue Vater gönnte sich höchstens zweimal im Jahr einige Tage Ferien, und es war in der Tat ein seltsames „Walten der Vorsehung", daß es gerade an solchen Tagen sehr oft vom Himmel regnete. Dennoch sollte diesmal die fromme Mutter wieder einmal recht bekommen. Als wir nämlich auf die Höhe des uns schon bekannten Flehenbergs kamen, siehe, da erhob sich ein mächtiger Wind, der die Wolken blitzschnell auseinanderriß und der siegenden Sonne Raum schaffte. Und siehe, in wenigen Minuten stand über meinem Heimatort und Heimattal ein wunderbarer *Regenbogen.*

Die Mutter blickte mir tief in die Augen. Sie sagte: „Schau, was der liebe Gott dir da für eine Predigt hält, mein Junge! Jetzt, da du das Elternhaus verläßt, sagt er dir mit dieser leuchtenden Himmelsschrift: Was auch kommen mag und kommen wird — meine Gnade soll nicht von dir weichen." Ich fiel der Mutter um den Hals. Ein beseligender Mut kam über mich. Ich wurde durchströmt von dem *einen* Gedanken: „Bleib deinem Gott nur treu, und alles wird gut enden. Vorwärts an Gottes Hand!" Auch mein Vater war tiefbewegt. Er sagte nichts, aber ich sah wohl, wie er sich abwandte, um heimlich eine Träne aus dem Auge zu wischen. O solche Ereignisse, solche Augenblicke, wo man die Fußspuren Gottes so deutlich sehen darf! Und wie oft, wenn in zukünftigen Tagen mein Herz vor Angst und Bangen verzagen wollte, trat dann aufs neue dieser Regenbogen vor die Augen meines Geistes — dieser Bogen, der nie etwas Materielles gewesen, dessen Farbenschimmer fünf Minuten, nachdem er aufleuchtete, in nichts zergangen war und der dennoch war und blieb und bleiben wird ein Denkzeichen der ewigen Liebe und unerschütterlichen Treue des lebendigen Gottes, *meines* Gottes.

Unsere Reise an jenem Tage war schließlich doch noch vom

herrlichsten Wetter begünstigt. Der betreffende Eisenbahnzug wurde freilich verfehlt. Wir mußten also bis Elberfeld durch den Schmutz zu Fuß gehen. Trotzdem wurde Vater sehr heiter. Ob durch den Regenbogen oder durch das gute Wetter oder durch Mutters herzliche Weise, ihn um Verzeihung zu bitten, oder durch was sonst — ich weiß es nicht. Aber ich weiß, daß er sehr heiter wurde und immer heiterer, je näher wir nach *Dortmund* kamen. Das war unser vorläufiges Reiseziel.

In dieser alten Reichsstadt, die jetzt längst ein Industrieplatz erster Größe geworden ist, hatte Vater einen Freund, bei dem wir die allerherzlichste Aufnahme fanden. Das großartige, altertümliche Haus heimelte mich sehr an. Unvergeßlich ist mir auch ein Spaziergang, den wir nach der alten *Femlinde* machten. Unter dieser Linde wurden in früheren Tagen jene geheimnisvollen und unheimlichen Gerichtssitzungen gehalten, die der Schrecken auch der mächtigsten Frevler, zuweilen auch wohl der Schrecken der Unschuldigen waren.

Andern Tages reisten wir nach *Gütersloh*. Das Herz wollte mir schwer werden, als ich sah, wie die Gegend immer armseliger und eintöniger wurde, je näher wir meiner neuen Heimat kamen. Überall weite Wüstenstriche, von elenden Fichten bestanden. Die sandigen Felder schienen nur Kartoffeln und Rüben zu tragen. „Himmel und Rüben", sagte ein Herr, der mit uns fuhr, „Himmel und Rüben, das ist alles!"

Ja, Rüben! Es war gerade die Erntezeit dieses mir so schrecklichen Gewächses. Überall lagen sie, so groß wie Kinderköpfe, in Pyramiden aufgeschichtet. Ich ahnte, daß mein Gaumen hierzulande nicht sehr gekitzelt würde. Was dagegen mein Herz erfreute, war der im Norden auftauchende, stahlblau schimmernde Teutoburger Wald. Dieses herrliche Gebirge liegt aber immerhin noch drei Stunden von Gütersloh entfernt. Wir haben später manch lustige Turnfahrt dorthin gemacht.

Um nun den geringsten Wein zuerst zu geben, will ich noch etwas über die Außenseite des Lebens in Gütersloh sagen. Die Einwohner des Städtleins waren dazumal wenigstens sehr brave und biedere Leute. Hier galten Glauben und Frömmigkeit noch etwas. Und obgleich die Gegend, wie wir sahen, nur wenig fruchtbares Land bot, konnte man hier sehen, daß die Gottseligkeit auch schon die Verheißung *dieses* Lebens hat. Eigentliche Armut kam selten vor. Die meisten Leute trieben einen prosaischen Handel mit Pumpernickel und Schinken. Hierzu gesellte sich je länger, je mehr der Handel mit Gymnasiasten, die in den Häusern Kost und Logis hatten. Man verstehe mich aber nicht falsch. Unsere Wirte waren durchwegs sehr anspruchslos und begnügten sich mit unglaublich niedrigen Pensionspreisen. Diesen braven Leuten war die Ehre und das Wachstum der *„hohen Schule"* in ihrer Stadt gleichwie die eigene Ehre. Die Kost war billig und nicht schlecht. Aber sie war unaussprechlich einfach und gleichförmig. Mir zumal waren die Rüben entsetzlich. Zwei- bis dreimal Rüben in der Woche war nicht viel. In meinem elterlichen Hause wurde ziemlich „flott" gelebt, aber die Kinder wurden angehalten, ausnahmslos alles zu essen, was auf den Tisch kam, also auch die uns alle betrübenden Rüben. Nur mir wurden sie, weil ich Schwächling nicht hungern durfte, erlassen. Und nun fiel ich so hinein! Glücklich die Kinder, die im elterlichen Hause gelernt haben, *alles* zu essen, und zwar ohne Ausnahme!

Doch ich bin den Ereignissen vorausgeeilt. Kaum waren wir an jenem Oktobertage angekommen, so zogen Vater und ich zum Direktor Rumpel. Das war ein Mann, den ich liebhatte, sobald ich ihn sah. Und ich habe ihn auch liebbehalten. Aber an jenem Tage klopfte mein Herz mächtig. Zum erstenmal in meinem Leben sollte ich geprüft werden, und je nach dem Ergebnis kam ich nach Quarta oder Tertia. So hofften wir wenigstens. Alt genug wäre ich für Sekunda gewesen.

Der liebe Direktor zuckte aber immer häufiger mit den Achseln. „Herr Doktor", sagte er endlich, „Ihr Sohn hat nur die Kenntnisse für *Quinta.*"

Ich erschrak und wurde kreidebleich. Auch mein Vater war enttäuscht. Er bat dringend, man möge es doch in Quarta mit mir versuchen. Ich könnte doch meines Alters wegen nicht noch tiefer sitzen, ich würde gewiß meine Schuldigkeit tun usw. So kam ich nach Quarta. Und — dank der treuen Hilfe der Lehrer — kam ich auch voran und sogar über Erwarten schnell.

Am anderen Morgen wurde ein „Quartier" gesucht, und bald waren zwei niedliche Dachstuben mein unbeschränktes Eigentum. Waren sie auch klein, so waren sie doch mein, und ich konnte sie nach meinem Geschmack ausstatten. Blumen haben wohl nie, weder im Sommer noch im Winter, darin gefehlt. Zwar lagen meine Stübchen etwas hoch, aber dafür hatte ich auch schöne Aussicht auf das ferne blaue Gebirge und Einsicht in ein großes Stück Himmel. Auf jeden Fall gab's niemals Lärm über meinem Kopf, denn über mir war nichts mehr als das Dach und der Himmel.

Nachdem so die äußeren Verhältnisse geordnet waren, reisten meine Eltern sofort heim. Vater war durch seinen Beruf immer in der Hetze. So war ich denn bald allein in meinen vier Wänden. Ein fast schauriges Gefühl durchrieselte mich, als mir das klarwurde, und ein tiefes Weh der Verlassenheit wollte meine junge Seele beschleichen. Ich war *zum erstenmal* in meinem Leben allein in der Fremde; ich sollte für mich selbst sorgen. „Was wirst du in diesem Raum alles erleben?" fragte ich mich. „Wie wird es dir in der Schule ergehen? Wie wird deine Gesundheit sich gestalten? Wirst du Menschen finden, die dich liebhaben?" Dieser letzte Punkt lag mir besonders am Herzen, denn noch hatte ich mit keinem Mitschüler ein Wort gewechselt.

O es war ein Segen, daß mir der Regenbogen wieder in lebendige Erinnerung kam! Ich sank nieder und betete so inbrünstig, wie ich wohl selten gebetet hatte. Es war ein rechtes Ausschütten des Herzens. Aber Gott wollte mich nicht nur durch Verheißungen aufs Zukünftige trösten. Er kennt das Menschenherz und weiß alle seine Bedürfnisse. Kaum hatte ich ausgebetet, klopfte es an meine Tür. Und herein traten, ehe ich „Herein!" gerufen hatte, zwei heitere junge Gesellen. Sie waren aus guter Familie in Bielefeld und wohnten mit mir auf einer „Etage", das heißt in den gegenüberliegenden Dachkammern.

In den nächsten Tagen sammelten sich dann die Schüler. Sie kamen von allen vier Winden und aus allen Kreisen der Gesellschaft. Die Pastorensöhne waren stark vertreten, aber es fehlte auch nicht an jeder anderen Art, von Bauernsöhnen an bis zu den Sprößlingen des hohen Adels. Die allermeisten Schüler kannten sich noch nicht. Das Gymnasium war erst vor drei bis vier Monaten eröffnet. Auch jetzt waren es wohl nicht über siebzig Schüler. Das war ein gewaltiger Vorteil für die, die wirklich lernen wollten. Die Klassen waren so klein, daß die Lehrer sich um jeden einzelnen kümmern konnten. Und was sie konnten, das taten sie auch mit ganzer Hingabe und mit unendlicher Geduld. Wir waren in Quarta zuerst nur unser acht und saßen um unseren geliebten Klassenlehrer, Dr. Dietlein, herum wie Kinder um den Vater.

Und nicht nur während des Unterrichts waren wir um ihn — nein, auch die Spaziergänge machten wir gemeinsam mit ihm und anderen Lehrern. Das heißt: wenn wir es *wollten*, denn selbstverständlich konnten wir über unsere freien Stunden nach Belieben verfügen.

Im Winter gab's auch auf den überschwemmten Wiesen der *Ems*, die schon eine Stunde westlich von Gütersloh anfingen, eine herrliche Eisbahn. Man konnte zuweilen fast bis nach Münster laufen.

Es kann natürlich hier keine Rede davon sein, auf Einzelheiten des Unterrichts einzugehen. Aber ich betrachte es heute noch als ein besonderes Walten der göttlichen Vorsehung, daß ich nach Gütersloh geführt wurde, wo solche Lehrer waren und solche Gemeinschaft zwischen Schülern und Lehrern. Diese letzteren waren unsere väterlichen Freunde, und unter ihren Augen bildeten sich die innigsten und schönsten Freundschaftsbündnisse der Schüler. Mehrere Male geschah es sogar, daß einer der Lehrer in den Ferien mit mir nach Wülfrath reiste und dort wochenlang blieb. Wir durften aber auch *Freunde* mit uns ins elterliche Haus bringen.

Ein entscheidender Besuch

Eines Morgens saßen wir Schüler in der nun vollendeten Aula des Gymnasiums zusammen. Ich war damals Sekundaner. Die Andacht, mit der jedes Tageswerk begonnen wurde, sollte gehalten werden. Da trat an der Seite unseres Direktors ein Herr ein, der eines Hauptes länger war als jedermann — es war der Gründer des Rauhen Hauses in Hamburg, Dr. *Johann Hinrich Wichern.* Noch weiß ich, daß ich den Blick niederschlagen mußte, als er seine ebenso ernsten wie liebevollen blauen Augen auf uns richtete. Eine Flut der Barmherzigkeit strömte aus diesen Augen. Und doch lag darin eine Herrschergabe ausgesprochen, wie es je und je nur wenigen, die Majestät genannt wurden, beschert war.

Nach einigen Worten, die er mit dem Direktor wechselte, schritt er zum Katheder, um die Morgenandacht zu halten. *Wichern* sprach zuerst von dem Heiland Jesus Christus und stellte ihn uns dar als *den,* in dem alle Schönheit Himmels und der Erden erschienen sei. Und dann sagte uns Wichern von dem lichten Himmelsziel, zu dem Jesus uns errettet habe: „Aber um das Leben zu gewinnen, müßt ihr das Leben einsetzen. An die Balken dieses Kreuzes" — hierbei berührte er mit seinen Fingern leise und ehrfurchtsvoll ein Kruzifix, das vor ihm stand — „an die Balken dieses Kreuzes müßt ihr durch des Kreuzes Kraft eure Jugendsünden nageln, alles Gemeine, alles Unreine, alle Selbstsucht; alles müßt ihr dem König des Lichts zum Opfer bringen, was der Finsternis und dem Tode angehört. Schwört den Tod allen Mächten der Finsternis, ergreift die Hand Jesu, des Lichtkönigs, und ihr werdet Menschen sein, in deren Herzen und auf deren Lippen Sang und Klang nimmermehr erstirbt! Die Sünde macht euch kalt, finster, stumm, traurig. Wohnt aber Jesus in euch, so wachen Begeisterung und Freude, Jugendlust und Liederlust auf. Im Namen meines Königs Jesus Christus werbe ich euch, junge Männer, zu seinen Reichsgenossen, werbe ich euch zu Streitern in dem heiligen Krieg."

Und er hatte uns geworben. Er hat *mich* wenigstens

geworben in jener Stunde. Wenn es auch noch durch manche Schwankungen, Wirrnisse und Finsternisse hindurchging, wenn es auch noch längst nicht zum vollen und ganzen Christwerden kam, dennoch fand ich in dem alten Wesen und Weg keine bleibende Ruhe mehr. Dank dem Manne, der in jener Zeit, ohne es zu ahnen, heiliges Feuer in mein Herz hineinwarf!

Er, der damals wie ein Seher und König im Reich der Geister waltete, der weit und breit mächtig die Herzen bewegte, sein Mund ist jetzt stumm geworden. Aber was er gewirkt in so vielen Herzen, das ist geblieben und bleibt in Ewigkeit; nicht das, *was* er sagte, sondern das *Wie*, der *Geist*, der in den Worten flammte, die *Persönlichkeit*, die dahinterstand, das schlug durch. Und als der herrliche Mann nachher wie ein Jüngling frisch mit uns sang und musizierte, als er uns dann sagte, daß in der Liebe zu Jesus und in dem Kampf gegen die Sünde aller Freuden und also auch aller Lieder und Harmonien Quelle sei, da durchzuckte es mich blitzartig, daß in dem Christwerden alle unsere Ideale erfüllt seien. Ich empfand es angesichts dieses begeisterten Mannes unmittelbar, daß ein *Kind Gottes* sein auch heißt: ein glücklicher, friedereicher, für die Welt nützlicher Mensch sein, ein Mensch voll Begeisterung, Sang und Klang, ein Mensch voll Dienelust und Tatkraft.

Ja, diese Morgenandacht war eine gewaltige Stunde in meinem Leben. Tieferschüttert mußte ich noch an demselben Tage meinen Eltern darüber berichten.

Wieviel Mühe gibt sich doch Gott um eine *jede* Menschenseele! Ich bin dem edlen Wichern immer dankbar geblieben. Und es gehört zu den größten Freuden meines Lebens, daß ich ihm später auch ein wenig Erquickung bieten durfte, als die lange, bange Nacht kam, da er nicht mehr wirken konnte, als es sein einziges Geschäft war, das schmerzlichste und demütigendste Leiden zu tragen.

Wenn ich sage, ich sei ihm immer dankbar geblieben, so ist das aber nicht so zu verstehen, als ob ich von jenem Tage an nun als ernster Christ gewandelt hätte. *Weit entfernt!*

Etwa ein bis zwei Jahre nach dieser Anregung kam eine böse Zeit für mich, und ich preise noch die wunderbare Barmherzigkeit Gottes, die mich vor dem drohenden Sturz in den Abgrund bewahrte. Es wurde so schlimm mit mir, weil ich versuchte, auf beiden Seiten zu hinken. Ich gefiel mir in eitler Großspurigkeit und entfremdete mich immer mehr meinen alten Freunden, weil ich nicht die sittliche Kraft hatte, durchzubrechen und Spott zu ertragen. Ja, es kam so weit, daß ich mich auch gar nicht mehr darauf freuen konnte, meine Mutter wiederzusehen.

Da halfen mir die üblen Gesellen selbst heraus, indem sie mir eine Zumutung stellten, über die ich so entsetzt war, daß ich den Verkehr mit ihnen abbrach.

Ich war durch Gottes Gnade wieder in die alten Gleise und zu den besseren Freunden gekommen. Allmählich lernte ich auch wieder beten. Es war *nicht mein Verdienst*, daß ich wieder zu mir selbst gekommen war. Aber es war doch ein Sieg, der von Bedeutung war, zumal er mir Spott, Hohn und allerlei Leiden einbrachte. Es war der erste energische Bruch mit der Menschenfurcht. Die folgenden Kämpfe wurden dann leichter.

Ein ernstes Ferienerlebnis

Auch ein anderes Erlebnis aus jener Gütersloher Zeit steht mir noch heute vor der Seele.

Es war in den Herbstferien. Ich war gerade mit meinem Vater in der besten Stube. Ich weiß noch, daß ich ihm gerade seine vielen langen Pfeifen stopfte, Er stand auf einem Stuhl und zog die Uhr auf, was ich, da er ein schwerer Mann war, immer nur mit Angst ansehen konnte.

Da stürmte ein junges Mädchen ohne anzuklopfen wie toll in unser Zimmer und schrie meinen Vater an: „Schnell, Herr Doktor, schnell! — Unser junger Herr ist verunglückt — kommt schnell, oder er stirbt!“ Während mein Vater in die Stiefel fuhr, konnten wir durch das leidenschaftlich erregte Mädchen nur mühsam erfahren, daß es sich um den einzigen

Sohn eines wohlhabenden Landwirts handelte. Er wohnte nur eine Viertelstunde von Wülfrath entfernt. Wir „Doktorjungen" hatten auf dem fetten Hofe manch Körblein Äpfel empfangen.

Bald schritt ich an der Seite meines Vaters dahin. Wir gingen im Sturmschritt und waren bald am Platze. Da lag der elfjährige Gustav, weiß wie die getünchte Wand, auf seinem Bett. „Was ist denn geschehen?" forschte der Arzt. — „Ach, der arme Junge ist die große Leiter, die dort an dem Apfelbaum stand, hinaufgestiegen — das war ihm freilich streng verboten —, und da ist er mit der Leiter umgeschlagen. Und ich fürchte, daß da allerlei gebrochen ist, denn er hat rasende Schmerzen", berichtete die Mutter des Knaben unter einem Strom von Tränen.

Jetzt untersuchte mein Vater den Kranken mit weichen Händen. Dennoch schrie der arme Junge herzzerbrechend. Nach fünf Minuten wandte sich der Arzt um. Ich sah, daß sein Auge feucht war und seine Lippen bebten. Aber er machte sich hart und sagte leise zu den Eltern: „Hier ist meine Kunst zu Ende. Gustav hat zweimal das Rückgrat gebrochen. Je eher er stirbt, desto besser für ihn."

Ich trat hinzu und wollte dem Knaben, den ich liebhatte, noch einmal die Hand reichen. Aber Gustavs *Vater* kam mir zuvor und sagte mit eiserner Stimme: „Da haben wir das Unglück, du ungehorsamer Junge! Gustav, habe ich dir nicht streng verboten, die Leiter zu betreten? Und du hast es doch getan! Und nun hast du uns dies Unglück gemacht. O ich armer Mann! Nun habe ich keinen Sohn und Erben mehr!"

Mit einem fast feindlichen Blick trat er von dem Sterbebett zurück. Ich aber sah, wie die Züge des Knaben sich schrecklich verzerrten. Doch bald kniete die *Mutter* am Bett ihres einzigen geliebten Kindes, nahm seine Hand und sagte in einem Ton, darin ein Meer von Erbarmen zusammenströmte: „Gustav, armer, herzenslieber Gustav, *Gott hat dich lieb,* noch viel lieber, als ich dich habe. Glaube es nur: Der große, herrliche Gott im Himmel hat dich lieb, auch wenn er dich jetzt sterben läßt. Er sagt zu dir: ‚Ich habe dich je und je geliebt, darum habe ich dich zu mir gezogen aus lauter Güte.' Zum Himmel zieht er dich, zur Freude, die ewig währt, durch kurze Schmerzen hindurch."

Dies sagte die Mutter. Nie aber habe ich in dem Antlitz irgendeines Menschen eine so schnelle, wunderbare und herrliche *Verwandlung* gesehen wie in dem Antlitz des kleinen Gustav. Bei den Worten seines Vaters wurde sein Gesicht völlig verzerrt. Der Mutter Rede aber bewirkte, daß eine hohe, unsagbare, himmlische Freude darüber leuchtete. Wie verzückt streckte er seine Hände aus, so gut er vermochte, und sagte: „Er hat mich *lieb!* Er hat mich lieb!" Dann wurde er bewußtlos. Er starb auch bald in der Bewußtlosigkeit, aber mit einem Lächeln auf den Lippen.

Mein Vater und ich gingen heim. Wir waren beide stumm. In meinem Gemüt aber ging allerlei vor. Hatte Gustavs Vater mit seiner harten Rede denn nicht völlig recht gehabt? War nicht jedes Wort, das er sagte, durchaus wahr? Ja, freilich! Der Mann konnte es *beweisen,* daß auf den Ungehorsam die Strafe, auf die Sünde der Tod folgt. Und nun die Mutter? Ja, sie *sprach* wohl von der *Liebe* Gottes. Aber schien nicht alles, was jetzt vorging, *dagegen* zu sprechen? Sprach nicht ihr eigenes zuckendes Herz, sprach nicht das zerbrochene Gebein ihres Lieblings viel eher von Grausamkeit Gottes? *Sie* aber *glaubte* trotz allem und gegen alles, was in die Erscheinung trat, an die Liebe, an die große, siegende Liebe. Und die Botschaft von dieser Liebe hatte den kleinen Gustav lebendig gemacht mitten im Tode.

Ja, das alles hatte ich gesehen, sagen wir lieber: erlebt. Unklar und verworren ging es durch mein junges Herz. Viele Bücher habe ich seit einem halben Jahrhundert gelesen über das große Thema von *Gesetz* und *Evangelium.* Aber einen besseren Kommentar darüber als das Erlebnis mit dem kleinen Gustav habe ich nicht gefunden. Ich hatte *erlebt,* was Gesetz und Evangelium sind und was sie vermögen. Keine Theorie in der Welt aber ersetzt das Erleben, die Tatsache.

DIE REISE NACH BREMEN UND IHRE FOLGEN

Am Tage vor Pfingsten des Jahres 1855 gab es auf dem Planeten, den wir bewohnen, keine fröhlicheren und hoffnungsreicheren Menschen als uns drei, die *Primaner* des Gymnasiums zu Gütersloh im Pumpernickellande.

Mit großen Butterbroten im Ranzen, mit dem Himmel im Herzen, mit der leuchtenden Sonne über uns und mit neun Talern pro Person in der Tasche, so dampften wir von Gütersloh nach Norden. Natürlich als Standespersonen vierte Klasse; eine Sparsamkeit, die sich später als sehr praktisch, aber doch nicht als ausreichend erwies. Vorderhand aber *glaubten* wir *sehr reich* zu sein, und also waren wir's auch; denn der Glaube ist auch in solchen Dingen die Hauptsache.

Singend zogen wir zum Bahnhof, und singend fuhren wir ab. Unser Ziel war *Bremen.* Es war für uns alle *die erste Reise,* die wir ganz allein, nach unserer Entscheidung, nach unserem Plan, Kopf und Genie und auf unsere eigenen Kosten und Verantwortung machten. Das hat aber einen mächtigen Zauber.

Von der Eisenbahnfahrt sage ich nichts. Eine ödere Gegend als die, welche wir von Wunstorf nach Bremen durchfuhren, ist kaum denkbar. Als sich aber endlich die Türme und Zinnen der alten Weserstadt am Abendhimmel abhoben, schlug uns das Herz höher.

Nach unserer Abendmahlzeit begaben wir uns in den städtischen Weinkeller. Wir kannten seine Herrlichkeit schon durch Hauffs „Phantasien im Bremer Ratskeller". Aber wir fanden doch alles noch viel köstlicher und großartiger, als wir's uns gedacht hatten. Mancher wird mit Recht sagen, daß der Besuch eines Weinkellers nicht gerade die passende Vorbereitung für das Pfingstfest gewesen sei. Nun, das will ich auch nicht behaupten. Aber wir drei durchlebten unsere romantische Zeit. Wir hatten durchaus nichts gegen Christentum und Frömmigkeit. Aber alles Sehenswerte zu sehen, alles Unbekannte und besonders das Geheimnisvolle kennenzulernen, erschien uns damals erste Forderung der höheren Weisheit.

Am ersten Pfingsttagmorgen hatte uns die Sonne früh geweckt. Unsere Wirtin aber traktierte uns mächtig mit Klaben.

Daß wir am ersten Pfingsttage die Kirche besuchen wollten, stand uns allen fest. Die große Frage war nur: *„Welches ist der interessanteste und berühmteste Prediger?"* Wir fragten den Hausknecht, der so eine gottesfürchtige Miene hatte und gerade dazukam, als wir Beratung hielten. Aber der unglückliche Mensch machte ob unserer Frage ein Gesicht, als ob wir ihn nach den Toilettengeheimnissen der Kaiserin von Japan gefragt hätten. Er schüttelte tiefsinnig den Kopf, ging fort, ohne ein Wort zu sagen, kam mit der Wirtin zurück und ging wieder fort.

Diese hielt uns zunächst eine Lobrede, daß wir zur Kirche wollten. Das, so sagte sie, hätte sie uns doch gleich angesehen und auch an unserem Tischgebet gemerkt, daß wir von frommen Eltern wären. Sie stamme auch von frommen Leuten, die auf dem Lande wohnten und alle Sonntage die Kirche besuchten. Leider erlaube ihr das Geschäft nicht hinzugehen, aber sie könne die ganze Bibel auswendig und diene Gott inwendig. Darauf machte sie uns den Plan: „Jetzt geht ihr zuerst zum *Dom.* Da könnt ihr für ein kleines Trinkgeld viele Merkwürdigkeiten sehen: vornehmlich die toten Mönche, die im Bleikeller schon mehr als 100 000 Jahre liegen und nicht verwesen. Dann ist feine Musik in der Kirche; das weiß ich gewiß; denn ich bin auch im Dom Ostern vor fünf Jahren, als mein Seliger gestorben war, zum heiligen Abendmahl gewesen."

Wir machten unsere „Herbergsmutter" jetzt darauf aufmerksam, daß wir aber jedenfalls den berühmtesten Prediger von Bremen hören wollten. Dies brachte sie in eine nicht geringe Verlegenheit. Endlich sagte sie: „Töw, Kinner! Ick hew hürt, se lopen nu all' no *Stephani* —! Do ist en Herr Pastor, de heet — de heet — no, wo heet de Mann doch noch? Mellat — glöw' ick, oder so wat." Sie meinte den berühmten Pastor *Mallet,* dessen Name uns nun auch einfiel.

Wir begannen darauf unsere seltsame Pfingstfeier mit der Besichtigung der „100 000 Jahre alten Mönchsleichen" im Bleikeller des Domes.

Die Musikaufführung zur Eröffnung des Gottesdienstes ließ uns kalt. Der Gemeindegesang in der großartigen Kathedrale entsetzte uns. Oder vielmehr wir, die wir den mächtigen Gesang Ravensberger Christenleute gewohnt waren, *wir* entsetzten uns, daß die meisten der Anwesenden ihren Mund so wenig zum Singen auftaten wie die alten Mönche im Bleikeller.

Den Herrn Domprediger warteten wir nicht mehr ab, sondern entwischten nach St. Stephani. Wir kamen noch gerade früh genug. Nur mit Mühe erlangten wir auf der Galerie, gerade gegenüber der Kanzel, Stehplätze, denn die Kirche war sehr voll.

Gleich die Erscheinung *Mallets* machte einen mächtigen Eindruck auf mich. Es war darin eine trotzige Kraft, eine heitere und doch geheiligte Natur; jedes Wort atmete einen unerschütterlichen Glauben, eine freudige Hoffnung und eine glühende Liebe zu Gott und zu den Menschen.

Es war in erster Linie nicht das, *was* er sagte, sondern *wie* er es sagte, was die Menschen bewegte. Diese heilige, unwiderstehliche Begeisterung, diese flammende Beredsamkeit, in der auch der Humor, ja der Spott ihre Stelle fanden, verbunden mit der höchsten Natürlichkeit, Einfalt und Wahrhaftigkeit, dies alles zusammen und dann ein unaussprechbares Etwas, das Geheimnis jeder großen Persönlichkeit.

Ein heiliges Beben ging durch die Versammlung. Ein heiliges Beben und Anbeten ging durch mein junges Herz. Noch nie vorher hatte ich einer Predigt von Anfang bis zu Ende folgen können. Mallet dagegen hätte doppelt so lange reden dürfen, und ich wäre doch nicht abgeschweift.

Als wir nach dem Gottesdienst unter den schattigen Linden standen, welche die Stephanikirche umgeben, sagte ich feuchten Auges und mit zitternder Stimme zu meinen Freunden: „Hört, Jungens, wenn *das* Christentum ist, was uns *der* Pastor da gepredigt hat, dann will ich auch ein rechter Christ werden, ja, dann werde ich wohl noch *Theologe!*" Meine Freunde stierten mich mit großen Augen an. Sie wußten, daß meine ganze Seele darauf stand, *Medizin* zu studieren, und meinten offenbar, daß ich nur von einem „frommen Raptus" ergriffen sei. Sie schüttelten also den Kopf, sagten aber nichts. Dagegen verhinderten sie, daß ich spornstreichs zu Pastor Mallet hineilen wollte. „Das wäre unverschämt", meinten sie; „der Mann hat geschwitzt wie ein Bär und ist jetzt abgespannt. Du könntest auch leicht etwas sagen, was dir nachher leid sein würde."

So blieb ich, und es war vielleicht auch besser so. Die Sache blieb mehr in der unmittelbaren göttlichen Leitung. Als ich nach Gütersloh zurückkehrte, war eine gewisse Abkühlung eingetreten.

Und doch war das Wichtigste, was die Reise nach Bremen mir eingetragen hatte, der Stachel, den *Mallet* in mein Herz geworfen. Es war keineswegs so, daß ich von jetzt an ein entschiedener Christ gewesen wäre. Ach nein, damit geht es nicht so schnell, wie manche Leute es sich denken.

In den Osterferien 1856 ereignete sich dann noch etwas, was in negativer Weise mithalf, mich der Theologie näher zu bringen, indem es mir klarmachte, daß ich zur Medizin nicht tauge. Mein Vater nahm mich nämlich mit zu einer Amputation. (Einem unglücklichen Manne wurden beide Beine abgenommen.) Ich sollte dabei kleine Handlangerdienste leisten. Das sollte eine Probe für mich sein. Ich will die Nerven meiner Leser schonen und nicht das Aussehen und den Geruch der zu amputierenden Beine schildern, auch nicht das Stöhnen und Heulen des armen Menschen (denn Chloroform wurde damals, wenigstens von meinem Vater, noch nicht angewandt). Ich sage nur, daß trotz aller meiner Willensstärke meine *leibliche Kraft nicht reichte.* Noch ehe das erste Bein abgenommen war, brach ich ohnmächtig zusammen, verletzte im Fallen meinen Kopf und fand mich zu Hause auf dem Bette wieder. Meine Mutter saß neben mir. Ein unaussprechliches freudiges Lächeln glitt über ihr Gesicht, als ich verwundert die Augen zu ihr aufschlug. Sie ahnte, daß ihre Gebete der Erhörung nahe seien.

Und *das* war mir jetzt jedenfalls klar, *daß ich nicht Arzt werden könne.* Gerade die operative Tätigkeit erschien mir als das durchsichtigste Gebiet der ärztlichen Arbeit. Gerade sie hatte den größten Reiz für mich. Gerade sie aber war meiner zarten Nerven und meines leicht empfänglichen Gemüts wegen für mich unmöglich.

Wie ein Wassertropfen oft das Glas überfließen macht, so war es hier. Als ich aus den Ferien nach Gütersloh zurückkehrte, warf ich mich mit aller Energie auf das *Hebräische.* Das war tatsächlich das Signal für die Theologie, obgleich ich zunächst behauptete, ich wolle mir die Sache nur offenhalten. Dennoch wurde ich von jetzt an unter die zukünftigen Theologen gerechnet, und allmählich rechnete ich mich auch selbst dazu.

Mein Entschluß rief nach allen Seiten hin Kopfschütteln hervor. Die Ärzte wollten nichts davon wissen, da meine Brust viel zu erbärmlich sei. Auch meine Freunde lächelten im stillen, da ich auch in jener Zeit noch oft so sehr *stotterte,* daß ich kaum einen Satz ohne anzustoßen zu Ende sprechen konnte. Merkwürdigerweise waren *diese* Schwierigkeiten für mich nicht vorhanden. Ich lächelte über jenes Lächeln. Diesmal glaubte ich mit meiner Mutter: „Wenn Gott es will, so wird er dir auch, wie einst dem *Mose,* trotz der schweren Zunge und, wie einst dem *Paulus,* trotz des ‚Pfahls im Fleisch' durchhelfen." Mancher mag das Schicksalsglauben nennen, aber die Zukunft hat doch gezeigt, daß es etwas Besseres war.

Zunächst schienen die Bedenken der Ärzte gerechtfertigt zu werden. Im März 1857 fand das *Abiturientenexamen* statt. Wir hatten die schriftlichen Arbeiten gemacht. Nun sollte die mündliche Prüfung kommen, vor der mir meines Stotterns wegen am meisten graute. Aber für mich kam sie nicht. Am Vorabend des ersten Prüfungstages brach ich zusammen und fiel in ein lebensgefährliches Nervenfieber. Acht bis zehn Tage schwebte ich am Rande des Todes und wußte nichts von mir selber. Als ich mein volles Bewußtsein wiederhatte, war mein erster Gedanke: „O du Unglücklicher! Nun mußt du noch ein Jahr auf dem Gymnasium verbleiben, da du das Examen nicht machen konntest." Aber siehe, in derselben Stunde erschien der Direktor und brachte die frohe Botschaft, meine schriftlichen Arbeiten seien derart gewesen, daß man mir das mündliche Examen erlassen hätte.

Drei Wochen später verließ ich mein geliebtes Gütersloh, innigen Dank im Herzen gegen meine Lehrer, die sich so treu um mich bemüht hatten; mit manchen blieb ich in dauernder Verbindung. Mit Augen voll Freudentränen betrat ich das Elternhaus, dankerfüllt gegen Gott, der sich meiner Seele so herzlich angenommen hatte.

AN DER SAALE HELLEM STRANDE

Freiheit, die ich meine

Es war an einem wonnigen Apriltag des Jahres 1857, als ich mit zwei guten Gesellen zur nächsten Eisenbahnstation wanderte. Unser Ziel war *Halle* „an der Saale hellem Strande". Meine Eltern hatten mich trefflich „herausgefuttert", und ich war so gesund, wie ich nur je gewesen war — was freilich nicht allzuviel sagen will. Himmel und Erde lachten mich an, und ich lachte sie wieder an. Die Welt schien mir voll Flöten und Geigen zu hängen. „Freiheit, die ich meine, die mein Herz erfüllt" — das war jetzt das Lied der Lieder. Ich hatte einen „Wechsel" in der Tasche, der zwar nicht sehr groß, aber auch nicht zu klein war. Dazu kam ein Reisestipendium von hundert Talern pro Jahr aus einer hochgesegneten Familienstiftung. Für drei Jahre mindestens sollte ich nun allein gebieten über meine Zeit und keinem Menschen verantwortlich sein als mir selbst. Dazu war ich von liebenden Freunden umgeben. Was war da noch zu wünschen als nur dies *eine*, daß es immer so bliebe?

Meine Eltern und andere treffliche Leute schienen freilich die Sache nicht ganz so rosig anzusehen. *Großvater* hatte ernstlich gemahnt, mich niemals an der reformierten Lehre irremachen zu lassen und mein „romantisches Herz" niemals der „ebenso verführerischen als vermaledeiten römischen Abgötterei" zu öffnen. *Großmutter* reichte mir beim Abschied ein kleines Paketchen. Es fand sich, daß darin 1. ein trefflicher Flanellappen lag, der bei Erkältungen auf der Brust zu tragen war; 2. ein Briefumschlag mit preußischen Kassenscheinen „als Notgroschen"; 3. ein von ihrer Hand geschriebenes „Sündenbekenntnis, an jedem Abend zu beten". Das kam mir aber arg altfränkisch vor.

Mit den Eltern war es anders. *Vater* war selbst ein flotter Student gewesen; aber gerade er sagte wenig und bemerkte nur beim Abschied: „Richte dich so ein, daß du mir nachher fröhlich in die Augen sehen kannst!" Die *Mutter* mit ihrem weiten, reichen Herzen nahm voll und ganz an meinem Glück teil. Dennoch war es mir unbequem, als sie mich aufforderte, vor meinem Abschied in meiner Kammer mit ihr zu beten.

In Halle suchte ich mir zunächst selbst eine Wohnung und richtete sie nach meinem Geschmack und Genie ein. Sie lag in der Fleischergasse, unmittelbar gegenüber dem Botanischen Garten, nahe der Saale und nahe dem Tore. Mein Vater hatte mir öfter gesagt: „Spare in allem, nur nicht an der Wohnung!"* Nach diesem Rezept habe ich allezeit gehandelt und es richtig gefunden. Man spart sehr, wenn man betreffs der Wohnung *nicht* spart. Meine Wirtin behandelte mich mit ausgesuchter, echt sächsischer Höflichkeit und machte mich bald zum Mitwisser aller ihrer Geheimnisse. Und da ich von meinem Vater ein Rezept erlangte, das ihren Eheherrn vom Zipperlein und den damit verbundenen Launen befreite, so pflegte sie mich wie eine Mutter, was mir, besonders in Krankheitstagen, sehr zugute kam. Daß ich einen *Stiefelfuchs*, also eine Art persönlichen Diener, engagieren konnte, tat natürlich meinem Gemüt auch sehr wohl. Dieser war ein junger Mann von dreiunddreißig Jahren und doch bereits ein „Original". Er erzählte jedem, der es hören wollte, mit geheimnisvoller Miene und unter dem Siegel der Verschwiegenheit, daß er seinen wahren Namen nicht nennen könnte, da er der Sohn eines berühmten Mannes wäre, dem er leider fortgelaufen sei. Warum fortgelaufen oder fortgejagt, das sagte er wohlweislich nicht.

An den ersten Abenden war ich auf verschiedenen Studentenzusammenkünften. Ich wurde überall ausgesucht behandelt, und die liebenswürdigsten Brüder saßen neben mir und mir gegenüber. Aufs Haar wäre ich *Salinger* geworden. Die rote Mütze und noch mehr die jungen Herren, die sie trugen, machten auf mich jungen Burschen mächtigen Eindruck. Aber eins hinderte mich, und das war das *Duell*.

Da ich gegen das Duell war, so wird es niemand wunder=

* Bekannt ist ja Emil Frommels goldene Regel: „Kleide dich *nach* deinen Verhältnissen, iß *unter* deinen Verhältnissen, aber wohne *über* deinen Verhältnissen!"

nehmen, daß ich bereits wenige Tage nach meiner Ankunft die weiße Mütze der *Wingolfiten* trug. Es war also nicht in *erster* Linie dies, daß der Wingolf eine *christliche* Studentenverbindung war und daß er das Bekenntnis zu Jesus, dem Gottessohn, auf seine Fahne geschrieben hatte. Auch nicht dies, daß die Verbindung damals fast aus lauter Theologen bestand. Gerade dies schien mir ein Mangel. Ich hätte lieber ein buntes Durcheinander verschiedener Fakultäten gehabt. Und jenes Bekenntnis, obgleich ich ihm innerlich zustimmte, schien mir doch für eine Studentenverbindung etwas *verfrüht*. Dennoch war es ein guter Instinkt, der mich in diesen Kreis führte. Nicht nur, daß ich hier vor allerlei sittlichen Gefahren, die mir anderswo drohten, mehr bewahrt blieb — nicht nur, daß ich hier eher zu einem gründlichen und regelmäßigen Arbeiten kam —, nein, der ganze Ton dieses Verbindungslebens war so heiter und frisch, wie ich ihn wünschte, und, was die Hauptsache ist, ich fand hier einige herrliche Gesellen*, die mein Herz bald gewannen und mir auch von großem Segen werden sollten.

Aber ich will hier nicht erzählen, was tausendmal in Wort und Lied vom Studentenleben gesagt und gesungen worden ist. Ich will nicht erzählen von den ritterlichen Übungen auf dem Fechtboden, von sangerfüllten Ruderfahrten in Mondscheinnächten, von meinem Ritt auf dem berühmten eisernen Löwen (er steht auf dem Marktplatz in Halle), der mir für einige Stunden ein Freiquartier im Karzer verschaffte usw. Alle diese Dinge geschahen in Zucht und Ehren. Und — mag mancher Leser auch über dies Wort grollen — ich denke heute noch mit Vergnügen daran zurück. Daß über das Maß getrunken worden wäre, erinnere ich mich nicht. Die unseligen Frühschoppen waren damals noch nicht Mode. Aber zum *Rauchen* kam ich in jener Zeit doch, und zwar — aus Verzweiflung. Ich konnte den furchtbaren Qualm nicht vertragen, wenn ich nicht auch selbst rauchte. Gearbeitet wurde im ganzen recht ordent-

* In erster Linie war es der spätere Hallenser Professor *Martin Kähler*, der so vielen Studenten zu einem biblischen Grund ihres Glaubens geholfen hat.

lich. Auch ließ ich mir meine stillen Stunden nicht nehmen. Aber sie dienten jetzt nicht in erster Linie zur Vertiefung meines inneren Lebens. O nein; in diesen Sommermonaten war ich sehr oberflächlich, denn ich war sehr gefallsüchtig. Mein Talent, mit Leichtigkeit Verse zu schmieden, wurde mir sehr verderblich, bis ich endlich einmal in der „Bierzeitung" als Dichter und Träumer verhöhnt wurde. Das half.

Professor Tholuck und andere Lehrer

Diejenigen Leser, die das Universitätsleben nicht kennen, werden staunend sagen: „Aber liebster Mann, du erzählst ja gar nichts von den *Professoren*, derentwegen du doch nach Halle gereist warst." Diesen verehrten Freunden muß ich sagen, daß ein Verbindungsstudent im ersten Semester so viel zu tun hat, um sich in der neuen Welt, die ihn umflutet, umzusehen und einzuleben, daß die Professoren eine untergeordnete Rolle spielen. Es ist schon etwas, wenn sie im *zweiten* Semester zu ihrem Recht kommen. Sodann erinnere ich sie daran, daß dies Buch vor allen Dingen die Bewegungen meines inneren Lebens schildern soll. Und da muß ich nun, mich selbst anklagend, bekennen, daß die Professoren in Halle keinen großen Einfluß auf mich ausgeübt haben. Daß mich trotzdem, sechsundzwanzig Jahre später, gerade die *hallische* Fakultät zum Ehrendoktor der Theologie gemacht hat, beschämte mich außerordentlich. Zwar bewunderte ich auch damals die Herren wegen ihrer „unmenschlichen" Gelehrsamkeit; auch besuchte ich mit großem Fleiß die Vorlesungen. Aber ich ungeduldiger Geist konnte und wollte nicht begreifen, wie man selbst in zehn oder fünfzig Jahren durch Anhören von Vorlesungen dazu kommen könne, selber eine volkstümliche und erbauliche Predigt zu halten.

Ich hatte mir die Theologie doch viel interessanter gedacht. Die Kirchengeschichte erschien mir viel zu trocken. Der Professor *Hupfeld*, dessen Sohn mein „Leibbursche" war und der mich auch oft zu Tisch einlud, verstand es schon eher, mich für die Sprache des Alten Testaments zu begeistern. Ich habe auch nach meiner Universitätszeit, zehn bis fünfzehn Jahre lang, jeden Morgen ein Kapitel des Alten Testaments in der Ursprache gelesen.

Ein Mann, den ich nur zu sehen brauchte, um für ihn begeistert zu sein, war der gottinnige und tiefsinnige Professor *Julius Müller*, wegen seines berühmten Buches der „Sünden-Müller" genannt. Er las über Dogmatik und Ethik. Er wäre ganz der Mann gewesen, mich aus meiner inneren Wirrnis zu befreien. Ich sehnte mich danach, ihm persönlich näherzutreten. Aber es ging nicht an. Er war in jener Zeit so leidend, daß er ganz unzugänglich war. Einmal kam ich noch um Mitternacht an seiner Wohnung vorbei. Ich konnte sehen, daß er noch sinnend an seinem Schreibtisch saß, das Haupt gestützt. Als er dann in den folgenden Tagen einmal über seine schnell schwindende Gesundheit klagte, erlaubte ich mir zu sagen, was ich beobachtet hatte, und sprach die Bitte aus, der Herr Professor möge doch eher zur Ruhe gehen. Mit Tränen im Auge antwortete mir der herrliche Mann: „Ach, lieber Funcke, ich hatte an jenem Abend meinem Gott so viel zu beichten. Es ist *nicht so leicht, die Freudigkeit zum Eingang in die Ewigkeit zu gewinnen.*" Seine Vorlesungen bestanden damals nur darin, daß er im eigentlichsten Sinne des Wortes seine Hefte wörtlich ablas, falls er nicht auch daran durch seinen Gesundheitszustand gehindert wurde. Daß er noch bis zum Jahre 1883 seines Amtes walten würde, hätte Anno 1857 kein Mensch geglaubt.

Eine Ausnahme von den allermeisten Professoren, die ihre Kollegien *lasen* — daher das Wort „Vorlesung" —, machte der originelle Historiker *Heinrich Leo.* Er sprach fast immer frei. Er war fast immer begeistert, und so begeisterte er auch seine Hörer. Ich sehe den kleinen Mann noch, wie er im blauen Frack mit goldenen Knöpfen aufs Katheder stieg. Er sank aber sehr in meiner Achtung, als ich hörte, daß er um keinen Preis als einer von dreizehn Personen zu Tisch sitzen würde.

Nicht so schnell will ich über den mit Recht weltberühmten Professor *Tholuck* hinweggehen. Seine Vorlesungen über die verschiedenen Bücher der Bibel waren auch für mich die verständlichsten und anregendsten. Seine Persönlichkeit aber erweckte von Anfang an mein höchstes Staunen. Diese gebückte, gebrechliche und scheinbar gebrochene Gestalt, an der sich doch Tausende aufgerichtet haben — dieses geisterhafte Auge, in dem doch eine Flut der Liebe wohnte — diese geheimnisreiche Stimme, die tönte, als ob sie aus einer anderen Welt käme — diese besondere, elastische Art, ein Gespräch einzuleiten oder auch in ein anderes Fahrwasser zu bringen — dies alles ist so oft beschrieben worden, daß ich darauf verzichte, Weiteres zu sagen. Ich war ihm sehr empfohlen, und ich gewann unverdientermaßen auch seine Gunst. Oft durfte ich in seinem Hause sein, noch öfter ihn auf seinen Spaziergängen begleiten. Dennoch entwickelte sich zwischen uns nicht das Verhältnis, wie es hätte sein sollen.

Ich hatte das Gefühl, als hielte er mich für einen Brausekopf, für einen ausgelassenen, übermütigen Gesellen, der zwar keine schlechten, aber dafür soviel mehr tolle Streiche machen könne. So hörte ich, daß er von mir als dem *wilden Funcke* gesprochen habe. Wie er dazu gekommen war? Nun, ich war sehr lebhaft in meinem ganzen Wesen, ich verfügte über einen oft übermütigen Humor, ich konnte oft sehr satirische Bilder aus dem religiösen und kirchlichen Leben meiner bergischen Heimat entrollen, versuchte auch wohl den Professor mit allerlei Fragen über schwierige Bibelstellen in Verlegenheit zu bringen; auch hatte ich immer allerlei lustige Reime „auf Lager", die ich auch in Tholucks Gegenwart nicht ungern zum besten gab. Dazu kam, daß meine äußere Erscheinung so recht den „forschen" Studenten zeigte. Ich trug eine schwarzsamtene „Pikesche" mit weißem Leinenkragen, auf dem Kopf ein keckes „Zerevismützchen" und steckte meine Beine, wenn das Wetter es irgend erlaubte, das heißt, wenn es nur ein bißchen schmutzig war, in hohe „Kanonenstiefel". Dazu hielt ich, um das Maß vollzumachen, eine Zeitlang einen großen Hund, mit dem ich und der mit mir herumrenommierte.

Vielleicht *täuschte* dies mein Äußeres den lieben Tholuck, so daß er mich nicht ganz verstand und den furchtbaren Kampf, der *unter diesem Firnis* in meinem Innern tobte, nicht so merkte, wie ich es von einem so großen Geist erwartet hatte. Und da ich mich nicht verstanden fühlte, versteckte ich mich erst recht, und so verstand er mich denn erst recht nicht.

Etwa sieben Jahre nach meinem Abschied aus Halle sind wir uns noch einmal begegnet, und zwar bei Gelegenheit der Evangelischen Allianz in *Amsterdam*. Tholuck und ich waren, ohne voneinander zu wissen, in dem Eröffnungsgottesdienst. Mein späterer väterlicher Freund Professor *Jan van Oosterzee* hielt die Predigt, die ohne Zweifel vortrefflich war. Aber ich verstand von dem Holländischen entsetzlich wenig, und so wollte ich hinaus. Umsonst! Die Tür war verschlossen. Da war freilich so etwas wie ein Küster, jedenfalls ein mit Schlüsseln bewaffneter Mann. Er leugnete auch nicht, daß er aufschließen könne; aber er bezeugte hartnäckig, daß er es nicht *dürfe*, außer bei Ohnmachten. Nun, so weit war ich nicht, und ich war auch nicht genug Schauspieler, um sie zu heucheln. Darum harrte ich an der Tür eines günstigen Zwischenfalls, der denn auch nicht auf sich warten ließ. Es kam nämlich mit dem merkwürdigsten Schritt, in dem jemals ein Menschenkind einhergegangen ist, Professor *Tholuck* auf die Tür zu — wie soll ich sagen: gehumpelt oder gehinkt und wollte auch hinaus, vermutlich aus demselben Grunde wie ich. Jetzt wagte ich es, wandte mich an einen Kirchenbeamten und sagte ihm, dieser alte, gebrechliche Herr sei der weltberühmte Tholuck. Das half. Es wurde aufgemacht, und ich entschlüpfte mit ins Freie. Als wir nun draußen unter einem Gaskandelaber standen, sagte der liebe alte Herr mit seiner geisterhaften Stimme: „Wer ist denn mein Retter?" Ich antwortete: „Das müssen Sie raten, Herr Rat." Er schaute mir tief ins Auge, dann ergriff er mit Wärme meine Hand und sagte: *„Der wilde Funcke."* Also immer noch „der wilde" trotz meines ganz veränderten inneren und äußeren Wesens! So tief hatte sich das bei Tholuck eingeprägt.

Und doch beurteilte der große Menschenkenner den Hallenser Studenten nicht richtig. Wie oft unter „frommen" Formen und gesalbten Worten ein ganz ungeistliches, weil sattes und fertiges Wesen verborgen liegt, so ist's auch zuweilen umgekehrt. Hinter einer ausgelassenen Lustigkeit ist oft ein tiefes Schreien nach Gott verborgen — ein unendliches Dürsten und Sehnen nach etwas, was die ganze Welt nicht hat und also auch nicht geben kann und was man doch haben muß, um glücklich zu sein — ein Sehnen nach *Frieden*. So war es auch bei mir. Immer wieder wurde es mir tiefinnerlich klar, daß das Leben in dieser Welt nicht den Namen *Leben* verdient, wenn es nicht durchleuchtet ist von etwas, was mehr ist als dieses Leben.

Aber wo war dieses unbekannte Etwas? O ich hätte es wohl schneller gefunden, wenn ich mich einem Manne wie Tholuck oder meinem lieben Freund *Martin Kähler* gänzlich enthüllt hätte! Aber wie offen ich auch sonst war — auf *diesem* Gebiet verhüllte ich mich einigermaßen, wenn ich auch gegen Kähler noch am meisten offen war. Es war wohl Eitelkeit, daß ich meine Schwäche nicht offenbaren wollte. Vielleicht war es auch Halbherzigkeit und Weltliebe. Ich fürchtete wohl, daß, wenn ich „nur *eine* Passion" hätte, ich dann meine anderen Passionen aufgeben müsse. Ja, es war ein unseliges Gestrudel in mir. Jetzt wollte ich den *Menschen* gefallen, und dann wieder sagte ich mir: Was hilft dir aller Beifall der Menschen, wenn du keinen Frieden hast? Ich wollte gern für einen interessanten Studenten gelten, und dann lachte ich mich doch wieder selbst aus. Ich war heute von der Welt verzaubert, wollte Großes erleben und alles kennenlernen; und anderentags war mir nichts so klar wie dies, daß der wahre Genuß erst anfange, wenn ich ein unerschütterliches Fundament hätte. Ich empfand die ganze *Unseligkeit der halben Seelen*.

Manchmal verließ ich schon frühmorgens mit dem griechischen Neuen Testament in der Tasche meine Wohnung, ruderte nach der „Rabeninsel" hin und brachte da lange, einsame Stunden zu, die Evangelien lesend, Gott suchend, mich selber suchend und über mich selber weinend. Abends auf der „Kneipe" war ich dann ein ganz heiterer, ja übermütiger Geselle. Wer meint, das sei ein Zustand der *Heuchelei* gewesen, der mag es meinen. Wer den Menschen *besser* kennt, wird verstehen, daß es das Ringen *zweier* Geister in *einer* Brust war; denn die Bibel hat recht: Des Menschen Herz ist ein *trotzig* und *verzagt* Ding.

Der konfessionelle Streit war damals in Halle an der Tages=ordnung. Und gerade dies trug nicht wenig dazu bei, mir das Christentum zu verleiden. Wenn ich sah und hörte, wie sonst so begabte und verdiente, ernste und geistvolle Männer der verschiedensten kirchlichen Lager sich untereinander verket=zerten, und zwar alle, indem sie sich auf *dieselbe Bibel* berie=fen, so kamen mir oft bittere und schmerzliche Zweifel, Zweifel *daran,* ob es wirklich eine *absolute* Wahrheit, eine für alle bestimmte und alle befriedigende Wahrheit gebe.

Die mittelbare Folge war, daß ich es auch mit den *Gegnern* des Christentums versuchte. Und da war es besonders der geistvolle *David Friedrich Strauß,* der mir durch sein Buch „Das Leben Jesu" gefährlich wurde. Ich verschlang dieses Buch. *Heimlich* nur las ich es; nicht einmal den besten Freun=den sagte ich davon. Ich fürchtete, mein Beispiel könnte auch sie verführen, das Buch zu lesen. Ich sage: Ich fürchtete das; denn im stillen war ich überzeugt, daß ich mit Gift umging. Ja, ich hatte den sicheren Instinkt, daß es um mein inneres Glück geschehen sei, wenn ich mir den Inhalt dieses Buches zu eigen machte. Daß ich *dann* nicht *Theologe* bleiben könnte, war mir ganz gewiß. Aber *das* war nicht die größte Frage, sondern diese: *„Ein Kind Gottes* oder ein Ungläubiger?" Gott hatte doch schon *zu* viel an mir getan, hatte schon zu viel mich schmecken lassen von den Kräften der verborgenen Welt, als daß ich so leichten Kaufs meinen Glauben hätte über Bord werfen können. Und die Erinnerung an so viele rechte Chri=sten, Männer und Frauen, die durch ihren Glauben nicht nur selber beglückt waren, sondern auch ihren Mitmenschen zum Vorbild wurden, machte mich irre an mir selbst und an David Friedrich Strauß. Und Strauß mit seinen „unwiderleglichen Darlegungen" machte mich wieder irre an diesen teuren Men=schen und an allem, was Glauben, Lieben und Hoffen heißt.

Am Rande der Ewigkeit

Über solchen Kämpfen kamen das Ende des zweiten Semesters und die Osterferien, die aber schon drei Wochen vor Ostern begannen. Ich hatte die Luft in Halle nicht gut vertragen. In der letzten Zeit hatten die heftigen Gemütsbewegungen mich vollends zerrieben. Eine starke Erkältung kam dazu. Mühsam und mit zitternden Händen packte ich meine Habseligkeiten zusammen. Daß ich *nicht* nach Halle zurückkehren würde, stand mir fest; aber auch dies, daß ich der Theologie den Abschied geben müsse. Fast wäre ich auf der Reise von Halle nach Wülfrath liegengeblieben; so krank war ich. Aber noch bezwang ich die Schwachheit. Aufgeregt, wie ich war, rief ich, ins alte liebe Wohnzimmer eintretend, den Eltern zu: „Vater, Mutter! Mit der Theologie ist's vorbei!" Als die Mutter meinen ebenso entschlossenen wie verzweifelten Ton hörte, wollte sie schier zusammenbrechen. Der nüchterne Vater aber hatte mir kaum ins Auge geschaut, da sagte er trocken: „Mein Junge, von deiner Theologie reden wir später. Vorläufig gehörst du ins Bett, denn du bist durch und durch krank."

Ja, das war ich in der Tat. Ich verfiel in ein heftiges Nervenfieber, das erst nach Wochen überwunden wurde. Mehr als einmal schwebte ich am Rande der Ewigkeit. Aber die Krankheit sollte nicht zum Tode sein. Ich *weiß* aus dieser Zeit wenig. Mein Geist war bald umnachtet, bald zu schwach, als daß von klarem Denken hätte die Rede sein können. Aber es gibt *unmittelbare Eindrücke* in den Seelengrund, die unendlich viel mächtiger und unantastbarer sind als alles, was durch die Tätigkeit des Gehirns vermittelt wird. Der Eindruck aber, der mir jetzt, wo das Lebenslichtlein so unruhig hin und her flackerte und jeden Augenblick verlöschen zu wollen schien – ich sage, der Eindruck, der mir mit Geistesgewalt jetzt in die Seele geschrieben wurde, war dieser: „Es gibt gewiß und wahrhaftig eine Welt der Ewigkeit, sie ist das *Wirklichste von allem Wirklichen*, und das irdische Leben hängt mit dieser Ewigkeitswelt zusammen wie die Saat mit der Ernte."

Diese große Wahrheit, die mir *früher* ein selbstverständlicher Glaubensartikel war — ein Glaubensartikel, den ich durch *Erbschaft* überkommen und mit kindlichem Gemüt aufgenommen hatte —, war mir *nun* wie eine direkte und persönliche *Offenbarung* Gottes. Sie ist mir auch nie wieder erschüttert worden.

In jener Zeit meiner Krankheit wurde viel für mich *gebetet*, besonders auch in dem „Konventikel", in der Gemeinschaft. Und man betete ohne Zweifel in erster Linie nicht um meine leibliche Genesung, sondern um die Bekehrung meiner *Seele*. Daß ich das *heute* nicht mit ironischem Ton, sondern mit tiefem Dank erwähne, brauche ich wohl nicht erst zu sagen. Aber auch *damals*, als mir an einem sehr schweren Tage die Mutter tröstlich sagte: „Bei Limperts betet man für dich", lächelte ich nicht. Ich ahnte doch, daß bei diesen einfältigen „Stillen im Lande" eine Macht sei, die bis in den Himmel hineinreiche.

Im letzten Grunde ist alles gewonnen, wenn ein Mensch erst wirklich überzeugt ist von der Wirklichkeit der Ewigkeit und von dem organischen Zusammenhang dieser unteren Welt mit jener oberen. Zwar ist *das* noch keineswegs der Christusglaube; ja, es kann der Zeit nach noch sehr lange dauern bis zu der Erkenntnis Christi als des Gottessohnes und Erlösers, denn es gibt keine Stillung der Sehnsucht wie der Angst als in Christus, dem gekreuzigten und auferstandenen Heiland. *Das weiß ich heute;* das habe ich erfahren dürfen, wie es Millionen vor und nach mir erfahren haben. Aber damals durchschaute ich es noch nicht. Ich wollte auf jeden Fall ein frommer Mensch sein und vor Gott wandeln; aber einem Gespräch über die Person Christi ging ich in jener Zeit meiner Genesung scheu aus dem Wege. So viel hatte die „Theologie" doch fertiggebracht.

Auch jetzt, nachdem ich wieder einigermaßen zu mir selbst gekommen war, stand es noch keineswegs fest, daß ich bei der *Theologie* bleiben würde. Im Gegenteil, meine Mutter hatte große Mühe, mich zu bereden, daß ich, wenigstens für dieses eine Semester, nach *Tübingen* gehen solle. Sie wolle dann auch kein Wort mehr sagen, wenn ich zu Professor *Becks* Füßen keine Freudigkeit fände, bei der Theologie zu verharren.

Endlich gab ich nach. Ich glaube aber, daß die Sehnsucht, Süddeutschland kennenzulernen, hierbei eine große Rolle spielte.

TÜBINGEN SEI'S PANIER!

Ein gesegneter Diebstahl

Es war Ende April im Jahre 1858, als ich mich auf dem Wege ins ersehnte Schwabenland befand. Ich reiste meiner Krankheit wegen später als meine Freunde und daher allein. Der Lenz stellte sich spät ein. Dennoch, als ich an die „Bergstraße" (zwischen Darmstadt und Heidelberg) kam, leuchtete mir eine wunderbare Blütenherrlichkeit entgegen. Diese blühende Welt war mir wie eine göttliche Offenbarung, wie eine freudenreiche Verheißung: „Auch in *deinem* Herzen wird jetzt eine neue Welt erblühen, und dein Ostertag ist vor der Tür." Wer will, mag über diese „Schwärmerei" lachen; ich aber habe vor Freuden geweint. Ich schämte mich dieser Tränen nicht, obgleich es mich in Verlegenheit brachte, daß ein behaglicher Herr, der mir gegenübersaß, mich teilnehmend fragte: „Um Gottes willen, junger Mann, was fehlt Ihnen? Kann ich Ihnen vielleicht mit einer Zigarre dienen?" Auch heute schäme ich mich dieser Tränen nicht. Sie haben mich nicht betrogen.

In Stuttgart durfte ich in dem Hause eines gar lieben, nun längst vollendeten Christen einkehren. Sein Name war *Josenhans,* und er wohnte ganz nahe am Markt. Ich wurde, da ich von einem seiner Freunde empfohlen war, so herzlich und warm aufgenommen, wie man es nur in Schwaben versteht. Ehe vierundzwanzig Stunden vergangen waren, merkte ich, daß ich in das Land der geistlichen Originale eingetreten war. Am ersten Morgen ereignete sich folgendes: Die Familienglieder samt den anderen Hausgenossen, die als Dienstboten oder im Geschäft angestellt waren, saßen um den Frühstückstisch. Jeder hatte eine Bibel vor sich, und jeder mußte einen Vers aus dem Abschnitt lesen, der gerade an der Reihe war. Man las nämlich gemeinsam die *ganze* Bibel, Kapitel nach Kapitel. Und jetzt war man in der Mitte des Buches *Hiob.* Welches Kapitel gerade gelesen wurde, weiß ich nicht mehr.

Der Bibelkenner aber weiß, daß man in diesem Buche nicht gerade sehr lange zu suchen braucht, um dunkle und seltsame Stellen zu finden. Nun sah ich, wie das edle Gesicht des Hausvaters sich über dem Lesen immer mehr verfinsterte, je mehr der dunklen Worte kamen. Endlich klappte er fast heftig seine Bibel zu, indem er sagte: *„Dös isch nit zum Aushalte!* Laßt uns bette!" Darauf sprach er vor unseren staunenden Ohren und Herzen ein tiefergreifendes Gebet.

Mir war dieses Ereignis ungemein *tröstlich.* „Wieso tröstlich?" höre ich fragen. „Was war denn da Tröstliches dabei?" Nun, für mich sehr viel. Ich hatte mich in der letzten Zeit oft darüber innerlich zerquält, daß mir in der Bibel so vieles nicht nur dunkel, sondern auch anstößig sei. Und nun fand ich hier einen Mann, der ganz und gar das Zeichen und die Weihe eines Gottesmenschen trug; und doch erlaubte er sich eine solche Kritik.

An demselben Tage nahm mich mein Gastgeber mit in eine Abendversammlung, die bei dem Dichter und Pfarrer *Albert Knapp* stattfand. Etwa zwanzig Männer der verschiedensten Stände, meist aber dem gereifteren Alter angehörig, saßen um einen ovalen Tisch. Ein Kapitel der Bibel wurde verlesen und in zwangloser Weise besprochen.

Was diese Männer sagten, machte mir alles den Eindruck, daß sie von der Gewißheit des Heils in Christus und von der Gewißheit des zukünftigen Lebens ebenso fest überzeugt waren wie von dem Umlauf des Blutes in ihren Adern.

Am nächsten Tage nahm ich meinen Wanderstab und pilgerte nach *Tübingen.*

Es war ein wundervoller Frühlingsmorgen. Himmel und Erde prangten in ihrem schönsten Festkleid; dennoch wollte in mein Herz keine rechte Freude einziehen. Gedanken der Wehmut und der Sehnsucht, der Furcht und der Hoffnung erfüllten mich. Als ich, um eine Zigarre herauszuholen, in meine Brusttasche griff, zog ich zugleich einen Brief mit heraus. Ich besah ihn; er war adressiert an einen christlichen Kaufmann in *Leonberg* und sollte mir ein gar liebes Haus aufschließen. Der Schreiber war ein väterlicher Freund, ein etwas wunderlicher, aber entschieden christlicher Mann in X. Er hatte mich während meiner Krankheit öfter besucht; wir sprachen dann fast ausnahmslos über religiöse Fragen, und ich hatte von der Wahrheit des inneren Lebens dieses Christen eine sehr gute Meinung.

„Was mag der wohl über dich geschrieben haben?" dachte ich. „Ohne Zweifel hat er seinem Freunde mitgeteilt, wie es innerlich um dich bestellt ist." Eine fast unüberwindliche Neugier, dies zu wissen, bemächtigte sich meiner. In Zeiten, wo man sich über sich selbst nicht klar ist, wo es im eigenen Innern auf und nieder wogt, wankt und schwankt, ist es einem von unbezahlbarer Wichtigkeit, zu wissen, wie solche, denen wir zutrauen, daß sie uns verstehen, über uns urteilen.

Aber wie nun erfahren, was in dem Brief stand? Alle Versuche, durch den Umschlag hindurch einige Zeilen zu lesen, scheiterten, und wie oft ich das Papier auch gegen die Sonne hielt, es ließ kein Wort passieren. Vergeblich war auch der Versuch, den Umschlag zu öffnen, ohne ihn zu zerreißen; diesmal gerade waren Gummi und Papier unzertrennlich eins geworden; in chemischen Experimenten aber war ich nie Meister. So schob ich denn den Brief wieder in die Tasche; aber bald und unvermerkt war er aufs neue in meiner Hand; ganz unwillkürlich hatte ich ihn wieder herausgeholt. Die Frage: „Was steht doch in dem Brief?" wurde in meiner aufgeregten Phantasie eins mit der Frage: „Wie steht es mit deinem inneren Leben?" Wohl sträubte ich mich noch lange, den Brief zu unterschlagen und seinen Inhalt zu stehlen. Aber auch in mir gewann der Satz, daß der gute Zweck die schlechten Mittel heilige, immer mehr Raum. Zwar wanderte der Brief noch öfter in die Tasche, aber er kam auch immer wieder heraus. Wieder versuchte ich es mit der Sonne, wieder mit dem Gummi — alles vergeblich — da, ein Ruck, ein Riß — der Brief war erbrochen! — Der Anblick des zerrissenen Umschlags und ein starkes Klopfen des Gewissens lagen näher zusammen als Blitz und Donner, und der Wunsch: „O hätte ich es doch nicht getan!" war damit auch schon gekommen. Aber es war getan, und nun wollte ich doch auch wissen, *warum*. Begierig las ich, was geschrieben stand. Es war wenig, und von dem Wenigen habe ich nur folgendes behalten:

„Mein lieber alter ... !

Überbringer dieses ist der Studiosus O. F. aus W.

Er ist nicht ferne vom Reiche Gottes –"

Richtig, da war, was ich gesucht! Was weiter folgte, weiß ich nicht mehr, denn es interessierte mich nicht. Dagegen die Worte: „Er ist nicht ferne vom Reiche Gottes" waren in das Zentrum meines inneren Menschen eingeschlagen. Das also war das Urteil des Sachverständigen über mich und meinen Zustand: „nicht ferne vom Reiche Gottes". Sollte ich mich über die Zensur freuen, oder sollte ich traurig darüber sein? Darüber konnte ich mir selbst nicht klarwerden; unmittelbar aber erkannte ich, daß in jenem Urteil eine große Wahrheit enthalten sei.

„Nicht ferne vom Reiche Gottes" – nun, darin lag gewissermaßen eine Anerkennung, etwas Tröstliches und Ermutigendes; „nicht ferne" freilich, aber doch auch noch nicht eigentlich nahe, jedenfalls noch nicht am Eingang, geschweige drinnen in dem Gottesreich, dachte ich weiter.

Daß das Wort „Du bist nicht ferne" ein Bibelwort war, daß ferner Jesus es gewesen, der es zu einem Schriftgelehrten sagte, wußte ich wohl. Aber ich war außerordentlich gespannt, in welchem *Zusammenhang* es geredet sei und wie der Mensch, dem es gesagt wurde, beschaffen war. So hoffte ich über diese hochwichtige Materie besser zur Klarheit zu kommen.

Es war, wenn mein Gedächtnis mich nicht trügt, in *Echterdingen* – da, wo einst der geistvolle Pfarrer und Uhrmacher *Philipp Matthäus Hahn* wirkte –, wo ich gegen Mittag einkehrte. Ein alter, ehrwürdig aussehender Wirt, mit dem schwarzen Lederkäppli auf dem grauen Haupt und einer langen Pfeife im Munde, begrüßte mich schon vor der Tür. Nachdem er mir sein „Grüß Sie Gott!" so herzlich wie möglich entgegengerufen und mich hineingeführt hatte, fragte er: „Wöllet Se ä bißle z' Mittag essä?" Ich sagte gedankenlos:

„Jawohl! Jawohl!“ — „No breng i Eu' ä Süpple und ä Würschtle und Sauerkraut.“

„Tun Sie das, lieber Großvater!“ antwortete ich, während mich doch innerlich nur das „nicht ferne“ beschäftigte. Der Alte kam noch einmal zurück: „Derf i Eu' au ä Bier gä oder wöllet Se Wein, en Achter, Zehner, Zwölfer oder gar en Vierundzwanz'ger?“

„Danke für Wein! Bier!“ rief ich, „und dann, bitte, bringen Sie mir doch auch eine *Bibel* mit, wenn Sie eine haben!“

Der liebe Alte blieb verwundert stehen und schaute mich durchdringend an. Prüfend maß er mich von der Fußsohle bis zum Scheitel, und sein Blick war mir fast drückend. „Mein liäbs jongs Herrle! Ä Bibel han i freili ond dui isch mer liäber wiä Haus ond Hof! Aber worum soll i se Ene gä? Was wollet Se mit 'r? Behüt's Gott, Se werdet doch wölle kan Spott mit treibä?“

Bei späterem Nachdenken habe ich den Verdacht des Alten wohl begriffen. Ich sah in meiner Samtjacke und Studentenmütze, mit schwarzem Schnurrbart und französischem Spitzbart angetan, nach pietistischen Begriffen wohl nicht gerade aus wie einer, der den Weg ins Himmelreich sucht; außerdem mochte mein durch die innere Bewegung unstetes und zerstreutes Wesen einen schlechten Eindruck auf den Alten gemacht haben. Als ich aber aufstand und, ihm ehrlich ins Gesicht schauend, sagte, er solle sie mir nur getrost überliefern, es sei nichts zu befürchten, so machte er weiter keine Umstände, sondern brachte die alte, große, silberbeschlagene Hausbibel noch eher als Bier, Würstle und Sauerkraut. Aber auch als dies längst aufgetischt war, nahm ich keine Notiz davon, sondern suchte nur immer eifriger meinen Spruch.

War es Aufregung oder war es Mangel an Schriftkenntnis, kurz, ich blätterte die Evangelien durch von Matthäus bis Johannes und wieder von Johannes zurück zu Matthäus. Dennoch fand ich nicht die Stelle, wo Jesus spricht: „Du bist nicht ferne vom Reich Gottes.“ Endlich erbarmte sich meiner der Alte. Er setzte sich väterlich-vertraulich zu mir und fragte in einem Ton, der offenbar eine innere Umstimmung verriet:

„Han han — i sieh, Se suchät ebbes und fendet's net. Onser Herr Christus will dees net leidä. Soll i En' ä bißele helfä?"

Der Alte aber war eine der bevorzugten Naturen, die einem gleich das ganze Herz stehlen und zu denen man das unbedingteste Vertrauen haben muß. Noch wundere ich mich darüber, aber haarklein und ohne Schminke beichtete ich ihm die ganze Briefgeschichte, und so verstand er denn mein Suchen.

Daß die betreffende Stelle bei Markus im 12. Kapitel zu finden sei, wußte der schrifterfahrene Gastwirt ohne langes Bedenken. Die Bibel lag aufgeschlagen vor uns, und nun fing der Mann, der mir Sauerkraut und Bier zur leiblichen Nahrung geholt hatte, auch an, mir geistliche Nahrung zu spenden, und zwar solide. Er deutete mir nämlich die Stelle Vers 32—34 so gründlich und praktisch, indem er mir zeigte, daß Gott zu lieben, ihm in der Liebe zu dienen und sein alles in seinen Dienst zu stellen, die einzige wahre Vernunft sei. Ich sollte nur erst nach allen Kräften und in ganzer Ehrlichkeit darum mich bemühen, so gut ich's verstände; alles Weitere werde sich dann von selbst geben. Wer erst sagen könne: „Meine Seele dürstet nach Gott", der könne auch bald singen: „Ich habe nun den Grund gefunden, der meinen Anker ewig hält."

Der Alte lächelte fein und meinte:

„Onser Herr Christus wird Siä anseha, ond Se werdet nemme lang ferne bleibä vom Himmelreich. Jetzt trenket Se aber Ihr Bier ond esset Se Ihr Kraut, denn, wiä der Engel zom Prophetä Elia g'sait hot: ‚Steh auf und iß, denn d' hoscht noa en weitä Weg vor der!' "

Ich aber tat, wie mir der Engel=Gastwirt gesagt hatte, und viel getroster wird der Prophet Elia auch nicht durch des himmlischen Boten Speise geworden sein als ich durch die des alten Stundenbruders — ich meine aber nicht nur Sauerkraut und Bier.

Was mir aber damals bei der ganzen Geschichte fast das liebste war: Ich hatte wieder einen Menschen gefunden, von dem ich den unzweifelhaften, unerschütterlichen Eindruck mitnahm, daß es auf Erden wirklich solche gebe, die durch die

Gemeinschaft mit Jesus hier schon wahrhaft glücklich und des ewigen Lebens gewiß seien. Solche Erscheinungen erwecken aber mehr Sehnsucht, Mut und Hoffnung als die besten Predigten, die wir Pastoren halten können.

Summa summarum, ich zog meine Straße fröhlich, trotz des zerrissenen Briefes, und kam nach Tübingen und suchte und fand den Mann, der mir das „nah und fern" also gedeutet hat, daß ich es, will's Gott, nimmer vergessen werde. Daß ich aber den Brief unterschlagen habe, hat mir sein Schreiber und auch Gott der Herr gewiß vergeben.

Der neue Anfang

Ich darf nicht daran denken, mein liebes Tübingen zu schildern. Ich hatte eine feine Behausung gefunden, in der ich eine so schöne Zeit verlebte, wie sie nur je ein Student auf Universitäten verbracht hat.

Aber auch die Hauswirte, die direkt unter mir wohnten, waren mir lieb und hold. Der Mann, er war Uhrmacher, trank freilich zuweilen eins über den Durst, war bei diesen Gelegenheiten sehr laut und zankte mit seiner zarten Frau — die wirklich seine bessere Hälfte war — herum. Ich ging dann hinunter, ermahnte ihn gründlich und hatte auch meist einen guten Erfolg. Die liebe blasse Frau aber dankte mir das wieder in rührender Weise. Niemand hatte blankere Stiefel und besser gebürstete Kleider als ich. Meine Fenster waren immer blitzblank und die Gardinen daran schneeweiß. Und gleichviel, ob es Sommer oder Winter war, auf meinem Tische standen immer Blumen.

Doch genug, die Leser sehen schon, daß ich gut aufgehoben war. Ich füge hinzu, daß auf der Neckarhalde eine ganze Kolonie lieber Freunde aus Norddeutschland wohnte. Wir stifteten zwar keine farbentragende Verbindung; dennoch bildeten wir eine feste Vereinigung treuer Freunde, die, in tausend Sachen verschieden, darin alle gleich waren, daß die Erkenntnis der göttlichen Wahrheit ihnen mehr als irgend etwas anderes am Herzen lag. Sehr dankbar waren wir, daß sich uns auch einige süddeutsche Kameraden zugesellten. Sie dienten wesentlich dazu, nach allen Seiten hin unseren Kreis zu bereichern und uns vor Einseitigkeiten zu bewahren, während sie bei uns „die höhere Politur des Lebens" zu erhalten behaupteten.

Ich darf von unserem ganzen Kreise sagen, daß er aus *betenden* Menschen bestand. Darum war auch keiner darunter, der nicht ehrlich und treu arbeitete.

Von einem kopfhängerischen Wesen aber war bei uns nichts zu spüren. Sang und Klang und allerlei Jugendfreude waren bei uns zu Hause. Aber wir bestrebten uns solcher Erholungen, derer wir uns dereinst nicht zu schämen brauchten. Täglich machten wir Spaziergänge in der herrlichen Natur. Besonders erinnere ich mich, wie wir oft auf den bemoosten Leichensteinen der Wurmlinger Kapelle* saßen. Von da haben wir tausend Lieder ins Tal hinabgesungen. Aber auf den Leichensteinen sitzend haben wir auch manche Unterhaltung über „das eine, was not tut," gehabt. Stiegen wir dann zum „Weilheimer Kneiple" hernieder, wo wir ein „Schöpple" oder zwei und etwa ein „Würschtle" zum Abendbrot nahmen, so ging die Unterhaltung weiter.

Wir machten auch manchmal *weitere* Ausflüge in die herrliche Umgegend. Die vielen Heiligen- und Aposteltage der württembergischen Kirche, die auch von der Universität redlich mitgefeiert wurden, lieferten dafür noch besondere Zeit.

Um das Bild zu vervollständigen, bemerke ich noch, daß ich auch in einigen Tübinger Familien eine treue und heitere Gastfreundschaft genossen habe.

Der Tag der Entscheidung

Doch nun will ich zur Hauptsache kommen und von *dem* Manne erzählen, dem ich von allen Männern auf Erden das meiste verdanke.

Es war an einem der ersten Maitage 1858, als ich im

* Es ist die, von der Uhland singt: „Droben stehet die Kapelle, schauet still ins Tal hinab."

Vorzimmer von Professor *Beck* darauf wartete, daß er allein sei. Ich ließ also alle Studenten, die wie ich den großen Meister grüßen wollten, vor mir eintreten. Ich wollte ihn länger sprechen, und das konnte ich mit Ruhe nur dann, wenn hinter mir niemand wartete.

Mein Herz zitterte in Erregung. Ich fühlte, daß dieser Mann berufen sei, eine große Krisis in meinem Leben herbeizuführen. Als ich ein Jahr früher bei *Tholuck* eintrat, war ich ein kecker Student, der „sich fühlte“. Jetzt war ich ein hungriger Mensch, der aber nicht recht wußte, woher er sein Brot nehmen sollte. Wenn auch *Beck* mir den Weg nicht zeigen konnte, so wollte ich auf jeden Fall die Theologie verlassen.

Endlich hatte ich den Meister allein. Mit einem treuherzigen „Grüß Sie Gott!“ kam er mir entgegen. Er war ein Urschwabe, ungelenk, ungeschickt im Äußeren, eher wie ein ehrenwerter Bauer aussehend als ein Genius. Seine Manieren standen auf bedenklichem Kriegsfuß mit dem, was man in der „Gesellschaft“ für fein hält. Und doch, wie der Mann mir die Hand drückte und mir tief ins Auge schaute, ging's mir durch und durch. Seine Stimme war so fest und doch so mitleidig. Da war eine Stirn, worauf ein heiliger Trotz und eine edle Freiheit thronten. Da waren Augen, die ebensoviel Milde wie Ernst ausstrahlten, und dann etwas Unaussprechliches, das um seine Lippen spielte, sobald er sprach. Vor diesem Unauszusprechenden ist mancher stolze Mann ins Mauseloch gekrochen. Alles an dem Mann war Schlichtheit und Einfalt, aber alles zeigte den Ewigkeitsmenschen, den Mann, der keine Erdengröße fürchtete, weil er Gott über alles liebte und fürchtete, der aber gern allen Menschen dienen wollte, weil ihm selbst Barmherzigkeit widerfahren war.

„Was suchen Sie denn eigentlich hier?“ fragte er eindrucksvoll, nachdem er flüchtig in den Empfehlungsbrief, den ich übergeben, hineingeschaut hatte. Und als ich nicht sogleich antwortete, wiederholte er seine Frage: „Was suchen Sie denn eigentlich hier?“ Ich antwortete: „Mein Herz dürstet nach *Wahrheit*, aber — —.“ — „Da sagen Sie etwas Großes“, sagte Beck, als ich nicht weiterkonnte. „Wenn es wahr ist, daß Sie

die Wahrheit suchen, dann müssen Sie nicht nur die Wahrheit besitzen wollen, sondern Sie müssen wollen, daß die Wahrheit Ihr Herz und Ihren Willen gänzlich in Besitz *nimmt*. Darum sagt unser Herr Jesus Christus: ‚So jemand will des Willen *tun* — —' Sie wissen doch, wie's weitergeht?!"

Ich konnte nichts erwidern, denn meine Lippen zitterten. Ja, ich verstand die Wucht der Sache. Beck legte mir die Hand aufs Haupt und sagte in einem väterlichen, ja schier segnenden Ton: „Gott wolle Sie stärken, daß Sie *wirklich wollen!*"

Als er dann meinen Namen und die Vorlesungen, die ich bei ihm hören wollte, eingeschrieben hatte, sagte er: „Wenn's Ihnen Freude macht, so gehen Sie heute ein wenig mit mir spazieren; Punkt drei Uhr bin ich bereit." Natürlich machte es mir Freude, und es traf sich glücklich, daß wir beide allein waren. Oder ob er's so eingerichtet hatte?

Beck fragte mich, warum ich nicht in *Halle* geblieben sei. Ich erwiderte, daß mir unter anderem die konfessionellen Streitigkeiten so widerwärtig gewesen seien und ganz das Herz verwirrt hätten. Er seufzte tief und schwieg lange. Dann sprach er: „Im Reich *Gottes* ist Frieden überall. Das Streiten kommt daher, daß man kein Vertrauen zum Sieg der Wahrheit hat. Da will man ihr dann durchhelfen und Stützen machen. Die Apostel haben die Wahrheit *angeboten*, aber nicht darüber disputiert. Wenn sie selbst mit ihrer inwendigen Geistesgewalt es den Herzen nicht antut, dann tut's alle Polemik und Apologetik und alles Disputieren auch nicht, und die schlaue Politik und das stolze kirchenregimentliche Meistern und alle möglichen ästhetischen Kunststücklein machen's erst recht nicht. Das Evangelium richtet sich an den inwendigen Geistessinn und an das Gewissen; da bezeugt es sich, wenn man ihm Raum geben *will*. Bekümmern Sie sich einmal um die ganze Welt und all ihren Spektakel ganz und gar nicht! Lassen Sie auch einmal fürs erste alle *kirchlichen* Lehrauffassungen und Überlieferungen da stehen, wo sie sind, und werden Sie ein stiller, demütiger Schüler des *Wortes Gottes!*"

Ich meinte der Ehrlichkeit wegen bemerken zu müssen, daß ich auch in den *biblischen Urkunden* vieles fände, was mir starke *Zweifel* verursache. Beck antwortete so ruhig, als wenn das gar nichts wäre: „Lieber Funcke, haben Sie denn auch schon Ihre *Zweifel bezweifelt?* Tun Sie das einmal ernstlich! Setzen Sie ein energisches Fragezeichen hinter jedes Fragezeichen, das Ihre kritische Vernunft macht! Und lassen Sie fürs erste auf sich beruhen, was Sie noch nicht tragen können! Auch die Apostel des Herrn konnten *zuerst* nicht *alles* tragen. Halten Sie sich an das, was Sie zu fassen vermögen und *was Sie faßt!* Es wird genug kommen, was Ihnen unmittelbar als göttliche Wahrheit in die Seele hineinleuchtet. Daran halten Sie sich, das verarbeiten Sie und betätigen es nach bester Kraft im alltäglichen Leben! Das, was Ihnen anstößig oder fremdartig ist, stellen Sie für spätere Prüfung zurück! Also nicht, daß Sie es im stolzen Mut *verwerfen,* aber auch nicht, daß Sie sich *quälen,* zu glauben, was Sie doch in Wahrheit nicht glauben können! Beugen Sie sich nur unter die *erkannte* Wahrheit in einfältigem Gehorsam! Ja, Gehorsam, mein junger Freund, das ist die Sache! Und wenn sich dann erst innerlich das Wort Gottes als *Kraft* beweist, so sinken die Zweifel von selbst dahin, wie die alten dürren Blätter jetzt von den Eichen fallen, weil der Saft im Stamme treibt."

Über mich kam es wie Hoffnung und Kraft. Ich fühlte unmittelbar, daß der Mann recht hatte. Es war alles so schlicht, so ungekünstelt, nichts machte den Eindruck des Beabsichtigten, Geistreichseinwollenden. Und doch war in allem Geist und Wahrheit. Und ich merkte, daß diese gewaltige Persönlichkeit das, was sie war, einzig und allein dadurch geworden war, daß sie sich völlig dem göttlichen Heilswort unterworfen hatte.

Nach einer langen Pause sagte ich: „Herr Professor, *ich möchte gern Frieden haben."* Und damit hatte ich in der Tat mein ganzes Herz offenbart. Beck blieb stehen, schaute mir tief ins Auge und sagte mit feierlichem Ernst: „Sie werden den Frieden finden; aber Frieden finden heißt nicht, *Ruhe fürs Fleisch* haben. Wer *die* will, der will nicht ehrlich den Frieden. In dieser Zeit gibt's keinen Frieden ohne stetige Selbstver=

leugnung und täglichen Kampf. Plato hat einmal gesagt: ‚*Staunen ist die Mutter der Weisheit.*' Das ist auch richtig. Man kann's bei jedem Kinde sehen. Ja, erst wenn man staunt und fragt, erst dann kann vom Lernen die Rede sein. Wenn aber Staunen die Mutter der Weisheit ist, so ist dies, daß man sich über sich selbst schämt und wider sich selbst angeht, die Mutter der Sittlichkeit. Am Wege des Samenkorns kommen wir nicht vorbei."

Unter solchen Gesprächen waren wir bis zur *Wurmlinger Kapelle* gekommen und setzten uns auf eine alte Bank, die sich an die Mauer lehnte. Es war ein sonniger, wonniger Tag. Das weite Neckartal zu unseren Füßen leuchtete in einer Blütenherrlichkeit, wie sie nur Süddeutschland kennt. Der Himmel über diesem Paradies war so tief blau und doch so durchsichtig, daß mir das Herz aufging; und so wagte ich es und erzählte dem Professor bewegten Herzens von meiner schweren Jugend, von meiner teuren Mutter, von dem alten Wagner, von meinen Kämpfen in der Gymnasialzeit, von Wichern, von Mallet. Es ist wohl alles recht warm herausgekommen, denn auch Beck wischte sich zuweilen über die Augen. Er sagte aber nur je und dann: „Ei, ei!" oder: „Da hat Ihre Frau Mutter recht gehabt" und dergleichen.

Übrigens war er auf dem Rückwege sehr einsilbig und in sich gekehrt. Nur zuweilen machte er mich auf die absonderlichen Wolkenbildungen und anderes Schöne aufmerksam. Ich fürchtete fast zu viel geplaudert zu haben. Als ich mich aber endlich an der Pforte seines Weinberges verabschiedete, merkte ich doch, daß der treue Mann sich innerlich weiter mit mir beschäftigt hatte. „Nun, seien Sie nur getrost", hub er wieder an, indem er meine noch sehr durchsichtige Hand mit seiner starken Rechten umschloß, „seien Sie nur ganz getrost! Haben Sie einmal ein Vogelei genau betrachtet? Wenn man sein Inwendiges auch mit dem vollkommensten Mikroskop untersuchen wollte, so würde man nichts entdecken von Kopf, Füßen, Flügeln usw. Und dennoch ist schon alles darin beschlossen. So ist's auch mit dem inneren Leben einer Seele, die Gott Gewalt über sich gelassen hat. Es ist schon alles da, aber es muß noch gestaltet werden. Und es wird ausgestaltet durch den Geist, der im *Wort* ist."

So schieden wir. Bald darauf saß ich hinter der zugeschlossenen Tür meines Zimmers. Nein, diesmal *saß* ich nicht, sondern redete *kniend* mit dem Vater aller Geister. Und in dieser Stunde beschlich meine Seele kein Zweifel, ob er mich auch wirklich höre. Ich will jetzt nur noch sagen, daß leise und allmählich ein neuer Lebenstag für mich anbrach. Das einzelne bleibt besser zwischen Gott und mir. Meine Mutter ließ ich aber bald das Nötigste wissen. Sie setzte ein neues Eben-Ezer. Ihr nächster Brief begann mit den ersten Versen des 116. Psalms.

Am Abend jenes denkwürdigen Tages schrieb ich die Unterhaltung, die ich mit Beck haben durfte, in ein Buch. Daher kann ich so ausführlich darüber berichten. Später habe ich noch manchen Weg mit dem geliebten Lehrer gemacht, war auch öfter mit ihm in seinem Weinberg, und er hat mir noch manches goldene Wort gesagt. Aber so ganz allein waren wir nie wieder. Jedenfalls, Nummer eins blieb Nummer eins. Dem Weg zur Wurmlinger Kapelle kam kein späterer gleich.

Ich brauche wohl nun nicht mehr soviel von Becks Eigenart zu sagen. Es war das Große an ihm, daß er überall derselbe war: auf dem Katheder, auf dem Spaziergang, in seinem Zimmer, auf der Kanzel. Alles war aus einem Guß. Er spielte keine verschiedenen Rollen. Er *spielte* überhaupt nicht, er war, und er *spendete*, nämlich Leben und Wahrheit. Es war wirklich Katheder*weisheit*, was man bei ihm hörte.

Besonders erwünscht waren uns die kleinen Randbemerkungen oder „Pauken", die er aus dem Stegreif und gleichsam plötzlich eingegeben hielt. Sie waren immer geistgesalbt, wenn er seinen Studenten die Verantwortlichkeit ihres zukünftigen Berufs, die Notwendigkeit der Verinnerlichung und des Wandels mit Gott klarmachte. Allerdings konnte er zuweilen etwas zu eckig und schroff gegen die herrschenden theologischen Systeme und gegen die damaligen kirchlichen Verhältnisse vorgehen. Aber in der Hauptsache hatte er gewiß recht. Ich fühlte, daß ich in Becks Gefolgschaft *ein freier Mann* würde. Mir war alles pfäffische Wesen, alle künstliche amtliche „Salbung" und Feierlichkeit, alles gemachte Pathos je und je ein Greuel gewesen. Nun fand ich einen Mann, der das alles aussprach, was in meinem Herzen schlummerte, und der gerade vom Standpunkt des *Glaubens* aus *das* bekämpfte, was meiner *natürlichen Art* schon so widerwärtig war. Das Wort von der *göttlichen Einfalt*, das Beck immer im Munde führte und unentwegt der Eitelkeit gegenüberstellte, war so mächtig in seinem Munde, weil er selbst die Einfalt in Person war. Eine heilige Ruhe gab ihm auch im Alltagsleben einen wunderbaren Gleichmut.

Ein verfehlter Tag

Das Schwabenland war in jener Zeit und zu jeder Zeit reich an bedeutenden Menschen. Das gilt nicht zuletzt von den Theologen und Dichtern. Aber uns Norddeutschen gegenüber beweisen die Schwaben oft eine fast mädchenhafte Schüchternheit. Und dann, welcher bedeutende Mann hat Zeit, sich von allen möglichen wißbegierigen Studenten bewundern und ausfragen zu lassen?

So habe ich denn den gottbegnadeten Dichter *Karl Gerok* erst zehn Jahre nach meiner Tübinger Zeit auf den roten Felsen von Helgoland kennengelernt, dort freilich um so gründlicher bis zum Du und Du. Auch dem Menschenfreund, dem christlich-sozialen Bahnbrecher *Gustav Werner* in Reutlingen, durfte ich erst viel später nahetreten; sein Wort: „Was nicht zur Tat wird, hat keinen Wert" hörte ich erst später. Zu dem „Geisterseher" *Justinus Kerner* zog mich's mächtig. Ich bin auch seinetwegen einmal nach *Weinsberg* gewandert, hatte aber schließlich doch nicht den Mut, mich bei ihm melden zu lassen. Der größte aller damals lebenden deutschen Dichter, *Ludwig Uhland,* wohnte ja nun mitten unter uns in Tübingen. Seine Harfe war damals freilich schon verklungen. Dennoch, was hätte ich darum gegeben, wenn ich auch nur *einmal* hätte an seinem Tisch sitzen dürfen! Aber er war unzugänglich. Die bekannte Schüchternheit der Schwaben war bei ihm schier zur Menschenscheu geworden. Und so mußte ich mich damit begnügen, ihn von ferne zu bewundern. Doch nein; einmal habe ich ihm mit anderen Freunden spät abends unter seinem Fenster ein Ständchen gebracht, was er aber, da es für ihn schon „nachtschlafende“ Zeit war, sehr ungnädig aufnahm. Ja, berühmte Leute sind gefährlich.

Von anderen schwäbischen Originalen — und kein Land ist wohl so reich an Originalen wie das schöne Schwabenland — habe ich in meinen „Reisebildern“ erzählt; aber von einem „verfehlten Tag“ muß hier berichtet werden, weil ich an diesem Tage wieder einmal ganz deutlich die Führung meines kleinen Lebens durch den großen lebendigen Gott erfahren sollte.

Eines Tages — ich werde *diesen* Tag nie vergessen — stürmten einige Freunde auf meine Bude und forderten mich auf, mit ihnen nach *Herrenberg* aufs *Missionsfest* zu kommen. Sie machten mir den Mund wäßrig, indem sie sagten, der berühmte Dr. *Christian Barth* aus Calw werde predigen, und übrigens sei auch Herrenberg der Platz, wo der große Theosoph, der Prälat *Oetinger*, gewirkt habe und gestorben sei. „Du mußt aber“, sagten sie, „*sogleich* mitkommen, denn es ist vier Stunden dorthin, und wir haben nur gerade Zeit, bei Beginn des Gottesdienstes einzutreffen.“ So rissen sie mich mit sich fort. Von einem Frühstück war keine Rede, kaum daß ich im Wandern ein „Hörnle“ verzehren konnte. Dennoch war ich bald der Fröhlichste in dem fröhlichen Kreise. Durch den Wald wandernd, sangen wir: „Großer Gott, wir loben dich“ und schmückten unsere Hüte mit frischen Maiglöckchen. In summa: Es blieb nichts zu wünschen, außer meinem Frühstück. Der Magen rebellierte, und mir war bei dem schnellen Marschieren sehr schwach zumute geworden; doch hoffte ich in Herrenberg noch Zeit zu finden, den prosaischen Forderungen dieses Unverschämten Rechnung zu tragen. Aber ach, auch diese Hoffnung sollte zuschanden werden! Denn als wir noch nicht ganz am Ziel waren, läuteten die Glocken schon das Volk zusammen. Und dieses strömte so massenhaft zu der hochgelegenen Kirche hinauf, daß wir flugs mitlaufen mußten, wenn wir noch irgendeinen Platz erhaschen wollten. Auch so gelang es uns nur mühsam, ein Plätzchen in den Gängen zu erobern. Ich stand förmlich eingeklemmt zwischen einigen weißröckigen Bauersleuten, die kräftig nach dem Schafstall rochen.

Mächtig brauste der Gesang durch die hohe Kirche, und auch wir Tübinger taten unser Bestes. Aber bald merkte ich, wie vor meinen Augen alles zu schimmern anfing. Die Menschen um mich hatten bald doppelte, bald halbe Gesichter. Der Mann, der jetzt die Kanzel bestieg, bewegte sich mit ihr im Kreis. Eine furchtbare Angst befiel mich, und dann verließ mich ganz und gar das Bewußtsein. Ich war *ohnmächtig geworden*, ganz gegen meine Gewohnheit.

Als ich erwachte, merkte ich, daß ich auf die riesige Treppe, die zur Kirche führt, unsanft gebettet war. Über mir glänzte die Sonne, und ich vernahm eine gutmütige Stimme: „Gottlob, jetzt kommt er zu sich!" Jetzt hörte man auf, Wasser über mich zu gießen. Man war damit durchaus nicht sparsam verfahren. Ich unterschied allerlei Männlein und Weiblein, die mich mitleidsvoll anschauten. — Ein Gefühl von Scham und Enttäuschung kam über mich. *„Ein verfehlter Tag"*, dachte ich, als mich zwei handfeste Bauern zwischen sich nahmen und in das Wirtshaus „Zum Öchsle" hineinlotsten und mich auf das Sofa niederlegten. Aber mein geheimes Murren sollte bald herrlich beschämt werden. Meine Frage, warum ich denn heute ohnmächtig werden mußte, blieb nicht mehr lange eine Frage.

Die Antwort kam nach dem Schluß des Gottesdienstes in Gestalt des Küsters, der also redete: „Der hochwürdige Herr Dekan lassen den Herrn Studiosus, der in der Kirche ohnmächtig geworden ist, freundlich bitten, heute mittag die Suppe mit ihm zu essen. Und der Herr Studiosus würden auch gute Gesellschaft finden."

Mir traten die Tränen in die Augen. War's die Scham darüber, daß ich soeben noch gemurrt hatte, oder war es Rührung über die menschenfreundliche, zarte Art des Nachfolgers des großen Oetinger oder war es die unmittelbare beseligende

Erkenntnis, daß der große Gott im Himmel an den einzelnen kleinen Menschen gedacht, für ihn gesorgt und ihm das scheinbare Übel in einen Quell hoher Freude gewandelt habe — oder war es das alles zusammen? Kurz, ich war sehr glücklich, und als ich eine Minute später mit dem Küster zum Dekanat schritt, wurde ich von meinen Freunden, trotzdem sie eine treffliche Predigt gehört hatten, kräftig beneidet. Und sie hatten ein Recht dazu. Schon die teilnehmende Liebe, die mir die genannten und andere Männer und nun erst recht die holden schwäbischen Frauen da oben auf dem Dekanat entgegenbrachten, entschädigte mich für meinen Kummer. Ich war offenbar ein „interessanter Mensch" geworden, nicht durch das, was ich war, sondern durch das, was mir, wider meinen Willen, widerfahren war. Mein Platz am Tische war neben dem geistvollen Dr. *Barth* und der anmutigen Hausfrau. Mir gegenüber saß der tiefernste *Albert Knapp* und dann ein origineller Mann aus Leonberg, der seines Zeichens ein Schuster war, aber so eine Art wie weiland Jakob Böhme oder Hans Sachs oder von beiden ‚a bißle'. Die Unterhaltung war sehr bewegt und währte noch eine Stunde fort, nachdem das Mahl gehalten war. Niemand machte mir den Eindruck, daß er geistreich sein wollte. Aber jeder gab schlicht und schlank, was er hatte. Jeder gab sich selbst. Ernst und Humor bekamen beide ihr Recht, so wie es nur bei echten Christen sein kann.

Der Hauptsegen dieses Tages bestand für *mich* aber darin, daß alle die genannten Männer mich aufs herzlichste einluden, sie zu besuchen und bei ihnen zu wohnen, sooft es mir gefalle. Daß ich mir das nicht zweimal sagen ließ, versteht sich von selbst. Und ich habe nach der beglückenden Ohnmacht in Herrenberg köstliche und gesegnete Tage bei Barth, Knapp und Blumhardt zugebracht. Und von diesen Männern und den zugehörigen Frauen wurde ich dann wieder weiterempfohlen, und zwar *so*, daß ich überall glänzende Aufnahme fand. Damals war's in Schwaben noch so, wer bei irgendeiner anständigen Muhme oder einem Bäsle einen Stein im Brett hatte, der besaß damit einen Empfehlungsbrief für ganz Württem=

berg, denn die Schwaben halten zusammen in der ganzen Welt. So habe ich denn das Schwabenland durchzogen, und überall durfte ich mit den Edelsten und Besten Gemeinschaft haben.

Begegnung mit Blumhardt

Wenn ich von dem am meisten erzählen wollte, was meine Zeit und Kraft am meisten in Anspruch nahm, so müßte ich fort und fort von meinen *Studien* erzählen. Wie nie zuvor war es mir jetzt eine Lust zu arbeiten. Auch hatte ich treue Kameraden, die ebenso dachten, und es gab manches feine „wissenschaftliche Kränzchen". Aber davon läßt sich nichts berichten, was für alle Welt von Interesse ist. Auch von einer lustigen Pfingstreise könnte ich jetzt Meldung machen; aber lieber will ich von der Begegnung mit jenem „Wundermann" berichten, um den in meinem Elternhause so oft gestritten worden ist, vom alten *Blumhardt*.

Den Schluß des Semesters sollte eine Alpenreise krönen. Seit wir auf der Höhe von Tuttlingen die Herrlichkeit geschaut, ließ mir's keine Ruhe: Ich mußte diese stolzen Berge besteigen. Wir nahmen unseren Weg nach Friedrichshafen und besuchten vorübergehend auch *Bad Boll*, wo *Blumhardt* als Seelsorger waltete. Man mußte diesen merkwürdigen Mann in seinem Heim sehen, um ihn ganz zu verstehen oder wenigstens zu lieben. Ganz *verstanden* habe ich diesen wunderbaren Glaubens- und Hoffnungsmann und seine wunderbaren „Teufelsaustreibungen" und Kuren niemals. Ärgerlich war es mir immer, daß in Boll verheiratete und unverheiratete Weiblein einen, gelinde gesagt, lächerlichen Kultus mit dem Herrn Pfarrer trieben. Aber *das* muß ich trotz allem sagen: Ich fand selten einen Mann, dessen Christentum so freudig war und der selbst, im besten Sinne des Wortes, so kindlich und einfältig war wie der alte Blumhardt. Alle, die dem Mann jemals nähergetreten sind, werden mich verstehen, wenn ich sage: „Es ging eine *Kraft von ihm aus*" — etwas, was einem

Mut machte zum Glauben, zur Freudigkeit im Kampf oder zum Ausharren in der Trübsal.

Dabei war seine äußere Erscheinung so unbedeutend, ja fast lächerlich, daß ich verstehe, wie ihn jemand mit Fritz Reuters „Onkel Bräsig" vergleichen konnte. Aber wenn der Mann zu reden anfing, wenn sein Auge flammte, wenn er so siegesmutig und trotzig seinen Nacken hob, wurde ich viel mehr an *Luther* erinnert.

Wir Studenten erfuhren seine besondere Huld. Wir waren bevorzugte Gäste und durften für unser Quartier nichts bezahlen. Der Mann, der von vielen als „Geisterbanner" verlacht wurde, weilte gern in unserer Mitte und war das Gegenteil von einem Spielverderber. Diejenigen unter uns, die gemeint hatten, er grüble nur fortwährend über unlösbare Geheimnisse, wurden bald bekehrt und erkannten, daß dieser Blumhardt mit beiden Füßen auf der Erde stand und daß er trotzdem fröhlich sein konnte mit den Fröhlichen. Auf seinen Wunsch sangen wir ihm alte und neue Studentenlieder vor, und er konnte gar nicht genug davon bekommen. Aus einem großen steinernen Krug füllte er uns dann selbst die Gläser und sagte: „Dös war so schön, dafür dürft Ihr eins trinken, aber dann auch wieder singen." In demselben Atem konnte er uns dann in ergreifender Weise ans Herz legen, daß alle Theologie eitel sei, wenn nicht Christus in uns eine Gestalt gewinne.

Ich habe auch später Blumhardt noch öfter gesehen, und 1871 wohnte ich bei Gelegenheit der „Oktoberversammlung" in Berlin acht Tage mit ihm zusammen bei Propst Köllner, seinem Schwager und meinem Freunde. Aber sooft ich den Mann sah, schien es mir ganz verständlich, daß dieser Knecht Christi tatsächlich einen ganz außergewöhnlichen Einfluß auf die Geister, besonders auch auf die *beschwerten* Geister, ausüben konnte. Es ist mir psychologisch durchaus erklärlich, daß sein ebenso inniges wie natürliches Gebet wunderbar wirken konnte auf Menschen, die nach Erlösung dürsteten. Ja, ich empfand selbst etwas davon, obgleich ich zuerst den Mann mit sehr kritischen Augen gemessen hatte. Aus jenen Oktobertagen ist mir eine Abendpredigt unvergeßlich, die Blumhardt hielt, denn mit ihr ist eine Geschichte verbunden, die auch mich etwas angeht.

Die Petrikirche war überfüllt. Blumhardt stand auf der Kanzel. Noch heute weiß ich den Inhalt dieser Predigt, die er aus dem Ärmel zu schütteln schien. Er war immer derselbe; auch in Berlin sprach er schwäbisch. Text und Thema zugleich waren die Worte aus Hebr. 10, 36: *„Geduld ist euch not."*

Der erste Teil war: „Geduld ist —." „Gedu—u—uld döös isch was; döös isch was Recht's. Ihr hier in Berlin meint, Orden und Titel und Protektion und ein Haufen Geld und ein vierspänniger Wagen, döös sei was. Aber döös isch alles Wind." Der ehrwürdige schwäbische Patriarch führte das nun in seiner ebenso drolligen wie herzbeweglichen Weise aus, zeigte dann, was Geduld sei, nämlich eine Tochter des Glaubens, und wie diese Geduld *allen* Menschen not sei, dem Kaiser wie dem Bettler usw.

Diese Predigt war das Beste, was ich damals aus Berlin mitnahm, und ich gab sie am folgenden Sonntag sogleich meiner Gemeinde zum besten. Aber die Geschichte ist noch nicht zu Ende.

Bald darauf sollte ich etwas für einen Kalender schreiben. Da mir noch immer die Blumhardtsche Predigt das Herz bewegte, so schrieb ich einen Neujahrsartikel mit dem Thema: *„Geduld ist euch not."* Ich erzählte von Blumhardt und tat, wie Gerok einmal sagte, „von meinem Wassersüpple e bißle dazu".

Jahr und Tag vergingen. Da bekam ich eines Morgens einen mit Geld beschwerten Brief aus dem Innern von *Nordamerika.* Eine zitternde Hand hatte ihn geschrieben. Aber die zitternde Hand gehörte einem *fröhlichen* und dankbaren Christenmenschen. Der schrieb:

> „Ich bin ein alter Professor, der vor vierzig Jahren Religion und Glauben hinter sich geworfen hat wie einen verlotterten Rock. Die Wissenschaft sollte der Gott sein, den ich anbetete. Aber dieser Gott hatte keinen Trost für mich, als mir nun Weib und Kinder starben. Ich wurde ein

finsterer Mann, der mit Gott und mit allen Menschen um sich her zerfallen war. So war ich denn sehr unglücklich und sehr einsam geworden.

Durch einen günstigen Zufall (wie man so sagt) kam der letzte Daheim-Kalender in meine Hände. Ich blätterte nur darin, bis ich den Artikel fand: ‚*Geduld ist euch not*'. Da *las* ich ordentlich, denn daß mir etwas Rechtes not tue, das wußte ich. Ich wußte nur nicht *was*. Also ich las und las, und ich habe dann nach langen Jahren zum ersten Male über mich selbst geweint. Und ich habe wieder angefangen, meine Augen zum Himmel zu erheben und zu *beten*, wie ein Kind zu beten. Und es gab einen Gott, der mich hörte. Er hat mir meinen Kinderglauben wiedergegeben und damit auch ein fröhliches Herz und eine gute, freudige Zuversicht aufs Zukünftige. Und mit den *Menschen* komme ich jetzt auch besser aus. Es gibt wieder solche, die mich liebhaben, ebenso solche, die ich liebhabe, und gottlob, der Liebeskreis wird mit jeder Woche größer. Dieser Brief nun soll ein kleines Zeichen meines großen Dankes für Ihren Aufsatz sein, denn der gab mir den Anstoß zur Umkehr.

Da wir Amerikaner aber gewohnt sind, bei freudiger Gelegenheit Gott ein *Dankopfer* zu bringen, so lege ich eine 50-Dollarnote bei und bitte, sie zur Ehre Gottes zu verwenden. Im Himmel werden wir uns die Hände reichen. Bis dahin bleibe ich Ihr ..."

Es kam aber noch ein Postskriptum dieses Inhalts:

„Da der eigentliche Urheber Ihres Artikels der alte Blumhardt ist, so bitte ich Sie, übersandte Summe mit ihm zu teilen, das heißt, falls Sie meiner Meinung sind."

Selbstverständlich war ich derselben Meinung und sandte mit dem Brief des Professors hundert Mark nach Bad Boll in Württemberg, wo ein *Sohn* Blumhardts in etwas anderer, aber nicht minder geisterfüllter Art des Vaters Werk weiterführte. Der alte Pilger selbst war inzwischen heimgegangen.

*

Am Himmelfahrtstage 1859 hielt ich dann meine *erste* Predigt. Ich hatte es gewagt, Gott auf die Probe zu stellen. Er solle es mir deutlich machen, ob ich zum Predigtamt *berufen* sei. Wenn nicht, so solle er es mir dadurch offenbaren, daß er mich steckenbleiben oder stottern oder in andere körperliche Beschwernisse hineinkommen lasse. Falls ich aber mit Freudigkeit predigen könne und nichts Absonderliches sich ereigne, so wolle ich daraus erkennen, daß es sein Wille sei, wenn ich bei der Theologie verbleibe.

Und er *half!* Als ich auf der Kanzel stand, kam mir nicht einmal der Gedanke, daß ich stottern oder steckenbleiben könnte. Erst als die Predigt zu Ende war, wurde mir klar, welche große Entscheidung nun über mein ganzes Leben getroffen war. Der alte Pfarrer, der mir seine Kanzel geliehen hatte, wollte gar nicht glauben, daß dies meine erste Predigt gewesen wäre. Ich aber hatte die erbetene göttliche Bestätigung zum Pfarramt an diesem Tage erhalten. Drei Monate später mußte ich Abschied nehmen von Tübingen.

LEHRJAHRE

Der Prophet in seinem Vaterland

Die beiden letzten Semester, die ich in Bonn am schönen Rhein verlebte, brachten viel ernste, strenge Arbeit, denn es ging aufs Examen. Beinahe wäre ich im Kandidatenexamen durchgefallen. Endlich am Mittag des zweiten Prüfungstages war alles überstanden, und mit Dank gegen Gott, aber auch mit großen Plänen fürs Irdische zog ich an der Seite meiner Freunde zum „Anker", dem Stammgasthaus der Kandidaten, in Koblenz. „Nun ist *England* mein Panier!" rief ich und schwenkte meinen Hut gegen einen vorübergehenden Dampfer; denn in England winkte mir eine Stelle durch Vermittlung meines alten Lehrers Professor Tholuck. Da – ich meinte, ich sollte in den Boden sinken – trat mir *Großvater* Neumann mit einem freundlichen Gruß entgegen.

Der ungenierte Mann spazierte an dem warmen Tage in Hemdsärmeln daher. Seinen Rock trug er an einem Stock über der Schulter. Ich ahnte nichts Gutes. Daß er nicht fünfzig Meilen weit gereist war, um mir zu gratulieren, war mir sofort klar. Bei einem Glase Wein erfuhr ich dann den Zweck seines Kommens. „Du weißt", sagte er, „daß die Gemeinde schon lange wünscht, daß ich abdanke oder wenigstens einen *Hilfsprediger* nehme. Daß das ganz und gar unnötig ist, weißt du auch. Aber die dummen Leute meinen, wenn man achtzig Jahre alt sei, könne man nicht mehr wirken wie früher. Im Grunde ist meine Predigt ihnen *zu ernst.* Aber sie sollen mich nicht loswerden. Ich will nun einmal mein Pfund nicht im Schweißtuch vergraben, wie es der Schalksknecht im Evangelium tat. Ich will und werde nicht abdanken, nehme auch unter keiner Bedingung einen Hilfsprediger, *außer wenn du mir helfen willst; das will ich mir gefallen lassen.* Du kannst dir das bis morgen überlegen. Ich gehe jetzt zu meinem alten Freunde Konsistorialrat Ball, und da logiere ich auch. Adieu, lieber Junge!"

Fort ging er und ließ einen versteinerten Kandidaten zurück. England, das Land meiner Ideale, aufgeben und dafür die höchste Prosa eintauschen, das war eine furchtbare Aussicht. Daß die Wülfrather einen neuen *Pastor* und nicht einen *Kandidaten* wollten, daß ich in Wülfrath tausendfach erfahren würde, daß kein „Prophet" angenehm ist in seinem Vaterland, stand mir felsenfest. Nein und zehnmal nein schrie im ersten Augenblick mein Herz und auch mein Mund; um so mehr, da dem Großvater selbst offenbar gar nichts daran lag, ob ich ja sagte oder ihm das Reich allein überließ.

Aber nach zehn Minuten kam der liebe alte Mann zurück. „Da habe ich was vergessen", sagte er und reichte mir einen Brief meiner Eltern. Ach, das hatte noch gefehlt! Sie baten mich, im Namen der ganzen Familie, daß ich Großvaters Hilfsprediger werden solle. Großvater habe — wie die meisten alten Pastoren — nicht gemerkt, daß er älter und geistesschwächer geworden sei. Seine unzerstörbare Gesundheit habe ihn über sich selbst getäuscht; die Gemeinde aber lasse ihn jetzt sonntags fast allein. Und vor den wenigen, die kämen, hielte er dann Predigten, die mehr gegen als für die Gemeinde seien; sich selbst aber rede er in eitel Bitterkeit hinein. In summa, ich müßte kommen, um des Herrn willen und auch um Großvater und die ganze Familie vor Schande zu bewahrren.

Das alles verstand ich nur zu gut. Es war auch noch keine Stunde vergangen, da *wußte* ich innerlich schon, was der Herr von mir forderte. Aber es folgte noch eine Nacht voll Gebet und Tränen, bis ich meine Lieblingswünsche *geopfert* und statt des sonnigen Weges einen Pfad durch Dornenhecken und Sümpfe erwählt hatte. Doch ich hatte gewählt. Der Herr war mir zu stark geworden. Und als am anderen Tage bald nach dem ersten Hahnenschrei Großvater kam, sagte ich zu, wenn auch noch nicht sehr freudig.

Also in meiner Vaterstadt Wülfrath sollte ich meine erste amtliche Tätigkeit beginnen. Es war in der Adventszeit 1860, als ich dort eintraf. Kleinmut focht mich damals mehr an als Übermut. Ach, ich eigenwilliger Mensch schielte immer noch rückwärts nach meinen verhagelten englischen Blumenbeeten (erst dreiundzwanzig Jahre später kam ich nach England).

Meine erste Predigt in der Vaterstadt wurde mir begreiflicherweise sehr schwer. Was mich tröstete, war die Gegenwart meiner lieben Mutter, die in ihrem kleinen Kirchenstuhl rechts von der Kanzel saß und wohl mehr betete als hörte. Ich redete mit großer Herzensbewegung von dem in den Wogen versinkenden Petrus, dem aber der Herr Jesus seine rettende Hand reicht. So tröstete ich mich selbst. Ob ich andere erbaute, weiß ich nicht. Das aber weiß ich, daß ich krank die Kanzel verließ und sofort in ein schlimmes, gastrisch-nervöses Fieber verfiel, das mich an den Rand des Grabes brachte. Als ich nach vier Wochen wieder aufstehen konnte, war ich unaussprechlich matt und zum Skelett abgemagert. Auch behielt ich von da an einen leidenden *Magen,* der mir noch Tausende von schweren Tagen und noch schwereren Nächten bringen sollte, während meine Atmungswerkzeuge von dieser Zeit an kräftiger waren.

Die Wülfrather bemitleideten mich wohl; aber nicht in dem Sinne, wie ich es wünschte. Sie bemitleideten wohl eigentlich *sich selbst* darüber, daß sie einen so schwächlichen Kandidaten bekommen hatten. Ich hatte es wirklich nicht leicht, in die geistliche Arbeit hineinzukommen. Niemand gab sich die Mühe, mir eine Stellung zu geben. Ich wurde in die Gemeinde eingeführt, ohne eingeführt zu werden. Nicht einmal auf der Kanzel wurde gesagt, daß ich jetzt da sei. Als ich meinen Großvater bat, doch der Gemeinde eine Mitteilung von meinem Kommen zu machen, antwortete der formlose Mann: „Daß du da bist, werden die Leute schon sehen, wenn du auf die Kanzel hinaufkletterst."

Was mir in Wülfrath vornehmlich im Wege stand, war dies, daß ich aus Wülfrath war. Also einmal: Ich war „nicht weit her", ich war ja nur „Doktors Otto", den man allermeist zu bemitleiden viel Ursache gehabt hatte. Sehr schwer war auch meine Stellung zu den früheren Spielkameraden. Sie waren unterdes längst Schwarzbrotbäcker, Schustergesellen, Kontoristen, Verkäufer und was weiß ich alles geworden. Als wir noch auf der Schulbank zusammensaßen, nannten wir uns natürlich alle *du*. Nun wollte das nicht mehr so recht klappen. Die einen sagten: „Tag, Otto" und wurden rot dabei. Andere grüßten ehrfürchtig: „Tag, Herr Kandidat" und mußten dann darüber lachen. Andere mieden mich ganz und sagten dann, ich sei stolz geworden.

Am bittersten war mir aber der *Argwohn*, der hier und da in der Gemeinde gegen mich aufstieg. Kluge Leute hatten nämlich herausgefunden, daß „der alte Neumann" durch allerlei List und Kunst seinen Enkel so allmählich in die fette Pfründe einschmuggeln wolle. Dieses Gerede wurde mir bekannt.

Auch etwas anderes brachte mich bei einigen Leuten in den Geruch des Hochmuts. Die Leser werden lachen, wenn ich es sage; aber es war dies, daß ich es möglichst vermied, bei Bürgern und Bauern irgend etwas zu *genießen*. Warum denn? Nun, das kam von den Jugendeindrücken her. Als ich nämlich ein Junge von zehn bis zwölf Jahren war, hörte ich oft, wie rohe Bauernburschen sagten, die Pastoren kämen nur zu ihren Eltern, um sie *„auszufressen"*. Gewiß nahm ich die Worte zu tragisch. Schwerlich waren unter hundert Bauern auch nur drei, die so dachten. Ohne Zweifel freuten sich die allermeisten sehr über das Kommen der Herren Prediger und fühlten sich nur *geehrt*, wenn es ihnen vergönnt war, diese mitsamt ihren Familien je und dann einmal zu „traktieren". Aber zu jener Zeit hatte ich mir in den Kopf gesetzt, ich wollte nun einmal den Gemeindegliedern nur etwas *geben* und nichts von ihnen nehmen, auch keine Tasse Kaffee und kein Glas Wein. Ich war zu unerfahren, sonst hätte ich gemerkt, daß ich mir gerade damit so manches Herz zuschloß und ihm also nichts geben konnte, wie gern ich es wollte.

Trotzdem fand ich besonders unter den *„Stillen im Lande"* viele Freunde. Besonders an *Krankenbetten* hatte man mich gern. Viel schmerzliche eigene Erfahrung auf diesem Gebiet und nicht minder ein gewisses angeborenes Talent, mich schnell und leicht in andere hineinzuversetzen, ließen mich hier in der Regel den rechten menschlichen und barmherzigen Ton treffen. Auch auf der *Kanzel* erging es mir ganz gut.

Einmal wurde durch meine Predigt ein großer Sturm hervorgerufen, der die ganze Gemeinde in zwei Lager teilte. Bei einer gewissen Gelegenheit nämlich, als ich von dem *Seligwerden* sprach, spottete ich darüber, daß man die verstorbenen Könige *„hochselig"* nannte. Ich berief mich darauf, daß Jesus gesagt habe, die Reichen würden schwerlich ins Himmelreich kommen, und ich war der Meinung, daß das auch von den Königen gelte. Im günstigsten Falle müßten sie jedenfalls mit der *„einfachen Seligkeit"* der anderen begnadigten Sünder vorliebnehmen. Die Bezeichnung *hoch*selig sei aus einer gemeinen Augendienerei entstanden, und ich erkläre hiermit feierlich, daß ich es für eine Selbsterniedrigung halten würde, diesen Ausdruck zu gebrauchen.

Nun, was die Sache selbst angeht, so hatte ich ja wohl im Grunde recht. Daß der junge Kandidat das aber damals auf die Kanzel bringen mußte, kann ich heute beim besten Willen nicht einsehen. Es gab jedenfalls allerlei Dinge, die zu sagen nötiger waren.

In jener Zeit bin ich auch vier Wochen lang *Gefängnisprediger* gewesen. Der Geistliche in dem großen *Zuchthaus* zu Werden (Ruhr) erkrankte nämlich, und ich wurde ersucht, ihn zu vertreten. Mit Zittern und Zagen nahm ich die Berufung an, da Großvater mir sehr gern seinen Segen dazu gab. Ob freilich die Zuchthaussträflinge von mir einen Segen empfangen haben, weiß ich nicht, jedenfalls aber ich von ihnen. Ja, hier war der Platz, wo ich das menschliche Herz kennenlernen konnte. Ich besuchte nämlich die Verbrecher persönlich, soweit es meine Kraft erlaubte. Und ich fing mit denen an, welche die längste Strafe zu verbüßen hatten. Natürlich ließ ich mich erst durch die Beamten gründlich über jeden einzelnen „Fall" unterrichten. Saß ich dann dem Verbrecher in stiller Zelle gegenüber, so bat ich ihn, mir seine *Lebensgeschichte* zu erzählen. Ach, die braven Leute waren fast alle *unschuldig!* Nur zwei Mörder faßten den Stier bei den Hörnern und bekannten ohne Umstände, daß sie so schlecht geworden seien, weil sie ihren *Gott* verlassen hätten. Die anderen suchten ihre Schuld rundweg abzuleugnen. Oder, wo das unmöglich war, wußten sie sie zu erklären und zu entschuldigen. Die Mutter, die sie verzogen, der Teufel, der sie betrogen, der Branntwein, der sie toll gemacht, die Not, die sie zur Verzweiflung gebracht, schlechte Menschen, die sie verführt, sie alle mußten die Schuld haben. Die armen Schelme waren nur zu bemitleiden. Ich aber erkannte, daß die Verlogenheit des menschlichen Herzens das größte Hindernis der Bekehrung sei. Später aber habe ich gemerkt, daß diese Verlogenheit bei den allermeisten „ehrbaren und kirchlichen" Leuten ebenso arg und unheilvoll ist wie bei den Zuchthäuslern.

Als ich nach Wülfrath zurückkam, fanden die ernsten Leute, daß ich sowohl von Sünde wie von Gnade gründlicher rede. Überhaupt gewann ich immer mehr Zugang zu den Herzen. So fing ich denn an, mich mit dem Gedanken vertraut zu machen, noch Jahr und Tag in Wülfrath auszuhalten, denn Großvaters Gesundheit schien alle Tage besser zu werden. Und zum Abdanken hatte er noch weniger Lust als zum Sterben. Da stürzte eines Morgens der liebe alte Mann in seinem eigenen Hause eine hohe Treppe herunter. Wunderbarerweise verletzte er auch nicht einmal das kleinste Glied. Aber als er zu Worte kommen konnte, sagte er zu mir, der ich glücklicherweise daheim war: „Otto! Otto! In dem Hui, als ich durch die Luft heruntersauste, hat mir eine innere Stimme gesagt, ich solle jetzt sogleich *abdanken.*" Und das tat er dann auch an demselben Tag.

Als Hilfsprediger in Elberfeld

Großvater war innerlich und äußerlich zur Ruhe gekommen. Aber für mich fing nun die Unruhe an. In Wülfrath konnte ich nicht bleiben, denn ich war noch nicht wählbar. Ich aber suchte eine Arbeit, in der ich ganz aufgehen könnte. Nun, die Welt stand mir offen. Aber die Welt war so groß und weit. Und gerade darin lag die Schwierigkeit und die Unruhe, nämlich *den* Platz zu finden, der für mich in der großen, weiten Welt der rechte sei.

Aber ich machte mein Anliegen zum Gebet. Mutter und Großvater halfen mir dabei. Und so erfüllte sich auch das, was der Heiland den zwei oder drei versprochen hat, die in seinem Namen bitten. Und diesmal ging es sehr schnell, denn Gottes Stunde war gekommen. Eines Tages besuchte mich der ehrwürdige Pastor *Krafft* von der großen reformierten Gemeinde in *Elberfeld*. Er erzählte mir, man suche einen Hilfsprediger und sei auf *mich* hingewiesen worden. Ob ich Freudigkeit hätte, am kommenden Mittwoch die Abendpredigt für ihn zu halten, so würde dann das Presbyterium mich hören und hoffentlich wählen. Ich wußte zuversichtlich, daß man mich wählen würde, denn ich erkannte innerlich, daß diese Aufforderung eine Antwort auf unsere Gebete war. Und so wurde ich denn gewählt.

Unverzüglich siedelte ich nach Elberfeld über. Meine Siebensachen expedierte der „Eselbote"; meine Person expedierte ich selbst. Als ich aber den Nützenberg hinunterwanderte und die große Stadt im Abendsonnenglanz vor mir lag, da wollte mir schier das Herz entfallen. Wie sollte ich armer schwacher Mensch mich in diesem großen Gewühl und Gewirre zurechtfinden? Doch ich wußte, daß Gott mich gesandt hatte, und darum wußte ich auch, daß seine Kraft in meiner Schwachheit mächtig sein werde. Heute noch preise ich die göttliche Führung, die mich für fünfzehn Monate ins „Wuppertal" brachte, das will sagen: in den Brennpunkt des religiösen Lebens der Rheinlande. Freilich, in den Brennpunkt nicht nur des *gesunden*, sondern auch manchen *krankhaften* religiösen Lebens. Aber doch immerhin in den *Brennpunkt*. Und was konnte sich so ein Kandidat Besseres wünschen?

Auf diesem heißen Boden sollte ich nun arbeiten. Es war mir nämlich zu meinem Schrecken gesagt worden, daß in Elberfeld weder fromme noch gottlose Leute die Kirche besuchten, wenn ein *Kandidat* predigte, denn so ein junger Mensch habe ja selbstverständlich noch keine Erfahrung. Auf die Frage: „Wer predigt heute um 9.30 Uhr?" wurde, wenn ein Kandidat angezeigt war, unverfroren die Antwort gegeben: *„Herr Nömmes"* (Herr Niemand). Außer einigen Armen=

häuslern und Dienstboten — so sagte mir ein alter, gewiegter Kirchgänger — gehen bei einem Kandidaten nur ganz infame Halunken in die Predigt, Kerle, die durch verstellte Tränen und heuchlerische Bußgrimassen den armen jungen Prediger blenden, um nachher Geld von ihm zu erpressen.

Also leere Kirchen! Das war sehr schmerzlich für mich, der ich in Wülfrath „die Spitzen der Bürgerschaft" und obendrein die stolzesten Bauern unter meiner Kanzel versammelt hatte. Herr Hilfsprediger Funcke mußte „Kandidat Nömmes" werden. So war für die nächste Zeit gesorgt, daß die Bäume nicht in den Himmel wuchsen. Übrigens gab's der Arbeit zum Verzagen viel. So geht's in der Welt her: In Wülfrath trauerte ich, daß man mir zu wenig, in Elberfeld wollte ich oft verzweifeln, daß man mir zu viel anvertraute.

Die schwerste Arbeit war freilich *die,* zu der ich *nicht* berufen war. Da kamen allerlei Männlein, ja sogar Weiblein, die sich für nicht kleine Heilige hielten, mit der ausgesprochenen Absicht, „meinen inneren Stand" zu untersuchen. Ein alter Weber sagte ganz naiv: „Morjen, Herr Kandidat! Ech waul Sie ens beruken" (Ich wollte Sie einmal beriechen) — nämlich hinsichtlich meiner Rechtgläubigkeit und geistlichen Erfahrung. Ich bekam leider eine sehr schlechte Nummer in diesem Examen. Derartige Leute saßen oft zwei Stunden lang; man konnte dabei recht schwitzen, aber auch viel lernen, besonders zweierlei: Bibelkenntnis und Geduld.

Mit eigentlicher *Armenpflege* hatte ich nichts zu tun. Ich merkte bald, daß die Elberfelder amtliche Armenpflege geradezu musterhaft sei, wie sie denn auch seitdem von vielen großen Gemeinden zum Vorbild genommen worden ist. Ich konnte also getrost meine Barmherzigkeit da sparen, wo die Armenpflege sich zu helfen weigerte. Doch entdeckte ich allerlei *verschämte* stille Arme, die mit ihrem Elend nicht herausrücken mochten. Aber es gab auch unter den reichen Leuten Dutzende, die solchen Fällen gegenüber ihren Säckel willig auftaten und den Kandidaten gern zu ihrem Handlanger machten.

Predigen mußte ich von sechs Sonntagen immer fünfmal. Der sechste sollte frei sein, brachte aber oft eine Vertretung. Daneben gab es viel Bibelstunden in der Stadt und auf dem Lande, Wochenpredigten usw. Kurz, ich übernahm alle Geschäfte des kranken Pastors K., abgesehen von *den* Amtshandlungen, die nur *„ordinierte"* Geistliche verrichten können. Am meisten Herzbeklemmung machte mir der *Religionsunterricht.* Ich hatte noch nie unterrichtet, und jetzt sollte ich sogleich die 180 — sage und schreibe hundertundachtzig — Kinder für die Konfirmation vorbereiten. Und was für Kinder waren das! Sie gehörten meist der untersten Gesellschaftsklasse an, der Fabrikbevölkerung, wo, abgesehen von den pietistischen Elementen, eine furchtbare Roheit herrschte. Dazu waren „meine Kinder" unter dem regimentlosen Regiment meines schon lange leidenden „Prinzipals" noch ganz besonders verwildert. Zwar mit der *Mädchen*abteilung hatte ich nicht die geringste Schwierigkeit. Mit *Mädchen* habe ich immer sehr bequem fertig werden können und höchst selten ein anderes Erziehungsmittel als den ernsten Blick meiner Augen gebrauchen müssen. Aber ganz anders war es mit den *Knaben.* Das war, sehr ehrenwerte Ausnahmen abgerechnet, eine rohe Bande, die schon meinem Vorgänger viel Mühe gemacht hatte. Nun wollten sie erst recht dem Kandidaten zeigen, wer Herr im Hause wäre. Bei meinem Eintritt vollführten sie einen Höllenlärm. „Morjen, junge Herr!" schrien die einen. „Gun Dag, Kandätjen!" schrien andere. Sie trampelten, warfen ihre Mützen in die Höhe und machten einen solchen Staub, daß ich kaum sehen konnte. Erst allmählich gelang es, so viel Ruhe zu schaffen, daß ich mit den Knaben beten konnte. Darauf hielt ich ihnen eine kleine Ansprache mit der Herzlichkeit und in dem Ton eines älteren Bruders. Ich zeigte meine Absicht, freundlich mit ihnen umzugehen und ihnen den Weg zur Seligkeit zu zeigen. Ich sprach aber auch meine entschiedene Absicht aus, diejenigen unerbittlich hinauszuwerfen, und zwar auf Nimmerwiedersehen, die sich nicht mit Liebe und Sanftmut regieren lassen wollten. Leider mußte ich ihnen bald zeigen, daß es mir mit diesen Worten wirklich

Ernst war, und erst mit der Zeit gewann ich sie; der Furcht folgte Vertrauen.

Dazu half, daß ich mich mit den *Eltern* der Kinder in Verbindung setzte. Meine ersten seelsorgerlichen Besuche machte ich bei ihnen. Ich lernte bei dieser Gelegenheit etliche liebe christliche Familien kennen, bei denen ich mehr nehmen als geben durfte. Die überwiegende Mehrheit aber gehörte der Arbeiterbevölkerung an, und ich schaute da zum erstenmal in furchtbare Abgründe der sittlichen Verderbnis und der sozialen Verbitterung hinein. Doch wurde die Hand, die der junge Kandidat mit innerem Zittern bot, nicht überall abgewiesen.

Im übrigen machte ich auch sehr *erfreuliche* Erfahrungen. Nur von *einer*, die mir unauslöschlich eingeprägt ist, will ich hier erzählen. Eines Tages kam ich zu einer jungen Frau, die aussah wie die Trauer in Person. Sie wohnte an der Stadtgrenze und war seit kurzer Zeit Witwe. Mir war sie bislang unbekannt. Ihr trefflicher Mann hatte eine Spulmaschine gehabt, war aber während seines mehrjährigen Schwindsuchtsleidens in Schulden geraten. An dem Tage, wo ich in das saubere Häuslein der jungen Frau kam, war sie ganz besonders traurig. Mit ihren Kindlein um sich saß sie auf einem Schemel und las ihnen einen Psalm vor. Aber „Gottes Trost will heute nicht anschlagen", sagte sie klagend. Auf mein dringendes Befragen erzählte sie mir nun, daß sie innerhalb vier Tagen einen Wechsel von fünfzig Talern bezahlen müßte; falls sie das nicht könne, würde ihr alles verkauft, und aus der Wohnung müßte sie dann auch heraus. „Kann datt unse Herrgott duhn?" schloß sie wehmütig. Über mich aber kam etwas, ich weiß nicht was, und ich stand da und sagte: „Frau Grohnefeld, das läßt Gott nun und nimmer zu. Seien Sie ganz gewiß! Er wird einem der reichen Leute in den Geldbeutel greifen und das Geld für Sie nehmen."

Diese meine begeistert gesprochenen Worte hatten eine großartige und doch schier erschreckende Wirkung. Ich sah, wie das Auge der jungen Frau wunderbar aufleuchtete, wie ihre ganze Gestalt sich streckte und hob. Es war, als wenn ein Strom heiliger Elektrizität durch sie hindurchginge.

Dankbar gab sie mir die Hand und sagte: „Nu ward allens gut."

Ja, *sie* war getröstet. Aber in mir fing die Unruhe an. Meine *Worte* waren größer als mein Glaube. Jedenfalls wich die Begeisterung des ersten Augenblicks der nüchternen Frage, ob *Gott* sich auch wirklich werde vernehmen lassen. Es war mir doch so, daß ich ihm ein wenig dabei helfen müßte. Am zweiten Tage danach besuchte ich die Frau wieder in der stillen Hoffnung, daß sie irgendwoher das Geld bekommen habe. Noch zehn Schritte vom Hause entfernt, hörte ich, wie sie mit heller Stimme sang: „Dankt, dankt dem Herrn; jauchzt, volle Chöre, denn er ist freundlich jederzeit." Ich dachte, sie müßte wohl das Geld haben. Sie aber lächelte fast schelmisch und sagte: „Datt kömmt tu rechter Tid. Sie hannt datt joh gesait, Herr Kandat."

Ja, das hatte ich freilich. Und das war ja gerade meine Not. Als ich am folgenden Tage die Verhältnisse unverändert fand, entschloß ich mich mit schwerem Herzen, auf den Bettel zu gehen, denn am andern Morgen mußte das Geld dasein.

Ich schellte zuerst an der Tür einer Witwe de Landas. Entsetzlich! Als ich den Ton der sonderbaren Schelle hörte, wurde mir klar, daß ich diese selbe Klingel zu ähnlichem Zweck vor wenigen Tagen gezogen hatte. „Was wird die Dame von dir denken, daß du schon wieder kommst?" dachte ich. Und ich wäre fortgelaufen, wenn nicht in diesem Augenblick Frau de Landas, die gerade auf der Diele war, mir selbst die Tür geöffnet hätte. Ich, in meiner Verlegenheit, *meinte* zu sehen, daß sie mich ein wenig spöttisch lächelnd fragte: „Was verschafft mir die Ehre?" Und ich platzte heraus: „Frau de Landas! Es ist für mich wahrhaftig schwerer, für arme Leute zu bitten, als es für reiche Leute ist, etwas zu geben."

Jetzt lächelte sie wirklich und sagte so etwas wie: ich solle mich nicht aufregen. Ich war noch nicht dazu gekommen, von Frau Grohnefeld ein Wort zu sagen, da verschwand sie einen Augenblick und brachte mir dann genau fünfzig Taler, gerade so viel, wie ich nötig hatte. Bei anderer Gelegenheit hatte die edle Frau mir fünf Taler gegeben. Jetzt begründete sie die große Gabe damit, daß sie sagte: „Das Bitten scheint dem Herrn Kandidaten sehr sauer zu werden, da gebe ich gleich etwas mehr, als zur Zeit nötig ist." Nun endlich fand ich Worte und rief: „Frau de Landas, eben dies ist zur Zeit nötig! Gerade so viel, nicht mehr und nicht weniger!" Am wenigsten verwundert war Frau Grohnefeld, der ich natürlich das Geld sogleich brachte. Sie hatte eigentlich das Geld schon bekommen, als ich ihr mein „großes" Wort sagte. Für *sie* redete Gott aus diesem Worte, obgleich tatsächlich auch etwas von meinem eigenen Geist oder Fleisch darin war.

Daß Frau Grohnefeld meine treue Freundin blieb, brauche ich nicht erst zu versichern. Sie brachte mich auch in die Hütten anderer „Stillen im Lande". Und diese bildeten allmählich doch einen kleinen Stamm von Kirchenbesuchern. Aber auf einem anderen Wege sollte ich zu einer wirklich *großen* Zuhörerschaft kommen. Es erging mir damit wie so oft in meinem Leben. Ein Ereignis, das mir kurzsichtigem Menschen zunächst höchst fatal und ärgerlich war, sollte dennoch eine Quelle von Freude und Ehre in sich schließen. Es war an einem meiner *freien Sonntage* zwischen Ostern und Pfingsten im Jahre 1862, als morgens um sechs Uhr heftig an die Tür meines Hauses geklopft wurde. Ich lag noch im Bett und kümmerte mich erst nicht um den Lärm, da ich nicht denken konnte, daß *ich* damit gemeint war. Endlich aber steckte ich den Kopf aus dem Fenster und sah den ehrwürdigen Küster der reformierten Gemeinde, Herrn Hövelmann. Aber dieses Mal war er ohne Ehrwürdigkeit, denn sein Kopf war puterrot vor Ärger, daß er so lange hatte klopfen müssen. Er eröffnete mir kurz und gut, daß Herr Pastor *Künzel* über Nacht von seinem bösen Rheuma befallen sei, kein Glied rühren könne und von mir erwarte, daß ich für ihn predigen werde.

Nun muß man wissen, was das bedeutete. *Künzel* war einer der beliebtesten Prediger des Wuppertals, und zwar mit Recht. Die Kirche war, sooft er die Kanzel betrat, gepfropft voll von Menschen. Und nun sollte *ich* ihn vertreten — ich, „Herr Nömmes", und obendrein noch ohne genügende Vorbereitung. Ich erklärte also rundheraus, daß ich nicht imstande sei zu predigen und daß ich es vor Gott nicht verantworten könne, vor einer so großen Gemeinde ohne genügende Vorbereitung aufzutreten. Der Küster schüttelte den Kopf, sagte aber: „Ick deht es auch nit", was mich tröstete. Es verging aber nur so viel Zeit, daß ich mich angekleidet hatte, so erschien Herr Hövelmann zum andern Mal. Er stellte sich breitspurig vor mich hin und nahm jetzt den Ton eines Propheten an, der in einem höheren Namen redet. Er sagte feierlich: „Pastor Künzel läßt Ihnen sagen, daß er Sie vor Gott verklage, wenn Sie ihn in dieser Not verlassen wollten. Würden Sie ihm aber helfen, so würde er unausgesetzt für Sie beten." Damit drehte er sich um und ging. Ich stand wie angedonnert. Mein Widerstand war gebrochen. Ich lief dem Küster nach und sagte, ich wolle predigen, so gut ich könne, müßte aber, falls ein Unglück geschähe, die ganze Schuld auf Pastor Künzel laden.

Dann suchte ich einen Winkel in meinem Zimmer, und ich habe wohl selten so aus der Tiefe gebetet. Zum Studieren war wenig Zeit, denn um neun Uhr riefen die Glocken zur Kirche. Wie ein Dieb schlich ich durch einsame Gassen zum Gotteshause hin — es war die neue reformierte Kirche — und stieg zur Sakristei hinauf. Jetzt begann der Gesang, gewaltig wie Meeresbrausen. Ich ließ so viel singen, wie der Elberfelder Anstand nur irgend erlaubte. Dann ging ich auf die Kanzel, denn irgend etwas von Liturgie gab es nicht. Die Elberfelder reformierte Gemeinde hatte es, nicht ohne heiße Kämpfe, durchgesetzt, daß ihr (ihr allein) erlaubt war, die „königlich preußische Agende" *nicht* zu gebrauchen. In dem Augenblick, wo ich mit klopfendem Herzen die Kanzel betrete, merke ich, daß der Gesang viel matter wird. Wie ich schüchtern meine Augen erhebe, sehe ich viele verstörte und ärgerliche Gesichter, Leute, die sich etwas zuflüsterten, und darauf gewiß Hunderte, die ihr Gesangbuch zuklappten und die Kirche verließen. Das war nicht gerade sehr erbaulich und herzstärkend für mich. Unterdessen blieben doch von den zweitausend immer noch zehnmal mehr Zuhörer, als ich gewöhnlich vor mir sah. Das machte Mut, und ich wußte: Der liebe alte Künzel betet jetzt für mich. Das half noch besser. Ich hatte noch nicht vier Sätze vollendet, da hatte ich eine gespannt lauschende Versammlung vor mir. Ich redete über Johannes 21, 15–17. Ich wurde warm, mutig, begeistert. Kurzum, meine Predigt fand vor der großen Künzel-Gemeinde die größte Anerkennung. Von der Stunde an war ich ein „gemachter Mann", „ein Kandidat, den man hören kann" und den man auch wirklich hörte. Bis zu meinem Abgang von Elberfeld hatte ich Sonntag für Sonntag eine volle Kirche, was meinem natürlichen Menschen begreiflicherweise wohltat.

Meine teure Mutter, die manchen Sonntag von Wülfrath nach Elberfeld pilgerte, um ihren Sohn predigen zu hören, erkannte sogleich die große Veränderung der Lage. Sie verfehlte als treue Seelsorgerin nicht, mich auf die Gefahren aufmerksam zu machen, die das für meinen inneren Menschen mit sich bringe. Sie sagte: „Erst hat dir der Teufel zugesetzt, um dich *verzagt* zu machen; jetzt will er dich in den *Hochmut* locken. Du bist jetzt der Liebling von Tausenden; hüte dich ja, wache und bete, daß du dir nichts einbildest, sondern dem Herrn allein die Ehre gibst!"

Solcher Ermahnungen bedurfte ich in der Tat sehr. Es ist für *den,* der das Wuppertal nicht kennt, einfach unglaublich, wieviel Liebe und Freundlichkeit mir nun angetan wurde. Unter anderem gab es jetzt einen förmlichen Regen von Einladungen zu glänzenden Abendgesellschaften. Auch fehlte es nicht an allerlei Gelegenheit, eine mit allen Vorzügen des Diesseits und Jenseits ausgestattete Lebensgefährtin zu finden. Aber der liebe Gott steckte – wie man am Niederrhein sagt – gar bald ein Stöckchen davor. Ich, der ich eigentlich noch nie recht gesund gewesen war, wurde gerade um diese Zeit wieder besonders elend, so daß ich meine Geschäfte nur mit Mühe besorgen konnte und bald ganz zurückgezogen leben mußte. So beschloß ich denn auch, trotz aller Sirenenstimmen, die mich an das schöne Wuppertal bannen wollten, auf jeden Fall und bei erster bester Gelegenheit eine *Landpastorenstelle* anzunehmen. Eine innere Stimme sagte mir, daß das nicht nur für mein leibliches, sondern auch für mein geistliches Leben durchaus notwendig sei. Daß ich dieser inneren Stimme gefolgt bin, ist jedenfalls das Vernünftigste gewesen, was ich jemals für das Wachstum meines inneren Menschen getan habe.

Mein zweites Examen hatte ich inzwischen (um Ostern 1862) in Koblenz gemacht. Irgend etwas Nennenswertes hat sich dabei, soviel ich mich entsinnen kann, nicht zugetragen. *Darüber* nur mußte ich staunen, daß ich dies *zweite* Examen, wofür ich so wenig hatte arbeiten *können*, recht gut bestand, während ich in dem *ersten*, in das ich so glänzend vorbereitet hineinging, aufs Haar durchgefallen wäre.

ALLERLEI LEUTE IM WUPPERTAL

Von jungen Leuten, die noch nichts geworden sind, soll man nicht viel reden. Ich will lieber von solchen sprechen, die damals schon etwas Rechtes waren und nicht erst zu werden brauchten. Und auch von diesen kann ich, um nicht weitläufig zu werden, nur *wenige* nennen. Da war der etwas theosophische und doch mit seinen großen Gedanken die Welt umspannende Missionsinspektor Dr. *Fabri.* Dieser merkwürdige Mann hatte es durch seinen mächtigen Einfluß fertiggebracht, daß auf der ganzen langen Linie des Wuppertals eine Reihe süddeutscher Theologen angestellt waren, die meist mit einem ordentlichen Tropfen von Mystik gesalbt waren. Sie versuchten nicht ohne Erfolg, in die hier von alters her herrschende teils engkirchliche, teils pietistische Richtung eine Bresche zu schießen.

Unter diesen süddeutschen Theologen war wohl Pastor *Köllner,* der spätere Propst an St. Petri in Berlin, der bedeutendste. Dieser tiefsinnige Mann würdigte mich seiner väterlichen Freundschaft. Er schlug mir vor, daß wir jeden Sonnabendnachmittag unsere Sonntagspredigt miteinander besprechen sollten. Das war mir zu großem Vorteil, denn das *Fragen* bei diesen Unterhaltungen besorgte *ich* natürlich und er das *Antworten.* Erlaubte es irgendwie das Wetter, so stiegen wir nach sechs Uhr auf eine der stillen Höhen, wo wir das schöne Wuppertal mit seinem Häusermeer unter uns hatten. Wenn dann um sieben Uhr von Elberfeld bis Schwelm wie mit einem elektrischen Schlag der Sonntag eingeläutet wurde und die Luft voll Glockentöne war, die wie ein Abendopfer zum Himmel stiegen, dann nahm der treue Mann meine Hand und begann zu singen: „Es ist noch eine Ruh' vorhanden; auf, müdes Herz, und werde licht!" Später habe ich diesen auserwählten Knecht Christi noch öfter in Berlin besucht. Er war im Grunde derselbe geblieben, wenn auch die unglückselige Berliner Luft selbst bei den Besten immer etwas von dem Hauch und Duft der Originalität verdirbt.

Ein anderer Mann, der mir nicht wenig imponierte, war der

schon genannte Pastor *Künzel*. Er war reformiert, während Köllner lutherisch war; tatsächlich war aber keiner von beiden das, was er hieß, wenigstens nicht in dem engen Parteisinn. Als *Theologe* war Künzel unbedeutend. Aber wenn man von einem Menschen sagen kann, daß er von Gott die Gabe der *Liebe* erhalten habe, so durfte man es von diesem Manne rühmen. Er war durch unendliche Trübsale hindurchgeführt worden. Aber alle tränenreichen Erfahrungen seines Lebens hatten ihn nur so viel milder in seinem Wesen, so viel kindlicher, gründlicher und unerschütterlicher in seinem Glauben gemacht. Mit wunderbarem Takt, der oft an Eingebung von oben grenzte, traf er in der *Seelsorge* gewöhnlich „den Nagel auf den Kopf". Seine *Predigt* ging zu Herzen, weil er, dieser Mann, sie hielt. Die schönen Züge des Bildes Christi strahlten aus diesem Mann heraus, und zwar am leuchtendsten *dann*, wenn er in der Nacht der Trübsal saß. Unvergeßlich ist mir folgende Szene. Ich traf einmal den lieben Mann, wie er gerade von den rasendsten rheumatischen Schmerzen gequält wurde. Erschreckt wollte ich an der Tür stehenbleiben, als ich dieses Leidensbild vor mir sah. Er aber rief mir mit seiner warmen Stimme, die ich heute noch höre, entgegen: „Komm heran, Bruder, und freue dich mit mir; denn *Gott hat mir alle meine Sünden vergeben.*" Und dabei rannen ihm die hellen Tränen — Tränen, in denen Freude und Schmerz gepaart waren — aus den Augen. Ich aber glaubte und glaube auch heute noch, daß solch ein Wort, in solcher Stunde, eine rettende Tat ist.

Bei einer anderen Gelegenheit, als wir vom *Bekennen der Sünde* sprachen, erzählte er mir folgendes: „Ich war als Student ein leidenschaftlicher Liebhaber von hübschen *Taschenmessern*. Damals kannte ich den Heiland noch nicht. So konnte es geschehen, daß ich einem reichen Freunde, der Jurist war, ein Federmesser, das mein besonderes Wohlgefallen erregte, entwendete. Er ahnte natürlich nicht, wo es geblieben war. Lange Jahre darauf, als ich schon Pastor in X. war und durch Gottes Gnade Frieden gefunden hatte, entdeckte ich das Federmesser unter allerlei alten Sachen. Da fiel mir meine Sünde ein. Ich fuhr sofort nach Düsseldorf, wo mein früherer Freund Regierungsrat war, brachte ihm sein Messer und bekannte die vorlängst begangene Sünde. Der Mann stand da wie erstarrt und konnte erst keine Worte finden. Dann schloß er mich leidenschaftlich in seine Arme und sagte: ‚Künzel, ich hatte gehört, du seist ein Pietist geworden, und hielt das für Heuchelei oder Verrücktheit; nun aber sehe ich, daß das Christentum wirklich neue Menschen machen kann.'" — Ja, das sah man an Künzel. Dieser einfältige Mann würde überall auf Erden, auch ohne Worte, mächtig gepredigt haben, wie mir denn auch einmal ein erklärter Freigeist sagte: „Wo der Künzel schließlich hinkommt, dahin möchte auch ich einmal kommen."

Unendlich verschieden von Künzel war Pastor *Paul Geyser*. War Künzel ein Mann der evangelischen Allianz, so war Geyser „schroff reformiert"; war jener in seinem ganzen Auftreten milde, so war dieser geneigt, überall den schärfsten Gegensatz herauszukehren. Sein Wesen war gewaltig, ja fast gewaltsam; im sonntäglichen Kirchengebet betete er nicht für „unseren König", sondern „für den König dieses Landes". Kein Wunder, daß solch ein Mann jeden Augenblick mit Amtsbrüdern, Kirchenvorstand, Privatpersonen und allen möglichen Behörden Streit hatte.

Daß dieser Mann, für den es das Wort *Menschenfurcht* nicht zu geben schien, auf mich gewaltigen Eindruck machte, gestehe ich willig ein, obgleich ich hinzufügen muß, daß ich ihn mehr fürchtete als liebte. Was aber den Gewaltigen zu *mir*, dem jungen und zuerst so unbeachteten Kandidaten, hinzog, ist mir bis heute ein Rätsel. Aber gleichviel, was es war, tatsächlich ließ er mich vom ersten Tage an sein höchstes Vertrauen genießen. Und ich habe ihm viel zu danken. So nahm er mich mit bei seinen seelsorgerlichen Hausbesuchen. Ich bewunderte seinen allerdings oft harten Mut und noch mehr seine durchdringende Menschenkenntnis, wenn er den Leuten, die er vorher nie gesehen hatte, auf den Kopf zusagte, woher ihr materielles Elend oder ihre Krankheit oder ihr Mangel an Frieden stamme.

In den ersten Monaten lasen Geyser und ich jeden Tag eine Stunde lang *Hebräisch* zusammen. Ich habe dann oft nicht nur alle Theologiestudenten, sondern auch alle Professoren Deutschlands als Zuhörer des originellen Mannes herbeigewünscht, denn nicht nur seine Sprachkenntnis war gewaltig, noch gewaltiger war die Auslegung und Anwendung des klargestellten Textes.

Unter seiner Kanzel konnte ich mich oft des heftigen Zitterns nicht erwehren. So konnte er die Reichen oder die „eingebildeten Frommen" des Wuppertals furchtbar andonnern und, nach Art von Matthäus 23, ein Wehe nach dem andern über sie ausrufen: „Wehe euch Reichen, die ihr von dem Schweiß des armen Mannes herrlich und in Freuden lebt und den armen Lazarus am Wege verschmachten laßt!" (Das zielte auf die Fabrikbesitzer.) „Wehe euch, ihr Pharisäer, die ihr das Wort Jehovas bis in den Himmel preist und es doch mit der Tat verachtet, sobald es euch euer Behagen stören will!" (Das zielte auf gewisse „Auserwählte".) Aber auch das Evangelium von der *freien Gnade* kam *nicht* zu kurz.

Auch *mir* sagte er oft harte Dinge. So nach einer meiner Predigten, der er beigewohnt: „Diese Predigt hat Ihnen der *Hochmutsteufel* eingegeben." Ich glaube, er hatte nicht so ganz recht, aber doch *etwas* recht. Und ich hielt mich an dieses „etwas". Die barbarische Kritik Geysers hat mir dann mehr Segen gebracht als alle Lobhudeleien, die ich bald auf der Straße, bald in feinen Gesellschaften hören durfte und manchmal nur zu gern hörte. Ein andermal wagte ich es, Geyser von einer auffallenden Gebetserhörung zu erzählen. Da höhnte der strenge Mann: „Ja, Herr Bruder junior, Sie werden ohne Zweifel demnächst unter die kleinen Propheten versetzt werden." Das tat weh, aber es gab mir zu denken. Ach, wieviel geheime Eitelkeit fließt oft mit unter, wenn man – natürlich „nur zum Preise des Heilands" – von seinen Gnadenerfahrungen redet!

Ja, so konnte der Mann sein. Er war damals schwer krank. Aber wunderbare, originale Kräfte schlummerten in ihm. Und das Beste, was er besaß, hat er in vielen stillen Stunden mit mir geteilt. Und dafür werde ich ihm, trotz allem, bis in den Himmel hinein sehr dankbar sein — mehr als allen, die mich gelobt und gehätschelt haben.

Es waren aber auch viele *Laien*, die mir für mein inneres Leben reichen Segen brachten. Gewaltigen Eindruck machte ein Kaufmann namens *Grafe* auf mich. Er war der vornehmste Stifter der Freien Gemeinde, welche etwa dem entspricht, was in der französischen Schweiz „église libre" („freie Kirche") genannt wird. Da ich zum großen und nicht ganz unberechtigten Ärgernis vieler ängstlicher Seelen schon bald meine Wohnung im Hause eines trefflichen Gliedes der Freien Gemeinde nahm, so lernte ich sie gründlich kennen. Ich mußte staunen über den Reichtum an geistigen Kräften sowie über die gewaltige Opferwilligkeit, die in einem so kleinen Kreise sich entwickeln konnte. Herr Grafe war aber nicht nur der Gründer, sondern auch der alles beseelende Mittelpunkt der Gemeinde. Jeder Zoll an ihm war ein Mann und jeder Zoll ein Christ, womit ich nicht ausschließen will, daß er gegen seinen natürlichen Hochmut schwer zu kämpfen hatte. Aber er kämpfte auch wirklich dagegen. Er war aber auch ein Beispiel davon, „wie man alle Zeit soll bereit sein zur Verantwortung gegen jedermann" und auch schlagfertig wie ein gewappneter Held. Über göttliche und geistliche Dinge zu reden, war ihm so natürlich wie dem Vogel sein Gesang. „Ich verlasse nie einen Post- oder Eisenbahnwagen, ohne ein Wort von Jesus oder doch eine Gewissensfrage unter die Mitreisenden geworfen zu haben", sagte er einmal, und so tat er auch. *Ihm* war es auch natürlich, so für den Heiland zu werben, es war nichts Gezwungenes oder Gemachtes dabei — aber wehe dem freilich, der es ohne innere Wertung nachahmen will! Leider sind die meisten Christen viel zu feige und zu faul.

Ich würde kein Ende finden, wenn ich fortfahren wollte, von Elberfelder Originalen zu erzählen. Ich muß nur noch, um ganz ehrlich zu sein, hinzufügen, daß fast alle diese Christen aus dem weltlichen Stande, gleichviel ob sie Färber oder Gerber, Kaufleute oder Bauern, Handwerker oder Fabrikarbeiter waren, den sogenannten *weltlichen Vergnügungen* schroff gegenüberstanden. Es war der *„christliche Ton"* in Elberfeld, daß man nicht nur Theater, sondern auch weltliche und geistliche Konzerte schlankweg verwarf. Und nun gar das Tanzen! Auch milde gesinnte Christen urteilten über diese und ähnliche Dinge sehr schroff. Alles, was Kunst heißt, Musikaufführungen, Galerien jeder Art usw. waren für sie nur da, um ihnen entrüstet den Rücken zu kehren. Aller Wissenschaft und Philosophie gegenüber wurde man schnell fertig mit dem „apostolischen" Wort: „Christum liebhaben ist besser als alles Wissen." Der scheidende Strich zwischen dem, was Welt und was Christentum ist oder sein soll, wurde oft in einer so haarspalterischen Weise gezogen, daß man lebhaft an die alten Pharisäer erinnert wurde. Aber die Besten der also Urteilenden waren weder Heuchler noch Pharisäer, sondern im Grunde demütige und wahrhaftige Leute, die sich ihren Glauben etwas kosten ließen. Ihr *Fehler* war, daß sie von den Dingen, die sie verdammten, nichts verstanden. Und zwar einfach deshalb nicht, weil sie sich niemals darum gekümmert hatten.

Es gab aber auch andere Familien, solche, in denen alles Schöne und alle liebliche Kunst eine offene Stätte fand, ohne daß man darum dem Schönsten und Heiligsten untreu geworden wäre. In solchen Häusern bin ich viel ein- und ausgegangen.

AUF EIGENEN FÜSSEN

Auf der Suche nach einer Pfarrstelle

Ich hatte also, wie schon gesagt, beschlossen, *Landpastor* zu werden — ich, der ich auf der vornehmsten Kanzel der Rheinprovinz einiges Aufsehen gemacht hatte — ich hielt mich für einen Mann, um den man sich in jedem Landstädtlein oder Dorf reißen würde. Es war eine große Barmherzigkeit Gottes, daß das *durchaus nicht* in der erwarteten Weise der Fall war. An drei Stellen habe ich zur Wahl gepredigt, und erst an der dritten und unbedeutendsten, in *Holpe,* wurde ich gewählt; und auch da nur mit knapper Not.

Diese Pfarrstelle war sehr bescheiden. Und bescheiden lautete auch der Brief des Kirchmeisters, mit dem ich zur Wahlpredigt eingeladen wurde: „Wir sind eine arme Gemeinde. 800 Seelen auf weitem Raum, in wilden Bergen, abgeschieden von der Welt. Das Gehalt ist auf 453 Taler, zwölf Silbergroschen und drei Pfennige festgesetzt. Wenn Sie sich ernstlich der Landwirtschaft annehmen und in Eintreibung der Pacht und der Stolgebühren nicht zu glimpflich sind, so kann es wohl auf diese Höhe kommen." Nun wußte ich gewiß, daß es bei *mir* jedenfalls auf diese Höhe *nicht* kommen würde.

Trotz- und alledem, oder auch gerade deswegen, wußte ich, nachdem ich diesen Brief gelesen hatte: „In Holpe und nur in Holpe wirst du gewählt." Eine untrügliche innere Stimme sagte mir das, und sie sagte mir auch, daß meine Erziehung am besten von und in dieser Gemeinde besorgt werden würde.

Also nach *Holpe!* Als ich nun freilich durch die wilden, menschenleeren Berge dem weltentlegenen Dörflein zuwanderte, um zur Wahl zu predigen, als ich dann in dem kellerartigen Kirchlein stand, ich, der ich an die stolzen Kanzeln von Elberfeld gewöhnt war, als ich sah, wie arm die Leute waren, und als ich zum Überfluß auch noch vernahm, daß in der Gemeinde allerlei Sektenwesen im Schwange gehe — da wollte es sich mir *verdunkeln,* daß es *Gottes* Stimme gewesen sei, die mich nach Holpe gewiesen hatte.

Und dennoch wurde ich schließlich in *Holpe* gewählt. Es ging durch viel Parteistreit hindurch, ehe mein Name „aus der Urne" gezogen wurde. Der Kampf der Helden wogte hin und her. Schließlich ergab sich, daß *genau die Hälfte* der Stimmen auf mich fiel; da mußte nun das *Los* entscheiden. Und es entschied für *mich,* für *mich,* der ich in meinem ganzen Leben ein Todfeind des Loses gewesen bin. Aber trotz des Loses und trotz aller meiner Freunde, die mich „für Größeres bestimmt hielten", trotz allem nahm ich die Wahl an. Der Zug hin zu den geistlich hungernden und armen Leuten war mir zu mächtig. Und er hat mich nicht betrogen.

Verlobt

Zum Landpastor gehört die Frau Pfarrer; das ist klar. *Also mußte ich eine Frau haben.* Die Abgesandten meiner zukünftigen Gemeinde betonten dies auch sehr kräftig. „Ohne Frau werden Sie bei uns nicht froh", sagte der Kirchmeister. „Und sie muß gesund und gottesfürchtig sein", fügte er hinzu. Ein anderer ergänzte: „Sie darf nicht stolz sein und muß gut marschieren können, damit sie die weiten, schmutzigen Wege in die Bauernschaft aushalten kann." Der dritte ergänzte, es sei sehr wünschenswert, daß sie in der *Landwirtschaft* Bescheid wisse, sonst würde sie von ihrer eigenen Viehmagd ausgelacht. Ich versprach, alle diese weisen Mahnungen zu beherzigen, aber über solcher Beherzigung wurde mein schweres Herz erst recht schwer.

„Erwählen Sie sich doch den Baumeister *Jäger* in Elberfeld zum Schwiegervater!" sagte mir in einer vertrauten Stunde der Eichmeister Kamberg. „Sie kennen ihn ja, das ist ein Christ, in dem kein Falsch ist. Und seine Tochter Maria ist so wie er — reines Gold!" Beide genannten Männer gehörten einem christlichen Klub an, der meist aus frommen und gutgestellten Handwerksmeistern bestand. Sonntagnachmittags pilgerten sie in sommerlicher und winterlicher Zeit über Land und tranken irgendwo einen Kaffee, der es in sich hatte. Ich war öfter mitgewesen und fühlte mich in diesem Kreise wohl, wenn er auch etwas engherzig war. Den Baumeister Jäger hatte ich besonders lieb. Seine achtzehnjährige Maria hatte ich bislang wohl flüchtig gesehen, aber kaum beachtet, da ich sie für noch jünger hielt, als sie wirklich war. Ich hatte mich auch sonst um das weibliche Geschlecht in diesem Sinne nicht viel gekümmert.

Genug, der Eichmeister schlug mir vor, ich solle einmal an einem schönen Abend mit zu Jägers gehen. Gesagt, getan! Wir tranken erst als echte Rheinländer eine Flasche Wein zusammen. Dann fand ich, daß es in der Laube etwas eng und heiß war, womit ich jedenfalls keine Unwahrheit sagte. Mein Herz klopfte nämlich aufs heftigste, seit ich Maria gegenübersaß. Sie war nicht das, was man eine blendende Schönheit nennt, aber ihr ganzes Wesen war so lieblich, so hold und so rein, daß ich es plötzlich als ein großes Glück erachtete, sie mein eigen nennen zu dürfen. Sie ließ sich leicht erbitten, mit mir ein wenig in den Garten zu gehen. Ein Wort gab das andere. Sie gratulierte mir zu meiner Wahl nach Holpe. Ein tiefer Seufzer war meine erste Antwort, dann dankte ich, sprach aber in höchst beklommener Weise davon, daß mein Herz wie mit Blei belastet sei.

Arglos fragte sie jetzt, ob mir irgend etwas die Wahl verleidet habe oder ob mir die Gemeinde nicht gefalle. Man höre doch, daß die Gegend so schön sei und daß die Leute so lieb und kirchlich seien. Darauf stotterte ich heraus: „Ja, die Gemeinde ist längst gut genug für mich, aber — mir graut vor dem Alleinsein! Der Gedanke, mutterseelenallein in das einsame Pfarrhaus einzuziehen, ist mir unerträglich." Sie antwortete nichts, sondern schaute auf die Erde. Was sollte das arme Kind auch antworten? Dann sagte ich — ja, was sagte ich? Ich weiß es wirklich nicht mehr. Man könnte mich foltern, und ich könnte doch nichts darüber berichten. Jedenfalls war es nicht viel Klares und Gescheites, was ich vorbrachte. Aber *gesagt* habe ich doch etwas, und zwar etwas Entscheidendes, so daß sie merkte, worauf ich hinauswollte. Ich sah, wie ihr Auge in Tränen schwamm; sie wurde totenbleich und sank dahin als eine Ohnmächtige — natürlich in meine Arme.

Das war die erste und letzte Ohnmacht, die ich mit ihr erlebte. Aber auch diese eine währte nicht lange. Und als sie in meinen Armen wieder zum Bewußtsein kam, lächelte sie mich glückselig an und sagte: „Ich will alles, was du willst, wenn es meinen Eltern recht ist." Ich küßte sie, und sie küßte mich, und wir merkten, daß wir Brautleute geworden waren. Sie lachte und weinte durcheinander. Mir aber war es noch feierlicher und erhabener zumute als an jenem Tage, wo ich an der Hand meines Vaters zum erstenmal in die hochgebauten Hallen des Kölner Doms eintrat.

Vater und Mutter Jäger segneten uns tief bewegt. Anderen Tages erschienen meine lieben Eltern. Sie waren auch einverstanden, obgleich sie eigentlich andere, und zwar „höhere" Gedanken mit mir gehabt hatten.

Vierzehn Tage nach meiner Verlobung legte ich meine Elberfelder Arbeit in andere Hände.

Einführung ins Amt

Unter all den Personen, die am Morgen des 8. Oktober 1862 in Deutz den Zug bestiegen, der nach Siegen fuhr, war schwerlich eine, deren Herz so heftig klopfte, wie es das meine tat. Es müßte denn das Herz meiner mir gegenübersitzenden Mutter gewesen sein, die, wie immer, ganz mit mir empfand.

Da, wo der Schienenstrang in eine der herrlichsten Partien des Siegtals hineinleitet, liegt die Station Schladern. Hier stiegen wir aus. Schladern war nämlich 1862 noch die Station für Holpe, das zwei bis drei Stunden von da entfernt zwischen einsamen Bergen liegt. Wohl selten wird der für gewöhnlich so öde Bahnhof eine so freudig belebte und bunte Menschenmenge gesehen haben wie an dem Tage, als ich ankam. Und es war um meinetwillen, daß alle diese Menschen zusammengeströmt waren. Es waren alles, wie man dort sagt, „Hölper". Da waren nicht nur der Kirchenvorstand und die Gemeindevertretung, nein, auch die gesamte „goldene Jugend" meiner Gemeinde hatte sich eingestellt. Und viele, die mit der

Gemeinde nichts zu tun hatten, die sich aber ein Fest gönnen wollten, waren auch dabei. Die Mädchen saßen auf blumenbekränzten Leiterwagen, die jungen Männer auf Pferden, an deren Mähnen, Ohren und Schwänzen die buntesten aller bunten Bänder in unverantwortlicher Weise verschwendet worden waren. Das Hurra, das mir entgegendonnerte, war einfach großartig. Und mancher Händedruck, der jetzt folgte, war derart, daß ich ihn nach Wochen noch fühlte und sah; denn in dieser Gegend offenbart sich die Tiefe der Liebe in der Kraft des Händedrucks. Allsofort hielt ich meine Rede Nummer eins, und darauf setzte sich der Zug in Bewegung. Die Berittenen sprengten fort und fort in rasendem Galopp an der Wagenreihe auf und ab, als gelte es, uns vor Raubrittern und Drachen zu schützen, während tatsächlich in der ganzen weiten Welt keine Seele daran dachte, unseren Frieden zu stören.

Nach einer Stunde erreichten wir *Waldbröl,* die Kreisstadt, die aber bei Lichte besehen auch nur ein größeres Dorf ist. Aber gegen Holpe ist es immerhin eine Stadt. Sie beherbergte unter anderem auch zwei Ärzte, die zwar noch fünf Viertelstunden von unserem Pfarrhause entfernt wohnten, für uns aber doch den Vorzug hatten, daß sie weit näher waren als irgendwelche andere. Hier in Waldbröl erwartete uns ein einfaches Mittagsmahl. Der Bürgermeister sprach in einem Toast die Hoffnung aus, daß ich ein königstreuer Mann sei; der Kirchmeister aber gab dem Wunsche Raum, daß ich in Holpe sterben werde, natürlich erst nach vielen Jahrzehnten. Ich konnte das letztere nicht versprechen und das erstere nicht *so,* wie der Herr Bürgermeister es meinte. Aber ich sprach doch einige „passende Worte". Bald ging es weiter, denn die Tage waren schon kurz, und es gab noch viele Ereignisse, die vom Sonnenlicht beschienen sein wollten.

Als wir an der Grenze meiner Pfarrei ankamen, hörten wir trauliches Glockengeläut, das zu meiner Begrüßung aus dem Tal herauftönte. Es war das Geläut von *zwei* Kirchen, denn *auch der katholische* Herr Konfrater hatte Befehl gegeben, die Glocken zu läuten.

Eine kleine, allerliebste Kanzel war hier an der Waldecke

aus Rasen errichtet und darüber eine Ehrenpforte. Schulmeister und Kinder sangen ein Lied, das ein ungenannter Dichterling fabriziert hatte. Es war gut gemeint, aber etwas überschwenglich geraten. Es ging nach der Melodie: „Wie schön leucht't uns der Morgenstern". Der Herr Lehrer war so gerührt, daß seinen Augen fortwährend Tränen entströmten, worüber er dann das Dirigieren völlig vergaß, so daß sich schließlich das ganze Kunstwerk in lauter Wirrwarr und Mißtöne auflöste; denn als die Kinder ihren Lehrer weinen sahen, weinten sie verständnisvoll mit.

Nun war die Reihe an mir. Ich bestieg die kleine Kanzel und hielt meine dritte Rede. Natürlich gingen mir, da schließlich das Thema immer dasselbe war, die Gedanken aus. Und so wird's wohl ein richtiges „Wassersüppchen" gewesen sein. Aber ich war doch tief erschüttert. Ich fühlte, wieviel diese lieben Menschen von mir erwarteten, und ebenso, daß ich, auf mich selbst gestellt, entsetzlich wenig zu geben hatte. Jedenfalls war die Gemeinde von meinen Worten tief bewegt. Und jetzt wallfahrten wir in hellen Haufen den Berg hinab und sangen unter dem Geläut der Glocken: „Laßt mich gehen" usw. Natürlich zogen wir in die bekränzte Kirche. Hier sangen wir das deutsche Tedeum. Und das muß wahr sein: Meine Holper sangen prächtig. Es ging einem durch und durch. Zum vierten Male mußte ich reden. Bauersleute, die einen weiten Weg gemacht haben, bekommen nicht leicht zu viel.

Über dem allem war es Abend geworden. Aber *mein* Feierabend war noch nicht vorhanden. Das Presbyterium ließ es sich nicht nehmen, mich selbst ins Pfarrhaus einzuführen.

Endlich war ich allein und *mußte* auch allein sein, mit Gott allein. Ich schloß mich auf meinem Studierzimmer ein. Ich hatte meinem Gott noch viel zu sagen, und er mir noch mehr.

Am anderen Morgen erforschte ich nun mein neues Reich und entdeckte allerlei köstliche Dinge. Eine gute Magd als vorläufige Regentin, die aber leider bald vorzog, zu heiraten und ein eigenes Reich zu regieren. Im Stalle standen zwei prächtige Kühe von holländischer Rasse. Zwei Schweinchen und ein Dutzend Hühner fehlten auch nicht. Der Garten war voll von herrlichem Gemüse. Das benachbarte Feld trug Kartoffeln die Fülle. Der Obsthof lieferte dreimal mehr, als wir gebrauchen konnten.

Dabei war das Pfarrhaus überaus anmutig und idyllisch gelegen. An zwei Seiten war es von einer Wiese mit Obstbäumen umgrenzt, an den anderen Seiten durch den herrlichen Garten, der von einem munter sprudelnden Bächlein umrauscht war und dem es sogar an einer Mooshütte nicht fehlte. Jenseits des Gartens an der Landstraße lag das Schulhaus, nahe genug, daß ich als Schulinspektor kontrollieren konnte, ob der Herr Lehrer auch rechtzeitig seine Stunden begann. Dies war dem braven Mann sehr unbequem.

An dem lieblichen Wiesental, das neben der Schule begann, lag der Friedhof. Der machte mir oft ernste Gedanken. Gegenüber dem Pfarrhaus, einen guten Steinwurf entfernt, stand recht malerisch, von prächtigen Linden umgeben, die alte *Kirche.* Hart hinter dieser rauscht ein forellenreicher Bach, jenseits desselben steigt dann sehr steil die waldige Bergwand empor. Die wenigen Häuser des Dorfes waren meist über dem Rand des Baches erbaut. Die katholische Kirche, die noch unscheinbarer war als die unsrige, lag höher, dicht an einem kleinen Buchenwäldchen, das übrigens protestantisch war.

Wenn nun auch Holpe der lieblichste Ort der Gemeinde war, so war doch auch die Umgegend reich an landschaftlichen Schönheiten. Schade, daß der Boden meist ziemlich unfruchtbar war. Leider waren die meisten Leute noch unfruchtbarer an Plänen, ihn zu verbessern. Der junge Pastor hatte auch nichts von einem Oberlin an sich, doch regte ich, nachdem ich mich von weiseren Männern hatte erleuchten lassen, dies und das an, was neuen Erwerb brachte. Wichtiger aber war, daß es mir in Verbindung mit meinem katholischen Kollegen gelang, der heillosen *Prozeßleidenschaft,* die so entsetzlich viel Unheil über manche Familien gebracht hatte, zu steuern. Der katholische Amtsbruder und ich bildeten ein Schiedsgericht, dessen Spruch man sich meistens unterwarf. Sodann bewog ich den größeren Teil meiner Leute, sich an den Feuer-, Hagel- und Viehversicherungen zu beteiligen. Viele hatten das in einem höchst törichten „Gottvertrauen" unterlassen. Sie meinten nämlich, es zieme sich nicht, unserem Herrgott durch solche Versicherungen sozusagen ein Schnippchen zu schlagen, wenn er doch vorhabe, uns zu strafen. Da aber dieselben Leute, wenn sie etwa durch Feuer oder Hagel in finanzielle Not geraten waren, sich sehr ernstlich nach *menschlicher* Hilfe umsahen, so konnte ich ihnen leicht begreiflich machen, daß es viel würdiger sei, auf dem Wege der Versicherung *sich selbst* zu helfen.

Ich lud die Bauern, wenn ich sie zu etwas bringen wollte, in mein Haus ein. Eine riesige zinnerne Kaffeekanne, die sechs Liter faßte und das Geschenk einer Elberfelder Verehrerin war, verstärkte dann meine Beredsamkeit.

Überaus wohltuend berührte es mich, daß sogleich am ersten Morgen der katholische Herr Mitbruder mir einen Besuch machte. Er war ein liebenswürdiger und wohlunterrichteter Mann, ohne Fanatismus. Sonst hätte er auch wohl bei meinem Einzug nicht läuten lassen. Wir haben sehr friedlich und anregend miteinander verkehrt, bis er plötzlich in eine weitentlegene Gegend versetzt wurde. Wir hatten fast jede Woche einen Abend, wo wir den Augustin oder Chrysostomus — natürlich in der Grundsprache — lasen. Nachher speisten wir zusammen, bald bei ihm, bald bei mir. Das Verhältnis der beiderseitigen Gemeindeglieder gestaltete sich wie das ihrer „Hirten". Konfessionell gemischte Ehen suchten wir — meist erfolgreich — zu verhindern; war das nicht möglich, so wurde ein friedliches Übereinkommen getroffen. In so kleinen ländlichen Gemeinden können die Pastoren mit viel Liebe und ein wenig Weisheit und Humor Großes ausrichten, was in städtischen Verhältnissen unmöglich, ja undenkbar ist. Übrigens soll man nicht denken, daß meine Gemeindeglieder denkfaule und stumpfe Ja-Brüder gewesen seien. Das denkt mancher, der aufs Land kommt. Er meint, die Leute wären dort einer wie der andere. In Wirklichkeit gibt's auf dem Lande mindestens ebensoviel Originale wie in der Stadt. Man muß nur Augen und Liebe dafür haben. Jedenfalls gab's in meiner Gemeinde so viel Originale, daß mir erst davor gruselte.

Aber fast hätte ich vergessen, daß ich trotz meiner feierlichen Einholung durch die Gemeinde noch gar nicht *ordiniert* war. Diese meine Ordination geschah zwei Tage nach meinem Einzug. Die Herren des ehrwürdigen „Moderamens" kamen also mit vielen anderen Kollegen aus unserer *„Aggersynode"* zu Wagen und zu Pferd, um mich zu ordinieren. Herr Superintendent St. war ein alter, ehrwürdiger Mann, ein Rationalist der besten Sorte, also ein Mann, der die „Vernunft" über die Offenbarung stellte. Seinerzeit war er einer von Lützows „wilder, verwegener Jagd" gewesen. Der liebe Alte sagte mir ehrlich, er habe vernommen, daß ich viel „Wupperwasser" getrunken habe; das müsse ich wieder loswerden; es passe sich nicht für unsere „aufgeklärte" Synode. Obgleich ich seinen Wunsch nicht erfüllen konnte, wurden wir doch trotz verschiedenen Standpunkts gute Freunde.

Die Ordination war nicht gerade sehr erbaulich. Der Superintendent hielt eine erstaunlich kurze Ansprache, aus der ich nur noch diesen einen Satz weiß: „Alles, was ich sagen könnte, haben Sie sich ohne Zweifel schon selbst gesagt." Das war ja sehr liebenswürdig, aber nicht gerade erbaulich. Ich war jedenfalls froh, daß ich meinen Beruf und mein Recht, sündigen Menschen das Evangelium predigen zu dürfen, von einer höheren Instanz herleiten konnte als von der, die durch das Moderamen vertreten war.

Unmittelbar nach *meiner* Predigt empfing mich in der Sakristei der acht Jahre ältere Pastor *Jakob Engels* aus *Nümbrecht*. Er umarmte mich unter Tränen und sagte: „Du und ich wollen das Netz zusammen ziehen." Auf diese einfache Weise machte er Duzbruderschaft mit mir. Dieser Amtsbruder, der seinen Namen mit Recht trug, war mir schon vorher ein wenig bekannt. Er hatte auch die Holper auf mich hingewiesen. Das Angesicht dieses Mannes war wirklich „wie eines Engels Angesicht". Die Holdseligkeit und Menschenfreundlichkeit Jesu Christi spiegelte sich darin so, wie ich es selten bei einem Menschen gesehen habe. Er war Pastor einer großen Gemeinde. Sein Pfarrhaus lag drei Stunden weit von dem meinen entfernt. Aber das hinderte nicht, daß wir einander fleißig besuchten. Bei solchen Gelegenheiten hielt der Besuchende dann immer eine Bibelstunde, damit die Gemeinden auch einmal einen *anderen* Zeugen hörten. Wir haben uns in allen Nöten beigestanden, Leid und Freud miteinander geteilt und eine segensreiche Gebetsgemeinschaft unterhalten. Engels galt bei den Weltleuten als ein „einseitiger Pietist". Nichtsdestoweniger wurde er von jedermann als eine Art Heiliger verehrt. Weil Christi Geist aus seinem ganzen Wesen herausflutete, so war seine Arbeit in der großen Gemeinde von einem wunderbaren Segen begleitet, obgleich ihm das, was man „Kanzelgabe" nennt, fehlte. So blieb er denn auch bis an sein Lebensende (1897) in dem stillen Nümbrecht, obgleich die glänzendsten Stadtgemeinden der Rheinprovinz ihn öfter wählten. An dem Tage meiner Ordination schlossen wir beide eine innige Freundschaft, wie David und Jonathan nach der Schlacht der Philister. Und diese Freundschaft konnte in all den Jahren durch nichts erschüttert werden.

Die Hochzeit

Von der *Hochzeit* kann ich, wenn ich nichts erdichten will, wenig berichten. Sie war wie tausend andere und fand am 23. November 1862 im Hause meiner Schwiegereltern statt. Pastor *Künzel*, mein verehrter Freund, traute uns; dennoch bekamen wir wenig zu hören, was unsere Herzen bewegte. Der sonst so geistgesalbte Mann hatte an demselben Tage schon soundso viel Beerdigungen, Taufen und Trauungen gehabt, und als *wir* an die Reihe kamen, war er schachmatt. Es wäre nicht nötig gewesen, daß er das zur Einleitung der Traurede noch sagte. Wir hätten es auch so gemerkt. Das ist der *Fluch der großen Gemeinden*, wovon Gott unsere Kirche in Gnaden erlösen wolle. Bei dem großartigen „Essen" passierte auch nicht viel, außer daß man viel aß. Nur mein Vater, der Doktor Funcke, leistete sich eine drollige Rede. Zuerst sagte er, daß er uns jungen Leuten ein *kostbares Geschenk* machen wolle. Wir horchten auf, denn Geschenkemachen war nicht seine starke Seite. Aber wir dachten, er wolle mit irgendwelchen alten Kleinodien herausrücken. Nun, was war das

Geschenk? Eine feierliche Ermahnung, nur in den äußersten Fällen zum *Arzt* zu schicken. Die menschliche Natur helfe sich in der Regel selbst, wenn man sie vernünftig behandle und die Medikamente, die Gott für jedermann gratis gegeben habe, nämlich Sonnenschein, Luft und Wasser, ohne Sparsamkeit und mit Danksagung gebrauche. Auf diese Weise würden wir Doktor und Apotheker sparen und außerdem noch einen reichen Schatz an Heiterkeit und Humor gewinnen. Das alles erhärtete er mit drolligen Beispielen aus seiner Praxis. Wenn mein Vater später Sanitätsrat geworden ist, so ist das vermutlich nicht wegen dieser Rede geschehen.

Meiner lieben jungen Frau wurde der Abschied aus dem Elternhaus doch recht schwer. Ob sie ahnte, daß sie es nie wieder betreten würde? Aber als ich am anderen Tage, von den Kindern der Gemeinde mit Hurra begrüßt, meine liebe Frau in das glänzend erleuchtete Haus führte — als wir zum ersten Male am eigenen Tisch unsere Hände miteinander falteten — als dann nach Tisch Nachbarn und Nachbarinnen kamen, um die junge Frau herzlich zu begrüßen — als wir mit ihnen nicht nur ein Glas Wein tranken, sondern auch zum Klavier einen feinen Psalm sangen — da wurde alles hell, da war bei meiner Maria alle Angst in des Meeres Grund hinabgesunken. Sie ist auch erst wieder aufgestiegen, als ihre letzte Stunde schlug.

Jetzt, nachdem wir allein waren, erkannten wir erst, was wir aneinander hatten. Alle Tage entdeckte einer am anderen neue Vortrefflichkeiten, neue leibliche und geistige Eigenschaften. Ach, es waren auch oft neue Schwächen, Unarten und Torheiten! Wir machten aber einen heiligen Bund miteinander, daß wir uns gegenseitig auf alles, was vom Argen sei, aufmerksam machen und so *einer des anderen Seelsorger* sein wollten.

Von Langeweile war durchaus keine Rede. Der Haushalt mit Garten und Viehwirtschaft war schnell das Paradies der jungen Frau. Nachmittags aber begleitete sie mich oft auf meinen Wegen in die Gemeinde, und sie eroberte durch ihr holdes und bescheidenes Wesen bald alle Herzen. Maria war voll

Bescheidenheit und Freundlichkeit, erfüllt von einem sanften und stillen Geist. Geistliche *Erfahrung* wäre gewiß mit der Zeit nachgekommen, wenn Gott für gut befunden hätte, ihr mehr Zeit für diese Welt zu bewilligen. Vorläufig war sie aber mit *heiliger Einfalt* bemüht, sich in die Welt, die vor ihr lag, hineinzuleben. Die schwindsüchtige Nachbarin und der alte lahme Jürg, dem sie vorlas, wußten davon viel zu erzählen; aber auch die kleinen Schweinchen, die wir mästeten, erfuhren ihr warmes Interesse.

So fehlte es nie an interessanten Dingen, denn die kleinste Welt um uns her ist interessant, wenn der Mensch nur Augen und Herz an der rechten Stelle hat und nicht so langweilig ist wie die meisten Kinder unseres Geschlechts.

Freilich, es kamen Wintermonate mit fast schauriger Einsamkeit. Aber auch dann, wenn der Schnee meterhoch unser Pfarrhaus umgab und wir abgeschnitten waren von der ganzen Welt, schlugen wir stolz dieser ganzen Welt ein Schnippchen, weil wir genug aneinander hatten. Oder wenn nachher die Wege zu grundlos waren, als daß die junge Frau mich in die Gemeinde hätte begleiten können, so schneiderte sie hoffnungsreichen Herzens an der Ausstattung des zukünftigen Bübleins; denn daß es ein Bube sein müsse, stand merkwürdigerweise bei uns beiden fest. Mich aber kümmerten Sturm und Regen nicht, wenn ich mit meinem Laternchen an der Brust durch die Berge heimwärts zog. Welche Wonne, wenn dann die Lichter des trauten Pfarrhauses mich durch die Nacht hindurch grüßten und die herzige Frau mir entgegenflog und mich zu dem Tisch führte, wo „braune Kartoffeln" (das Rezept kann ich leider nicht zum besten geben) und Pfannkuchen mir entgegendufteten. Nachher gab's dann Musik; geistliche und weltliche Lieder erklangen ohne Ende; und wenn sie auch nicht kunstgerecht waren, so fanden *wir* sie doch wunderschön. Und das war die Hauptsache.

Und nun gar, als der Frühling mit Vogelsang und Blumenpracht in unsere ebenso abgelegenen wie großartigen Berge seinen triumphierenden Einzug hielt! O wie lag das Leben so licht und weit und reich vor uns!

SEELSORGERLICHE ARBEIT

Was eine Tasse Kaffee vermag

Daß die Einzelseelsorge zwar die unscheinbarste, aber trotzdem die *wichtigste* Tätigkeit eines rechten Pastors sei, hatte mich mein Großvater mit Wort und Tat gelehrt.

Dennoch bin ich nie meiner Ohnmacht so innegeworden als dann, wenn ich Auge in Auge mit schwerleidenden oder sittlich verwirrten Menschen über das eine, was not tut, reden mußte. In den ersten Jahren wollte mir oft der Angstschweiß ausbrechen, wenn ich mich an einem *Krankenbett* niederließ. Ich bemerkte bald, daß man sich auf solche Besuche nicht vorbereiten kann in der gewöhnlichen Weise und daß, *wenn* man sich vorbereitet hat, das fast nie paßt, was man zu sagen sich vorgenommen hat. Wem das Geschick oder die Geduld dazu fehlt, wer, mit der Uhr in der Hand, nur einige „fromme" Worte für den armen Menschen findet, der soll lieber wegbleiben. Die Menschenseele ist eine Majestät, wenn auch eine gefallene, und sie will auch danach behandelt sein. Sie ist ein geheimnisvolles Wesen und will studiert sein, besonders die Seele des Kranken. Wohl dem, der selbst viel krank gewesen ist und also aus eigener Erfahrung die seelischen Anfechtungen kennt, die aus den leiblichen Leiden herauswachsen! Mir wurde jetzt klar, warum ich so viel hatte krank sein müssen. Tief beschämt betete ich jetzt an über dem, worüber ich so oft gemurrt hatte. Ich merkte auch bald, daß ich die besten Gedanken für die Predigt in den Unterhaltungen mit Kranken gewann, falls ich mich vorher im Gebet mit Demut, Geduld und Barmherzigkeit gerüstet hatte.

In einem einsamen Tal wohnte unter anderen eine *steinalte Frau.* Trotz ihrer neunzig Jahre wußte sie aber noch sehr gut, was sie wollte. Und sie wollte z. B. auf keinen Fall mit den „nimodischen Pastörs" etwas zu tun haben. Darin hatte sie auch von ihrem Standpunkt aus ganz recht, denn sie war eine Rationalistin vom reinsten Wasser. Als ich sie zum ersten Male besuchte und ansprach, drehte sie sich im Bett — sie lag nämlich immer zu Bett — auf die Seite nach der Wand hin und antwortete kein Wort. So nahm ich mir denn vor, dem Rat ihres Schwiegersohns zu folgen. Der hatte nämlich gesagt: „Ehrwürdiger Herr Pastor, lassen Sie die alte Hexe auf sich beruhen!" Trotzdem, als ich einige Monate später, zur Zeit der Heuernte, in ihre Nähe kam, trieb es mich innerlich heftig, die Alte zu besuchen. Und so ging ich denn. Ich fand sie aufrecht im Bett sitzen. Sie war kirschbraun vor Zorn. Und heute *redete* sie auch zu mir, aber nur, um alle Wellen ihres Grimms über ihre Familienglieder auszugießen, die ins Heu gegangen wären, ohne ihr vorher *Kaffee* zu machen. Ich dachte an meine Mutter und sagte: „Liebste, beste Großmutter, da ist leicht zu helfen: Ich will Ihnen Kaffee machen."

Ein fast verächtlicher, höhnischer Blick war die Antwort: „Du und Kaffee machen!" Aber als Sohn meiner Mutter brachte ich das Kunstwerk doch fertig, obgleich es in dem unordentlichen Haushalt nicht ganz leicht war, die nötigen Dinge zusammenzufinden. Genug; endlich brachte ich der Alten einen Kaffee, der jedenfalls besser war als der, den sie gewöhnlich bekam, und dem auch Zucker und Sahne nicht fehlten. Die Alte hatte mit atemloser Spannung meinem Tun zugesehen, wie ich das Herdfeuer entzündete, wie ich den Kessel mit Wasser füllte und übers Feuer brachte, wie ich Kaffeebohnen zusammenkramte, mahlte usw., Milch suchte und abrahmte, bis endlich alles zum Hochgenuß bereit war. Wie ich aber nun vor die Alte trat und sagte: „So, Großmütterchen, nun trinken Sie!", da fing sie bitterlich an zu weinen. Sie vergrub ihren grauen Kopf in den welken Händen und schluchzte immer wieder: „O wie bin ich schlecht, wie bin ich schlecht!" Ich verstand erst gar nicht, was mein Kaffee mit ihrer ganz neuen Selbsterkenntnis zu tun hatte. Allmählich begriff ich ein wenig davon. Sie küßte mir nämlich die Hände mit einer wahren Leidenschaft und sagte: „Jetzt sehe ich, daß Sie ein Mann Gottes sind. Und Sie haben doch recht, wenn Sie immer predigen, daß wir Menschen verloren sind, wenn wir keinen Heiland haben."

Der Kaffee hatte ihr Herz gewonnen für den „nimodischen

Prediger"; er hatte ihr volles Vertrauen zu seiner Predigt geschafft, gegen die sie sich wahrscheinlich schon lange innerlich gewehrt hatte. Genug, jetzt war das Eis gebrochen, und diese alte Seele sog mit heiliger Begierde den süßen Trost des Evangeliums in ihr Herz. Da fehlten dann auch nicht die Wirkungen; und als sie etwa ein Jahr nachher starb, betrauerten *die* ihr Abscheiden, denen sie früher ein Schrecken gewesen war. Diese Bekehrung war echt, obgleich der Kaffee die Hauptrolle dabei zu spielen schien. Leider habe ich sonst nie erlebt, daß ein so alter Mensch sich noch bekehrte. Ich muß aber nochmals bemerken, daß *ich* nie darauf gekommen wäre, der Alten Kaffee zu machen, wenn mich meine Mutter nicht schon früh in die *dienende Liebe* hineingezogen hätte. Selig die Diakone! Selig die Diakonissen! Selig, wer dient — aus Dank gegen Christus!

Blütezeit

Im übrigen habe ich nicht nur die Kranken und Leidenden seelsorgerlich besucht. Nein, vom ersten Tage an, und womöglich an jedem Tage, machte ich meine Hausbesuche. Kein Hüttlein wurde übergangen. Und in jeder Wohnung wurde jeder Insasse, gleichviel ob klein oder groß, herbeigeholt. So kannte ich bald jedes Kind in der Gemeinde, ja fast jeden Hund und jede Katze. Und je mehr man über die Verhältnisse der Gemeindeglieder Bescheid weiß, desto mehr Anknüpfungspunkte hat man fürs Gespräch. Die Kunst ist nun, in unmerklicher und ungekünstelter Weise aus dem Weltlichen ins Geistliche hinüberzukommen. Nach meiner ganzen Anlage, und vielleicht noch mehr nach meiner Erziehung, wurde mir das nicht schwer. Vor allen Dingen aber wurde es mir durch das lebhafte religiöse Interesse der Leute, denen die Bibel ihre Welt war, erleichtert. Es ist auch sehr die Frage, wer bei solchen Hausbesuchen mehr profitierte: der Pastor oder die Gemeindeglieder. Es gab deren manche, die viel mehr die Gebenden waren, als sie selber ahnten.

Ich will vorläufig nur *ein* Beispiel erzählen, um klarzustellen, was ich meine. Vorausschicken muß ich, daß am Anfang meiner Amtswirksamkeit eine Art *Erweckung* über die Gemeinde kam. Sie äußerte sich besonders darin, daß viele Personen, männliche und weibliche, junge und alte, zu mir kamen, und zwar oft wie Nikodemus mitten in der Nacht. Sie bekannten allerlei geheime Sünden, ja schwere Verbrechen wie Meineid und dergleichen, und flehten mich an, daß ich mit ihnen um Vergebung und Herzenserneuerung bitten möge. Das ging so etwa ein Jahr lang. Dann kam alles in die alten Geleise, obgleich der Kirchenbesuch immer gut blieb. Ich war über diesen vermeintlichen Rückgang sehr betrübt und hatte bei meiner leidenschaftlichen und ungeduldigen Art schon Sehnsucht, von Holpe fortzukommen. So äußerte ich einmal meinen Kummer gegenüber einem lieben Bauern. Wir schritten gerade durch seinen Baumhof, der auf einem steilen, weit sichtbaren Hügel lag. Der Mann schwieg, nachdem ich mich ausgeklagt hatte, lange still; dann sagte er, indem er väterlich die Hand auf meine Schulter legte: „Dieser Baumhof war vor einem Monat wie ein großer, strahlender Blumenstrauß, und man konnte auf eine halbe Stunde weit die schneeweißen, blühenden Bäume sehen. Nun ist die Schönheit vergangen, und man sieht nichts mehr. Die Blüte ist abgefallen, aber *die Frucht hat angesetzt,* und die Ernte wird nicht auf sich warten lassen. So ist's auch mit der *Gemeinde.* Das, was vor Jahr und Tag geschah, war Blütezeit. Da war viel Rumor und Glanz. Jetzt ist's still geworden. Die Frucht setzt an. Nun heißt es *beten,* daß der Wurm sie nicht sticht und daß Sturm und Hagel sie nicht herunterreißen." So tröstete mich der liebevolle Pilger Gottes, und vielleicht ist seine Rede auch für andere Leute noch ein Trost.

IM DUNKLEN TAL

Ohne ein Gedankenleser zu sein, weiß ich, daß manche fragen werden: „Wo blieb die junge Frau Pastorin denn, wenn du so viel unterwegs warst?“ Die Antwort ist sehr einfach: Sie ging in der Regel mit. Bei Regenwetter hatte das freilich seine Schwierigkeiten, denn dann waren die Wege grundlos, und manches Bächlein trat über seine Ufer und riß gar die schmalen Stege fort. Einmal trug ich sie auf meinem Rücken durch solch ein leidenschaftliches Wässerlein, stolperte auf einem glatten Stein, und wir beide nahmen ein kaltes Bad. Das schadete uns aber nichts, wie man sich bei einigem Humor an vieles gewöhnt, selbst wenn man so verzogen und verzärtelt ist, wie es meine Maria war. Diese war, wie ich schon früher andeutete, überall herzlich willkommen, denn sie war nie „gesalbt“ und noch weniger „gnädig“, sondern von Herzen demütig und freundlich. Zwar entging es ihr nicht, daß sie als Frau Pastorin eine hochehrwürdige Respektsperson war und eine so bedeutende Rolle spielte wie noch nie in ihrem Leben. Das belustigte sie wohl, aber es machte sie nicht stolz. Nach ihrer Meinung war sie auch überall nur die Lernende und Nehmende. Sie sammelte Kenntnisse jeder Art, Menschenkenntnis vor allen Dingen, aber auch Kühekenntnis, Schweinekenntnis, Hühnerkenntnis, Gemüsekenntnis usw. Das war auch sehr heilsam, denn als richtiges Stadtkind wußte sie vorher nicht mehr davon als ein neugeborenes Kind. Sehr wichtig war für mich auch ihre Anwesenheit, wenn wir bei allerlei fröhlichen oder traurigen Gelegenheiten von den Gemeindegliedern zu Tisch eingeladen wurden. Es war ja sehr lieb von den Leuten, daß sie uns so gern haben wollten, aber mir, der ich an einem schwachen Magen litt, schauderte doch oft davor.

„Deine Frau hat zugenommen an Gesundheit, Weisheit und Gnade bei Gott und den Menschen“, sagte mir mein Schwiegervater, als er das erste und einzige Weihnachtsfest, das meine Maria als Pfarrfrau erleben sollte, mit uns feierte. Über alles Erwarten schnell und gründlich hatte das verwöhnte

Stadtkind sich in den Beruf einer Landpastorin hineingearbeitet. Auch ihre Gesundheit wurde in der würzigen Bergluft geradezu brillant. Und doch — und doch —: „Dunkelschwarz wie Meereswogen kam ein graues Heer gezogen, und das Paradies verschwand."

Es war am Morgen des 17. August 1863, als gewisse Zeichen meldeten, daß uns ein Kindlein geboren werden solle. Des Kindleins Geburt sollte zum Tode der Mutter werden. Wie das aber zugegangen, darüber will ich lieber nichts sagen. Was das arme Weib an ihrem Leibe und was ich an meiner Seele gelitten, wie wir beide Tag und Nacht mit Gott gerungen haben, er allein weiß es, der ins Verborgene schaut und der die Tränen seiner Kinder zählt. Am 18. August, um sechs Uhr morgens (es war ein Sonntagmorgen), tat das Kindlein seinen ersten Schrei. Es war in der Tat das erwartete *Knäblein,* und zwar ein liebliches Lockenköpfchen, aber sehr zart und unentwickelt, denn es war zwei Monate zu früh erschienen.

Aber wie unendlich ich kinderlieber Mann mich auch darauf gefreut hatte, Vater zu werden — jetzt würdigte ich mein Kind kaum eines Blickes. Denn marmorbleich, mit kaltem Schweiß auf der Stirn, lag die junge Mutter auf ihrem Schmerzenslager. Zwar lächelten ihre Lippen, aber es war ein Lächeln, das mir mein Herz zerriß. Ich betete leise mit ihr, während der katholische Arzt zum Fenster hinausschaute. Für zwei Stunden schloß sie, fast bewußtlos, die Augen. Erst das Geläut der Glocken, die zum Gottesdienst riefen, weckte sie auf. Mit einem seligen Lächeln öffnete sie die Augen. „Otto, das sind Himmelsklänge", lispelte sie. „Nein", sagte ich, „es sind unsere Kirchenglocken, die mich auf die Kanzel rufen." „Ich hörte aber ganz gewiß Himmelsmusik, lieber Mann. Sieh, ich sterbe jetzt; verzage nicht, beweise deinen Glauben! Es muß so besser sein, und wisse: Der Heiland hat mich angenommen!" Das alles sagte sie nur mühsam, ein Wort nach dem anderen aushauchend. Mir aber ging es durch Mark und Bein.

Ich schickte schnell einen reitenden Boten hinter dem Arzt her. Der war nämlich fortgefahren, denn zwei Stunden von

Holpe entfernt lag ein anderes armes Menschenkind in Todesnot, das, wie der Arzt wenigstens *meinte*, seiner Hilfe noch mehr bedürftig sei als wir, bei denen es keine Gefahr habe. Ach, was die Herren Ärzte nicht alles *meinen!* Ich aber zog jetzt schnell den Talar an, denn ich hörte schon den Gesang der Gemeinde: „Befiehl du deine Wege" usw. Ich betrat die Kanzel, aber plötzlich schaute mein erregter Geist das geliebte Weib wie eine *Sterbende.* „Betet für mich und mein Weib!" rief ich voll Entsetzen in die Kirche hinein, verließ die Kanzel und eilte nach Hause. Es war hohe Zeit, daß ich kam. Mit einem engelgleichen, holden Lächeln empfing sie mich: „Sei stark, mein Mann! ... mir hilft Jesus Christus." Sie schloß die Augen und starb so, wie ein Kind einschläft. Der Arzt, der Stunden später kam, erklärte, ein Nervenschlag habe sie getötet. Nun, war es dies oder war es ein anderes – jedenfalls war sie von mir geschieden.

Plötzlich ertönte das *Totenglöcklein.* Es war nämlich eine schöne Sitte, daß der Küster, sobald er von dem Absterben eines Gemeindegliedes Nachricht erhielt, die Totenglocke, die nur zu diesem Zwecke verwandt wurde, läutete. Die Gemeinde war bis dahin, still betend, in der Kirche geblieben. Jetzt strömte sie heraus und umgab mit lautem Wehklagen das Pfarrhaus. Nur einige Männer traten, gleichsam als die Abgesandten der Gemeinde, herein. Sie konnten wenig sagen. Einer aber brachte unter vielen Tränen heraus: „Wir leiden alle mit Ihnen, lieber Herr Pastor. Aber Gott vom Himmel wird geben, daß bei diesem großen Jammer für Sie und für uns etwas Rechtes herauskommt und daß Sie nicht umsonst durch so tiefe Wasser gehen müssen." Das war einerseits tröstlich und doch anderseits auch ernstlich mahnend. Kein Apostel hätte es besser sagen können, und das Wort richtete auch aus, wozu es gesandt war.

Ich entließ aber nun alle Menschen. Auf meine sonderbare Anordnung hin brachte man die teure Leiche in mein Arbeitszimmer. Ich schloß die Tür zu und warf mich nach Leib und Seele erschöpft auf mein Sofa. Alsbald schlief ich fest ein. Und ich träumte: Mein Weib und ich waren in einem sonnendurchglänzten Wald. Sie saß hochbeglückt auf einem Baumstamm und hielt ein holdes Knäblein auf ihrem Schoß. Ich stand in einiger Entfernung und warf mit Blumen nach den beiden, die dann immer laut aufjubelten. Plötzlich erwachte ich, und meine Augen fielen auf die Leiche, und meine Ohren hörten die Stimme des mutterlosen Kindleins, das im Nebenzimmer weinte. Solch ein schreckliches Erwachen habe ich niemals, weder vorher noch nachher, gehabt.

Ich war wie erstarrt. Obgleich ich immer ein großer Freund der Kinder gewesen bin, kam es mir jetzt doch nicht in den Sinn, mich um *mein* Kind zu kümmern. Die Welt war mir erstorben. Und wenn mir in diesem Augenblick gemeldet worden wäre, der Knabe sei tot, so würde ich ihn tränenlos neben seine Mutter gelegt haben. Nun, diese Meldung kam nicht. Wohl aber kam die Hebamme und mahnte mich, das Kindlein schnell zu taufen, denn es sei nicht lebensfähig. So taufte ich es denn in Gegenwart des schnell herbeigerufenen treuen Kirchmeisters an der Leiche seiner Mutter. Es empfing den von ihr gewünschten Namen Otto, also den meinen. Er sollte ihn nicht lange tragen. Fünf Jahre nur währte sein Leben, aber immerhin doch viel länger, als wir Menschen in jener dunklen Stunde dachten. Vollends ahnte ich nicht, welch ein unerschöpflicher Quell von Freude und Trost mir in dem Kindlein geschenkt war. Wie ich es taufte, erschien es mir nur als ein Schmerzenskind, und es sind bei der Taufe wohl mehr Tränen als Wassertropfen auf seine Stirn gekommen. Es war eine Gnade, daß ich weinen konnte. Dennoch war, wenn ich mit meinem Schmerz allein blieb, die Gefahr einer inneren Erstarrung sehr groß.

Aber der gütige und weise Gott hatte schon für Hilfe gesorgt, wenn auch in der ihm eigenen wunderlichen und scheinbar grausamen Weise. Ich hörte plötzlich Pferdegetrappel vor meinem Hause. Wie ich ans Fenster trat, sah ich einen Bauern auf einem schweißbedeckten Schimmel. An dem Halfter aber führte er noch ein anderes gesatteltes Pferd. Kaum wurde er meiner ansichtig, so rief er mit bebender Stimme: *„Schnell,* bitte, schnell, lieber Herr Pastor! O helfen Sie mir! Ich bin aus der Gemeinde Roßbach, und unser Pastor ist krank. Unser einziges Kind, das wir seit zwölf Jahren mit Sehnsucht erwartet haben, liegt im Sterben. Kommen Sie! Beten Sie mit uns, daß es erhalten bleibe, und jedenfalls *taufen* Sie es!"

Mir war es schrecklich, jetzt aufs Pferd zu steigen, in die Welt hineinzureiten und ganz fremde, verzweifelnde Menschen zu trösten, während mein eigen zerrissen Herz keinen Trost hatte. Aber ich konnte doch dem armen Manne seine Bitte nicht abschlagen. So ließ ich denn die teure Leiche und das soeben getaufte Kind und trabte bald an der Seite des trostlosen Mannes in die Berge hinein. Erst war ich stumm; schließlich aber mußte ich doch „als Pastor" etwas sagen.

„Glauben Sie an Gott?" fragte ich den Bauern. Der Mann erwiderte: „Ja, *wenn* er mir mein Kind erhält." Ich: „Danach dürfte *ich* nicht mehr an Gott glauben. Er hat mir mein Weib genommen, und mein Kind liegt im Sterben." Er: „Aber — Herr Pastor —, Sie werden doch nicht den Glauben wegwerfen?!" Ich: „Nein, das *will* ich nicht!", und ich wiederholte, indem ich das Pferd heftig antrieb, mit starkem Ton: „Ich *will* es nicht! Ich *will* es nicht!" —

Nach langer Pause rief mein Begleiter, der mit seinem müden Pferd zurückgeblieben war: „Herr Pastor, hören Sie doch! Ich will es *auch nicht!* Ich will auch an Gottes Liebe glauben, wenn er mein Kind *sterben* läßt."

Da sah ich mit meinen Augen den ersten Segen, der aus meiner Trübsal erwachsen war. Und eine beseligende Ahnung stieg in meiner Seele auf. Mein Wort wäre wahrscheinlich nicht in das Herz des Mannes eingedrungen, wenn ich nicht ein *Genosse seiner Trübsal* gewesen wäre. Sollte mich — so dachte ich — der herzzerbrechende Jammer, der mich betroffen, vielleicht erst zu einem wirksamen Prediger des Evangeliums machen*?

---

* Ich will nur noch bemerken, daß der kleine Bauernsohn, trotzdem der Arzt seinen Zustand für hoffnungslos erklärt hatte, am Leben blieb. Er hat mich später einmal, als er nach Amerika auswanderte, besucht. Ich hatte meine Freude an dem ebenso schönen wie frommen jungen Mann.

Die Tage, die dem Tode meiner Maria folgten, brachten, wie man sich denken kann, viel Unruhe. Es kam allerlei Besuch, vielleicht mehr als nützlich war, denn die verschiedenen Verwandten wollten nicht recht zusammen passen. Das war für mich schmerzlich. Was mir aber mein Freund *Jakob Engels* in dieser schweren Zeit gewesen ist, kann ich mit Worten nicht sagen. Natürlich flutete auch eine starke Welle von Trostbriefen in mein Pfarrhaus herein. Sie hatten jedenfalls das Gute, mir zu zeigen, daß ich in dieser Welt mehr Liebe besaß, als ich geahnt hatte.

Und noch in anderer Weise wollte mein Gott mich trösten. An dem Nachmittag des Sonntags nämlich, der der Beerdigung folgte, hatte ich in der öffentlichen „Kinderlehre" die Geschichte von der Auferweckung des Jünglings von Nain durchgenommen, vermutlich um mich selbst auf diese Weise zu trösten. Natürlich sagte ich den Kindern, daß der Heiland immer noch derselbe sei gegenüber den leidtragenden Leuten, nämlich voll Mitleid, Huld und Gnade, daß wir aber, was die äußere Hilfe angehe, in der Regel warten müßten bis an den großen Tag, da er alles hell macht und da er abwischen wird alle Tränen von den Augen seiner Kinder. Mehr als einmal betonte ich: „Jesus spricht jetzt zu seinen trauernden Jüngern: Wartet noch ein wenig!"

Nachher ging ich zum Friedhof an das frische Grab und setzte mich auf eine Bank, die mir der Tischler, ohne mein Zutun, dorthin gebracht hatte. Lange saß ich da, und es erging mir, wie es so oft geht: Das lebendige Wasser des Glaubens, das ich vorher so mühsam in die Höhe gepumpt hatte, sank wieder tief herab. Eine unendlich dumpfe Traurigkeit übermannte mein Herz. Stunde um Stunde saß ich da und war innerlich wie erstarrt. Das Vesperglöcklein tönte durch das stille, liebliche Wiesental, und das scheidende Licht der Sonne verklärte wunderbar den Tannenwald am gegenüberliegenden Bergeshang. Mich aber ließ alle Schönheit Himmels und der Erden kalt und stumm.

Da legte sich eine kleine Hand ganz leise auf meine Schulter, und eine von Tränen fast erstickte Stimme flüsterte mir ins Ohr: *„Wart noch ein wenig!"* Ich erschrak heftig, denn ich meinte mutterseelenallein zu sein. Wie ich mich umwende, sehe ich einen dreizehnjährigen *Knaben,* namens Peter Wirths. Es zuckte durch sein ganzes Gesicht, und die hellen Tränen strömten über seine roten Backen. Dieser Junge war nachmittags in der Kirche gewesen. Und nun mahnte er mich (wohl ohne zu ahnen, was er tat) in der zartesten Weise, in meiner eigenen Lage den Glauben zu beweisen, den ich anderen gepredigt hatte. Gerade bei diesem Knaben hätte ich solche Zartheit und Tiefsinnigkeit am wenigsten gesucht. Er war der wildeste und rauheste Bub von allen, die mir anvertraut waren. Und daß gerade *dieser* Knabe das Wort des Evangeliums so tief erfaßt hatte, das war mir ein köstliches Zeugnis, daß die Konfirmanden nicht nur eine innige Liebe zu mir hatten, sondern auch aufgeschlossene Herzen für die ewigen Wahrheiten. Ja, an jenem Abend erschien mir der kleine Peter wie ein Vertreter der ganzen Gemeinde und bezeugte mir, daß mein zeitliches Leid nicht zu vergleichen sei mit dem Segen, der daraus für andere erblühen werde.

Im Spätherbst, nachdem meine junge Frau gestorben war, überredete mich mein Freund *Engels*, mit ihm eine Reise in die Schweiz zu machen. Er fürchtete, daß ich schwermütig würde, und ich selbst fürchtete es auch. So ließ ich mich denn überreden. Woher ich die Mittel zu dieser Reise bekam, weiß ich heute nicht mehr. Geborgt habe ich sie jedenfalls nicht, denn geborgt habe ich grundsätzlich nie, auch in der größten Not nicht. Vermutlich haben meine Eltern die Reise nicht nur gewünscht, sondern auch möglich gemacht. Gott im Himmel aber gab dazu ein Wetter, wie es die Firnen, Täler und Seen des Berner Oberlandes selten geschaut haben. Vom letzten Septembertag bis Mitte Oktober haben wir kaum einmal eine Wolke gesehen. Es hatte einen besonderen Reiz, in dieser Zeit, wo es fast gar keine Touristen mehr gab, zu reisen. Man lernte Land und Leute ganz anders kennen. Aber vor allen Dingen entzückte uns doch unser „Wetterglück". Wir „hinter der Zeit zurückgebliebenen Landpastoren" sprachen aber nicht vom Wetterglück. Wir nahmen den tiefblauen Himmel, wir nahmen den herrlichen Sonnenschein als ein unmittelbares Geschenk aus der Gnadenhand unseres Gottes, der gerade uns beiden, die so besonderer Erquickung bedürftig waren, nun auch etwas Besonderes zum besten gab.

Am Ende dieses Winters unternahm ich noch eine kleine Reise nach *Elberfeld*, die mir mannigfache Erquickung brachte. Zweck dieser Reise war, bei meinen wohlhabenden Freunden die Mittel zu erbitten, um der Gemeinde einen großen *Ofen* in die Kirche zu stiften und die nötigen Heizmaterialien dazu. Unsere Kirche war nämlich kalt wie ein Eiskeller. Die lieben Leute aber kamen dennoch, auch bei dem schrecklichsten Wetter. Es ging mir ans Herz, daß so viele sich durch ihren Kirchgang schwerer Erkrankung aussetzten. Für Heizung zu sorgen, war mir also eine Gewissenssache. Meine alten Freunde in Elberfeld sahen die Sache ebenso an. Oder gaben sie nur *mir* zuliebe so willig und so reichlich? Jedenfalls, sie gaben; und das war in diesem Fall die Hauptsache. Ich bekam, was ich haben wollte, und noch viel mehr als das.

Unvergeßlich aber bleibt mir die ernste Bemerkung, die der alte originelle Bleicher, Pitter Wülfing in der Mirke, seiner reichen Gabe hinzufügte. Er sagte nämlich: „Nu vergeten Se äwer nit, liewe Herr Paschtur, dat de *Hauptsowen* emmer *op der Kanzel* schtonn mott."* Das Wort war in der Tat die silberne Schale zu den goldenen Äpfeln. Ja, die Schale war für mich noch mehr wert als die Äpfel. Es war wirklich Gefahr vorhanden, daß der Prediger sich jetzt etwas mehr gehen ließ, da der riesige, wärmeausströmende Ofen die Leute so mächtig anzog.

Später unternahm ich für meine arme Gemeinde Holpe eine *große Bettelfahrt* in den Regierungsbezirken Köln, Koblenz und Aachen; fünf bis sechs Wochen bin ich auf Bettelfahrt gewesen. In dieser Zeit vertrat mich mein Freund *Engels* an den Sonntagnachmittagen in der Predigt. Die größte Gabe hat mir damals ohne Zweifel ein *Kutscher* gegeben, der mich zwischen Andernach und Remagen mit auf seinem Bock sitzen ließ.

Während wir durch das herrliche Rheintal fuhren, erzählte mir der katholische Mann von den schweren körperlichen Leiden, von denen sein Weib und seine Kinder betroffen seien. Ich tröstete, so gut ich konnte, hatte aber den schnöden Verdacht, daß er mein Mitleid erwecken und damit zugleich meine Börse für ein recht großes Trinkgeld öffnen wollte. Aber wie hatte ich mich geirrt! Wie schämte ich mich, als ich dem Mann einige kleine Silbermünzen in die Hand drücken wollte und er sie fast entrüstet abwies: „Gott soll mich bewahren, von Ihne was zu nemme, Herr Pfarrer! — Ne! Ne! Sie müssen Ihr Geld für die arme G'meind' behalte. Da trink' ich lieber 'ne ganze Tag keinen Schoppen."

Aber auch unter großen und vornehmen Personen fand ich solche Edelleute. Der Kutschertag war in der Beziehung besonders glücklich. Am Nachmittag suchte ich nämlich auch

* „Nun vergessen Sie aber nicht, lieber Herr Pastor, daß der *Hauptofen* immer *auf der Kanzel* stehen muß."

den hochsinnigen Herrn von B. heim, den Minister, der auf seinem herrlichen Schloß *Rheinstein* wohnte. Ich war „vom Glück begünstigt", denn ich traf bei ihm Herrn Dr. *Johann Hinrich Wichern*, den Vater der Inneren Mission, den Mann, dem ich so viel verdankte.

Wie das deutsche Volk ein christliches werden kann, das war das Hauptthema der Unterhaltung. Auch mich warben sie für diese Sache. Ich sagte zu Wichern, er habe mich in Gütersloh, also schon vor zehn Jahren, ohne daß er es wisse, für den Heiland geworben. Da traten ihm die Tränen in die Augen, und er umarmte mich wie ein Vater seinen Sohn. Beim Abschied ließ Herr v. B. zwei schwere Goldstücke in meine Hand gleiten. Aber er gab mir noch mehr als Geld. Er sagte ganz herzbeweglich: „Ich denke mir, auf einer Kollektenreise muß man täglich aufs neue beten lernen: ‚*Ich danke dir, o mein Gott, daß du mich demütigst.*' " Das tat mir Brausekopf gut. Der liebe Mann hatte wohl mehr, als er selbst ahnte, den Nagel auf den Kopf getroffen. Daß *Gott* auch da im Spiele ist, wo *Menschen* uns demütigen, leuchtete mir damals schlecht ein. Und, ehrlich gestanden, es wird mir auch heute oft noch sauer genug, das zu begreifen. Die „Geldprotzen" zu verachten, hatte unser Vater uns tief eingeprägt. Auf meiner großen Bettelfahrt aber hatte ich diese Art Menschen sehr nötig. Und es empörte mich, wenn sie mich zuweilen wirklich wie einen Bettler behandelten.

Doch zurück zu jener „*Ofenreise*"; sie sollte mir noch ein besonderes Glück verschaffen, nämlich einen neuen Freund. Ja, und was für einen! Es war *Emil Frommel*. Das ging so zu: Eines Abends hörte ich Frommel in Barmen-Wupperfeld, wo er damals Pastor war, einen Vortrag halten. Das Thema lautete, wenn ich nicht sehr irre: „*Über die Kunst im alltäglichen Leben.*" Dieser Vortrag ist nachher in erweiterter Gestalt sehr bekannt geworden. Die, die ihn mit Verstand gelesen haben, wissen, wie reich an feinen und fruchtbaren Gedanken er ist. Aber nur *die*, die im Wuppertal bekannt sind, merken die scharfen Spitzen, die sich gegen eine gewisse übergeistliche Richtung des Wuppertals kehren, gegen eine Richtung von

Menschen, welche die Kunst zugunsten der Religion verachteten und heruntersetzten, die aber, nebenbei gesagt, von der Kunst herzlich wenig verstanden.

Mir kam es an jenem Abend ganz erstaunlich vor, daß ein wirklicher Pastor so warmherzig-menschlich, so humorvoll sich frei gemacht hatte von dem herrschenden geistlichen Jargon. Ich selbst spürte längst einen mächtigen Zug nach dieser Seite hin. Ich hatte das Gefühl, daß die Sprache Kanaans übertragen werden müsse in die Sprache *unseres* Lebens; ich hatte auch vorher schon in dieser Richtung manchen Schritt getan. Aber vorsichtig, ängstlich tastend. Und doch war ich manchem meiner christlichen Freunde schon viel zu weit gegangen. Jetzt sah ich an Frommels Beispiel, daß man getrost „unvorsichtig" sein darf, wenn man nur ein gutes Gewissen in sich trägt und einen festen Grund unter den Füßen hat.

Am nächsten Morgen besuchte ich den lieben Mann in seinem Hause. Sein Arbeitszimmer sah einem Kunstkabinett fast ähnlicher als einer gewöhnlichen pastorenmäßigen Studierstube. Und in der Tat wohnte in Frommels Brust ein Künstler neben dem Pastor. Aber die beiden vertrugen sich ganz vortrefflich. Je nach Bedarf und Umständen half einer dem anderen aus. In manchen Gesellschaftskreisen, wo für das Evangelium und also auch für den Pastor durchaus noch kein Verständnis war, hat der *Künstler* Frommel durch seine geistsprühenden Tischreden oder durch seine Musik die widerwilligen Herzen dem Evangelium entgegengeführt. Er hatte eine wunderbare Gabe für *die* Leute, die sich zur Zeit noch „im Vorhof" befanden. Er glaubte, daß *alle* fürs Heiligtum geschaffen seien. Mit diesem Auge sah er sie an, und danach behandelte er sie auch. Und dieser Optimismus kam bei ihm aus dem Glauben und tat deshalb meist treffliche Dienste, wenn es auch an schmerzlichen Enttäuschungen nicht gefehlt hat.

In Frommels Arbeitsstube war ich sehr bald heimisch. Dafür sorgte er selbst. Er sagte mir gleich bei meinem Eintritt, daß er mir großen Dank schulde. Mein Gesicht sei ihm nämlich gestern abend während des Vortrags so sympathisch gewesen; er habe die „innere Konkordanz“ darauf gelesen, und das habe ihn so mutig und so munter gemacht. Nun, so etwas macht einen schnell vertraut. Weiter holte der liebe Mann Wein und Zigarren, darauf gar seine ebenso holde wie feinsinnige junge Frau. Er sang mir vor, er spielte mir vor, er las mir vor, er zeigte mir allerlei Kunstwerke. Plötzlich stellte er sich kerzengerade vor mich hin und sagte: „So, jetzt bekennen Sie mir aber ohne Umstände, warum Sie eigentlich zu mir gekommen sind!“

Meine Antwort bestand darin, daß ich schüchtern ein Manuskript aus der Tasche zog. Es war betitelt: *„Schöne Kutscherseelen“* und war auf der Schweizerreise entstanden. An jenem Frommeltage aber war die Arbeit noch nicht einmal fertig. Ich bat nämlich meinen Wirt nicht nur, meine Skizzen zu prüfen und sein ungeschminktes Urteil darüber zu sagen, sondern auch das Hochdeutsch, das ich in Ermangelung eines Besseren die Schweizer Kutscher sprechen ließ, in die mir unbekannte alemannische Mundart zu übertragen.

Er fiel sogleich über die Blätter her, während er mir eine Sammlung von Kupferstichen zuschob. Aber ich schaute sie nur mit halben Augen an. Ich hatte längst gefühlt, wie sich der Schriftsteller in mir regte; oder war das nur Selbsttäuschung und Einbildung? Nun saß da *der* Mann über meinen ersten *Reisebildern,* der es wissen mußte und von dem ich überzeugt war, daß er mir reinen Wein einschenken würde. Er las und las, halblaut, oft ganz laut; er lachte laut dazwischen, dann grunzte er auch einmal. Jetzt war er fertig, sprang auf, fiel mir um den Hals und sagte: „So, das ist einmal Fleisch von meinem Fleisch und Bein von meinem Bein! Und doch wieder von unserem Herrgott individuell zugeschnitten! Gelt, wir beide wollen zusammenhalten? Sei mein Bruder!“ Und er küßte mich.

Die Freundschaft war geschlossen. Es machte dem Frommel nichts, daß er der hochgeliebte Stadtpastor und ich ein unbekannter Dorfprediger war; auch die sieben Jahre Altersunterschied verschlugen ihm nichts. Er behandelte mich ganz als seinesgleichen. Und wir sind treue Freunde geblieben, die Leid und Freud, Freunde und auch Feinde miteinander teilten. Nur *einmal* während unserer dreiunddreißigjährigen Freundschaft gab's einen scharfen Zusammenstoß, und der beruhte auf einem Mißverständnis, das sich bald löste.

Mit manchem herrlichen Brief hat Frommel meine Seele erquickt. Aber besonders, wenn ich in der Trübsal war und seiner am meisten bedurfte, hat er mich durch seine Liebe und Fürbitte gesegnet. Das soll ihm unvergessen sein. Es war einer seiner ernsten Scherze, wenn er öfter sagte: „Schau, Otto, in den Bücherkatalogen kommen immer drei F hintereinander; erst Fries, dann Frommel, dann Funcke. Der liebe Fries ist nun abgerufen, nun kommt's schnell an den Frommel, und dann erst kommst du." Er hat recht geweissagt. Aber *wann* ich an die Reihe komme, das konnte auch er nicht sagen.

NEUE FREUDEN UND NEUE LEIDEN

Im Anfang des Jahres 1865, also etwa anderthalb Jahre nach dem Tode meiner lieben Frau, kam zweierlei Unruhe in meine Seele. Erstens erschien mir das Leben in meinen einsamen Bergen unerträglich ohne eine liebende Gattin; zweitens wollte mir scheinen, daß ich von Gott für eine größere Wirksamkeit ausgestattet sei als diejenige, die mir zur Zeit beschieden war. Ich hielt also vermöge meiner Freunde Umschau, wo etwa ein guter Platz für mich offen sei. Es fand sich aber nichts; ich predigte in Essen, Wesel und Krefeld, aber ich fiel überall durch. Einen mir unerwartet gewordenen Ruf als Inspektor der Evangelischen Gesellschaft in Elberfeld nahm ich nicht an.

Noch zweieinhalb Jahre sollte ich in Holpe bleiben. Die Gemeinde war überglücklich, als ich die Inspektorstelle ablehnte, und veranstaltete ein „*Extraopfer*" zu meinen Gunsten. Zur Erklärung dieses Opfers muß ich eine Bemerkung machen. An bestimmten Festtagen wurde dem Pastor in der Kirche ein Opfer gebracht. Der arme Mann, der „beopfert" wurde, trat nach der Predigt vor den Altar, und die ganze Gemeinde marschierte dann im Gänsemarsch um diesen Altar herum. Jeder legte seine Gabe auf einen zinnernen Teller, und zwar so, daß es ordentlich klapperte. Das mindeste, das ein jeder je nach Rang, Lebensstellung und Geschlecht geben mußte, war gesetzlich festgelegt. Ich bekenne dankbar, daß das Sümmchen, das in dem Berufungsschreiben veranschlagt war, jedesmal, solange ich in Holpe war, weit übertroffen wurde. Dennoch war mir die ganze Einrichtung ein Greuel. Sooft ich da „am Pranger" stand und angeopfert wurde, bekam ich die heftigsten Beklemmungen und Blutandrang nach dem Kopf. Jenes Extraopfer aber, das für dortige Verhältnisse sehr reichlich ausfiel, machte mir große Freude, da ich die warme Dankbarkeit der Gemeinde darin sah.

Wichtiger für mich und alle meine Nachfolger war, daß man mir bei dieser Gelegenheit eine schon oft ausgesprochene Bitte erfüllte und von einem höhergelegenen köstlichen Quell aus eine Rohrleitung in die Küche legte. So hatten wir denn nun fließendes Wasser mitten im Hause. Ein großer Fortschritt!

Aber es war auch heilsam, daß Kasse und Küche des Pfarrhauses aufgebessert wurden, denn es sollte nunmehr eine *neue Frau* ins Haus kommen. Die Wiederverheiratung eines Witwers hat für die Außenwelt geringen Reiz, und sie findet vornehmlich bei den Frauen wenig Gnade. Daß aber ich, der ich *nur zehn Monate* verheiratet gewesen war, wiederum in die Ehe trat, darüber denke ich mich mitnichten zu verteidigen. Aber ich will so kurz wie möglich berichten und über meine Leiden und Freuden nur das erzählen, was für meinen inneren und äußeren Lebensgang von Bedeutung war.

In dem schönen St. Goar am Rhein hauste schon seit mehreren Jahren in dem alten Kloster, das zur Wohnung für die evangelischen Pfarrer eingerichtet ist, mein teurer Freund Hermann Rehmann. Anläßlich eines Besuchs lernte ich seine 24jährige Schwester Maria kennen. Sie führte ihrem Bruder den Haushalt, denn er war damals noch Junggeselle. Ich bekam bald die Gewißheit, daß Maria eine Frau für mich und eine Mutter für mein Kind sei. Diesen letzteren Punkt betone ich stark. Ich liebte meinen Knaben aufs innigste, und ich wußte, daß eine Ehe nie wahrhaft glücklich sein kann, wenn die „Stiefmutter" so ist, wie sie „im Buche steht", wie sie aber gottlob unzählige Male in Wirklichkeit *nicht* ist.

Doch zur Sache! Am 13. März 1865 verlobte ich mich mit Maria Rehmann, und zwar in Mülheim (Ruhr), wo ihre treffliche Mutter als Witwe lebte. Ich war der gewissen Zuversicht, daß diese meine zweite Maria alle nötigen Eigenschaften hatte, mich und mein Kind zu beglücken.

Sie war in ihrem inneren Leben so gefördert, wie man es in dem Alter nur selten findet. Dabei aber war sie begnadet mit einer wunderbaren Heiterkeit des Geistes, mit einer Heiterkeit, die auch in den erschütternden Leiden, die bald über sie ergehen sollten, nicht mit erschüttert wurde.

Mein Vater war diesmal *nicht* mit mir zufrieden. Er meinte, daß ein so schwächlicher Mensch, wie ich es nun einmal sei, die Pflicht habe, eine Frau zu nehmen, die *Vermögen* habe; auch äußerte er von vornherein Zweifel an Marias Gesundheit. Ich aber ging in diesem Fall meinen Weg ruhig durch. Und ich bedaure es nicht, obgleich diese Ehe eine Kette von Trübsal werden sollte. Ja, gerade diese Trübsale wurden durch Gottes Güte und Gegenwart zu einer großen Offenbarung seiner Barmherzigkeit und Herrlichkeit.

Zunächst sah sich alles sehr rosig an. Am 26. Juli wurde unsere Hochzeit gefeiert, und zwar am *„Stockfisch"*, an einem Ort, dessen *Name* ebenso prosaisch, wie seine Lage, auf hohem Ufer der Ruhr, poetisch ist. Und sehr poetisch war auch unsere Hochzeitsreise. Himmel und Erde lächelten uns zu, als wir erst den Harz, darauf die Sächsische Schweiz und die Wartburg besuchten, um schließlich nach unserem lieben Holpe zu reisen. Bei Regen und Sturm kamen wir an. Als uns aber auf der Schwelle des Hauses unsere treue Luise, mit dem blondköpfigen Büblein auf dem Arm, glückstrahlend empfing, da konnten auch wir fröhlich eintreten. Maria setzte sich ans Klavier und spielte den 23. Psalm (nach Jorissen): „Gott ist mein Hirt, nie werd' ich Mangel leiden." Das war schön gewählt. Als aber dann der Vers kam: „Und wall' ich auch im finstern Todestale", da *durchschauerte* es mich. Ich konnte nicht mehr mitsingen. Maria schaute sich fragend um. Sie verstand die Angst nicht, die mich befallen hatte, und sie *konnte* sie glücklicherweise auch nicht verstehen.

Zwei bis drei Monate nachher war mein Vater bei uns zu Besuch. Es entging mir nicht, daß er seine Schwiegertochter scharf beobachtete und, besonders wenn sie hüstelte, ernst dreinschaute. Eines Morgens bemerkte ich, daß er heftig auf das Mundstück seiner Pfeife biß, was immer ein Zeichen war, daß er ein Gefühl unterdrücken wollte. Plötzlich verließ er das Zimmer. Ich folgte ihm und bat ihn, mir zu sagen, was ihn so bewege. Er wehrte ab. „Laß mich", sagte er rauh. Aber während er so hart redete, rollten Tränen über seine Wangen. Als ich dann in ihn drang, sagte er: „Mein armer Junge, deine Frau brütet an der *Schwindsucht.*" Ich war sehr betroffen. Daß ein so gewissenhafter Arzt nicht ohne sichere

Gründe solch ein schreckliches Wort sagen würde, wußte ich nur zu gut. Und was bald nachher der Waldbröler Arzt nach gründlicher Untersuchung aussprach, stimmte genau mit dem Urteil meines Vaters überein.

Beide Männer aber sagten, daß Maria *nichts ahnen* dürfe von dem, was *ich* wisse, falls nicht ihre Leiden ganz außerordentlich vermehrt werden sollten. Mit anderen Worten: Ich mußte ihr gegenüber der fröhliche Ehemann bleiben, mußte singen und scherzen, während mir das Herz blutete. Maria selbst wurde in der Tat immer leidender, schob das aber mit viel Humor auf gewisse Verhältnisse, die anzeigten, daß sie Mutter werden sollte. Auch als ein furchtbares Leiden am Fuß eintrat, blieb sie in der besten Stimmung. Was *ich* aber in den zwei Jahren unserer Ehe innerlich durchgemacht habe, das weiß niemand als Gott allein. Ich deute hier nur alles an.

Die nächste Folge war, daß wir unseren kleinen Otto, der meines Herzens ganze Wonne war und der auch an seiner unvergleichlichen zweiten Mutter mit schwärmerischer Liebe hing, sehr viel *fortschicken* mußten. Zwar waren die Großeltern in Elberfeld und erst recht die in Wülfrath allemal sehr froh, wenn sie das Enkelkind auf längere Zeit bekamen. Aber einmal wurde der Junge dort nicht wenig *verzogen*, zumal in den beiden großelterlichen Häusern nicht dieselbe Luft wehte; sodann mußte *ich* mein Kind entbehren, gerade *wegen* der neuen Mutter, die zu ihrem größten Kummer absolut keine Unruhe vertragen konnte und sehr viel liegen mußte. Und doch hatte ich bei der Wahl einer neuen Lebensgefährtin eben diesen Gesichtspunkt, daß sie *eine rechte Mutter für mein Kind* sein sollte, in den Vordergrund gestellt. Ach, obgleich sie die beste Mutter war, mußte doch *ihretwegen* das Kind fort!

Daß der *Haushalt* viel mehr kostet, wenn die Hausfrau immer krank ist, brauche ich nicht erst zu beweisen. Dennoch hat Gott geholfen, daß ich *niemals in Schulden* geraten bin. Auch habe ich niemals einem meiner reichen Freunde nahegelegt, mir zu helfen. Und von selbst ist wunderbarerweise keiner auf diesen Gedanken gekommen, daß ich's wohl knapp hätte. Wie ich bei dem kleinen Gehalt durchgekommen bin, weiß ich nicht mehr. Aber ehrlich durchgekommen bin ich, und gehungert haben wir auch nie.

Ich habe damals gelernt, daß der Heiland, der von seinem Jünger fordert: „Laß dir an meiner *Gnade* genügen!" – dann, wenn er schier alles nimmt und nur die *Gnade* übrigläßt –, dann auch diese seine Gnade in besonderer Weise *wirksam* sein läßt. Wenn ich so in weiter, einsamer Heide mit meinem Schmerz allein war, mit dem Schmerz, den ich weder meinem Weibe noch irgendeinem Menschen in der Gemeinde anvertrauen durfte, dann habe ich oft laut geschrien: „Herr, mein Heiland und Erbarmer, laß mich nicht versinken; tue etwas für mich, ich halte es so nicht mehr aus!" Darauf hat's dann zuweilen Zuflüsse aus der oberen Welt und Lichtblicke in das Reich der Vollendung gegeben, wovon ich nicht reden kann und mag, die mich aber zuweilen heute noch fast mit Sehnsucht nach jener Zeit erfüllen können. Die Regel aber war, daß nichts erfolgte als dies: „Selig sind, die nicht sehen *und doch* glauben!"

Der Gott aber, der genau weiß, was wir tragen können, und der nicht will, daß es über Vermögen gehe, sorgte denn auch dafür, daß wir seine Freundlichkeit *schmecken* und *sehen* konnten. Ich will dafür nur *ein* Beispiel geben, obgleich ich viel erzählen könnte und manches auch in meinen Schriften berichtet habe.

Eines Tages sagte mir die liebe Kranke mit vielem Zagen: „Heute kommt der Schlachter. Er ist seit mehreren Monaten nicht bezahlt und hat schon gemahnt. Ich aber habe ihm fest zugesagt, daß er heute sein Geld bekommen soll." Mir schnitten die Worte durchs Herz, denn ich wußte, daß meine Kasse *leer* war. Aber ich wollte das teure Weib nicht betrüben und antwortete mit künstlicher Ruhe: „Schicke mir den Mann nur auf mein Zimmer! Er soll sein Geld haben."

Ja, dorthin ging ich in höchster Aufregung und schloß hinter mir die Tür zu. Eine so furchtbare Angst kam über mich, daß mir der Schweiß ausbrach. Und ich redete heftig mit Gott. Ich stellte ihm vor, daß ich es aufgeben müßte, seinen Namen zu verkündigen, wenn er mich in dieser Not zuschanden werden lasse. Ich könne doch nicht herumlaufen und bei meinen Gemeindegliedern, die meist selbst nichts hätten, Geld leihen. Der Schlachter aber sei katholisch und würde mich jetzt verklagen oder doch als einen Schuldenmacher in aller Leute Mund bringen. Ohne einen guten Namen aber könnte und wollte ich die Kanzel nicht mehr betreten.

Und es geschah, als ich noch also, schier respektlos, betete, klopfte es an die Tür. Ah, dachte ich, das ist der Schlachter! „Herein!" rief ich mit heiserer Stimme. Aber der da draußen konnte nicht hereinkommen, denn die Tür war zugeschlossen. So machte ich denn auf und sah – den *Postboten.* Und der überreichte mir einen Brief mit fünf Siegeln. Inhalt: fünfundzwanzig Taler in Papier. Oder waren's gar fünfzig? Das weiß ich nicht mehr. Fünfundzwanzig sind in diesem Falle auch genausoviel wie fünfzig, denn es war *gerade die Summe,* die ich damals *nötig* hatte für den Schlachter, der dem Postboten nach wenigen Minuten folgte. Als *Absender* aber war auf dem Kuvert angegeben: „Carl Simonis in Bonn, Koblenzer Straße."

„Das muß ein Irtum sein", sagte ich fast bestürzt zu dem Postboten, „ich habe den Namen des Absenders nie gehört." – „Geht mich nichts an", erwiderte der Mann, „ich bitte nur um eine Quittung." Die schrieb ich denn schnell mit zitternden Händen, gab dem Mann einige Zigarren und schob ihn zur Tür hinaus. Und ich schloß sie zum anderen Male.

Jetzt brach ich den Brief auf. Ach, ich fürchtete immer noch, daß irgendein Irrtum vorliege oder daß das Geld nicht für mich sei. Das Begleitschreiben aber machte aller Angst ein Ende. Dies ist sein wesentlicher Inhalt: Absender war ein Herr, der einen großen Handel mit englischem Portlandzement betrieb. Dieser liebe christliche Mann war nun bei Gelegenheit einer Fußtour, die er auf Rat des Arztes machen mußte, in einem Dörflein des Siegerlandes „festgeregnet". Auf seine Bitte hin hatte ihm der Wirt etwas zu lesen gegeben, und zwar einige Nummern des *„Volksboten an der*

*Sieg und Agger"**. Ein von *mir* geschriebener Aufsatz, der betitelt war: „Das große Verwundern am letzten Ende", hatte ihn mächtig ergriffen — *so* mächtig, daß der Zementhändler sich in einen Buchhändler verwandelte und sofort beschloß, diesen Aufsatz in Tausenden von Exemplaren drucken und durch die „Boten", ich weiß nicht genau welcher christlichen Gesellschaft, vertreiben zu lassen. Und so war es tatsächlich geschehen. Das Geschäft hatte einen guten Erfolg gehabt, ja, es waren noch rund fünfundzwanzig Taler dabei übriggeblieben. Alles ohne mein Wissen. Diese Summe nun hielt Herr Simonis für das Eigentum des Verfassers jenes Artikels.

Ich aber weinte vor Freuden und schloß die Tür wieder auf, denn ich mußte nun meiner Maria erzählen, was geschehen war, und mit ihr loben und danken. Anderen Tages sagte nach dem Gottesdienst ein frommer Bergmann zu unserem Küster: „Was ist doch mit unserem Pastor passiert? Er predigt ja so, als ob er in den dritten Himmel versetzt worden wäre." Und das war ich auch. Ich konnte aber damals weder dem Küster noch sonst jemand mitteilen, was mir widerfahren war. Doch Herrn *Simonis* ließ ich in das Geheimnis der Dinge hineinschauen und schrieb ihm, daß nie auf Erden ein Verleger seinem Autor ein solches Honorar gezahlt habe wie er mir, denn seine Hand sei diesmal für mich die Hand des lebendigen Gottes gewesen. Das hat den lieben Mann sehr gefreut, und von dem Tage an verband ihn mit uns eine innige Freundschaft, die auch für meine Schriftstellerei von Bedeutung war. Er gründete jetzt mit anderen eine christliche Buchhandlung und nahm meine ersten Werke in seinen Verlag.

Nie wieder ist mir das sonst so prosaische Geld so himmlisch erschienen wie in diesem Falle. Freilich, wer nicht will, braucht hier nichts Übernatürliches zu finden. Alles einzelne ist *ganz und gar natürlich,* also das Gegenteil von „wunderbar". So sind auch sämtliche Naturgesetze in ihrem gewohnten Gleise geblieben; ja, alles ging dabei „ganz natürlich" zu.

* Die Schriftleitung dieses Monatsblattes hatte ich — mit großer Freude — meinem Freunde *Jakob Engels* abgenommen.

Und doch wird jeder, der ein geistliches Auge hat, die große, väterliche *Hand des allmächtigen Gottes* in allen diesen scheinbaren Kleinigkeiten und in der Verkettung der einzelnen Dinge erkennen. Und daß die fünfundzwanzig Taler gerade in der Stunde der Not, der Angst und des Gebets ankamen, das war für mich ein überwältigender *Beweis*, daß Gott im Himmel die Seufzer seiner Kinder auf Erden *hört* und ihre Tränen zählt.

Ich nahm mir also vor, niemals und unter keinem Kreuz fernerhin an seiner Liebe und an seiner Gegenwart zu zweifeln. Wie glücklich wäre ich, wenn ich berichten dürfte, daß ich das auch *gehalten* habe! Aber ich kann es leider nicht berichten.

Hatte Gott so durch ein einzelnes außergewöhnliches Ereignis mein zagendes Herz aufgerichtet, so war es eine *bleibende* Tröstung, daß ich die Kraft Gottes an meinem armen und doch so reichen *Weibe* sehen durfte. Ein Wort, das sie mir oft zum Trost sagte, lautete: „Sink wie ein Kind in deines Vaters Schoß und lasse ihn mit dir in allem walten!" Das Kindlein, das sie unter viel Not geboren — es war ein liebliches Mädchen, das auch den Namen Maria empfing —, bekam bald nach seiner Geburt Krämpfe und siechte schnell dahin, wie bei dem schwindsüchtigen Zustand der Mutter vorauszusehen war. Diese war zwar unendlich traurig, mich aber tröstete sie und sagte: „Du wirst nun sehen, daß Gott *mich* gesund macht; an *einem* Opfer ist's genug." Es war nicht so, obgleich auch ich es eine Zeitlang glaubte. Nein, es war nicht so; es ging immer tiefer in die Nacht.

So erkannte ich *damals* nur, wie das häusliche Kreuz mich an die Scholle fesselte. Daß dasselbe Leiden mich auch in die heilige Tiefe führte, wo man die Geheimnisse Gottes erkennt und innerlich frei wird wie sonst nirgends, begriff ich erst hinterher. Es gab damals böse Stunden, wo ich mit Gott haderte, daß er mich hindere, die Gaben, die er selbst in mich gelegt hatte, richtig zu verwerten. Mein armes Weib aber, das, mit feinem Instinkt, wohl merkte, was in mir vorging, hat bei dem allem vielleicht noch mehr durchgemacht als ihr Mann. Oft sagte sie, unter Tränen lächelnd: „Ich bin ein Klotz an deinem Bein." Das war sie freilich. Aber sie war mir auch ein Vorbild der Geduld und des Glaubens, wie es selten auf Erden gefunden wird. Und so verwandelte sich der „Klotz" für mich in einen lebendigen Quell. Erst allmählich wurde mir klar, daß man durch das eheliche Leben, vor allen Dingen auch durch die Trübsalsschule, die so oft damit verbunden ist, viel fähiger wird, Gottes Wort und Trost zu fassen und also auch des Menschen Herz zu verstehen und zu bewegen, als es jemals in dem Zustand selbstgewählter oder aufgezwungener Ehelosigkeit der Fall ist.

Ja, der Herr war unser Licht, daß wir trotz allem oft fröhlich zusammen waren. Es ist merkwürdig, wieviel ein Mensch aushalten kann, selbst ein so schwacher, wie ich es war. Wenn man vor seinem Eintritt in die Welt den ganzen Weg sähe, den man gehen soll, und nun gefragt würde, ob man Lust hätte, geboren zu werden — ich glaube, man würde verzichten. Ist man aber erst in der Welt, und kommt alles so nach und nach, so merkt man, bei einigem Licht von oben und bei einiger Willigkeit des Glaubens, dennoch, daß *alles Gnade* ist und daß denen, die Gott lieben, *alle* Dinge zum Besten dienen müssen.

Von dem Jahresschluß 1866 und dem Anfang von 1867 weiß ich kaum mehr zu berichten, als daß es *„durch tiefe Wasser"* ging. Der Zustand meiner Frau wurde immer trauriger; sie selbst aber trug sich fort und fort mit Genesungshoffnungen. Dieses Hoffnungselement scheint mit der Schwindsucht eigentümlich verbunden zu sein. Selten denken Schwindsüchtige ans Sterben, weder die gläubigen noch die ungläubigen; dagegen schmieden sie allermeist Zukunftspläne für diese Welt, oft bis in die Todesstunde hinein. Da diese Erscheinung fast so regelmäßig zu beobachten ist wie ein Naturgesetz, so darf man wohl annehmen, daß der Schöpfer selbst es so geordnet und den Schwindsüchtigen auf ihren langen Sterbensweg das Licht der Hoffnung mitgegeben hat.

Meine Maria sollte nicht in Holpe ihr junges Leben beschließen. Als sie mir im Juni 1867 immer wieder sagte, die steilen Berge lägen ihr gleichsam auf der Brust, und sie sei fest überzeugt, daß sie in Mülheim, unter der Pflege ihrer Mutter und des Arztes, der sie von Jugend auf kenne, bald genesen würde, fügte ich mich in das Unvermeidliche und brachte sie in ihre Heimat. Das war eine unaussprechlich traurige Reise — das heißt für *mich*, denn ich wußte, daß sie unser Pfarrhaus nie wieder betreten würde. *Sie* dagegen wurde durch die Macht der Hoffnung derart erhoben, daß sie voll Lust und Lieder war. So ertrug sie auch leicht die Anstrengungen der Reise. Und wirklich brachte ihr die Heimatluft für etliche Wochen eine leibliche und seelische Erfrischung. Aber das alles war nur das letzte Aufflackern des Lebenslichts. Bald ging es von Tag zu Tag bergab.

In den ersten Augusttagen rief mich ein Telegramm nach Mülheim: „Höchste Gefahr!" Gleichzeitig mußte ich hören, daß mein kleiner *Otto* in Elberfeld von heftigen Krämpfen befallen sei. Da verstand ich, was es heißt: „Alle deine Wasserwogen und Wellen gehen über mich." Ich fand die Kranke so leidend, daß es zum Erbarmen war, aber dennoch war sie so reich und glücklich in ihrem Heiland, daß man sie nur beneiden konnte. So war *ich* es denn nicht, der die *Hinsterbende* tröstete, sondern *sie* war es, die *mich* tröstete. Bis zum letzten Tag vor ihrem Tode bewies sie das regste Interesse für alles, was ihre Lieben betraf. Ja, ich mußte ihr noch meine letzten kleinen schriftstellerischen Arbeiten vorlesen, und sie übte mit holdem Humor noch einige Kritik daran. Schließlich sagte sie: „Es ist schade, daß ich die *Fortsetzung* nicht mehr bekomme, aber im Himmel gibt's ja, mit Respekt zu sagen, wohl noch etwas Besseres. Vielleicht darf ich da auch Gott bitten, daß er deine Feder einmal vielen zum Segen setzen möge."

So waren die letzten Tage trotz aller namenlosen Leiden, wie sie die *Halsschwindsucht* immer, aber selten in diesem Maß, mit sich bringt, dennoch nicht ohne Lieblichkeit. Wenn ich mit ihr gebetet hatte, konnte sie dann wohl noch einige Worte hinzufügen, etwa: „Nun habe ich dir aber auch noch was zu sagen, lieber Vater im Himmel! Du darfst meinen

Mann und unser Ötteken nicht verlassen; nein, du darfst es nicht und tust es nicht! *Amen!* Hörst du, lieber Vater? *Amen!*"

Der übrigens sehr tüchtige Arzt weissagte, daß Maria, die ja so schwach und entkräftet war, ohne den Tod zu schmecken, sanft und unbewußt in die andere Welt hinüberschlummern werde. Maria hörte das, meinte aber kopfschüttelnd: „Die Herren sagen, was sie wissen. *Selig* werde ich, aber es geht noch durch das Feuer eines schweren Todeskampfes." Sie hatte leider recht. Am Abend des Tages, da sie vor einem Jahr unter tausend Schmerzen ihrem Kindlein das Leben gab, begann ein siebenstündiger Todeskampf, ein Todeskampf, so schwer, wie ich noch keinen gesehen. Gott verzeihe mir in Gnaden, wenn ich in jener Nacht mich an ihm ärgerte und in höchster Gefahr war, an seiner Liebe irre zu werden. Um drei Uhr morgens am 14. August drückte ich ihr die Augen zu. Dann eilte ich hinaus in die Nacht. Unter dem hohen Sternenhimmel weitete sich mein zusammengepreßtes Herz; ich konnte weinen und beten, ja endlich auch *danken;* denn obgleich unsere Ehe wie eine einzige Kette von Trübsalen anzusehen war, so war sie dennoch das genaue Gegenteil von dem, was man eine unglückliche Ehe nennt.

Dennoch, als ich drei Tage später, umgeben von den lieben Geschwistern, die teure Leiche ins Grab gesenkt hatte, entrang sich meinen Lippen das Eliawort: „Es ist genug; so nimm nun, Herr, meine Seele!"

Ein origineller und treuer christlicher Mann aber antwortete mir auf dem Wege ins Trauerhaus: „Wie? Sie wollen dem Teufel den Gefallen tun und jetzt sterben? Ja, das wäre ihm wohl nach der Mütze! Aber meinen Sie, daß die Kinder Gottes zum Sterben in der Welt sind? Wahrhaftig, es gibt viel zu tun für unseren Herrn Christus. Dem Teufel zum Trotz müssen Sie leben und schaffen wollen. Hören Sie? Dem Teufel zum Trotz!" Diese Worte machten keinen geringen Eindruck auf mein Herz.

„WENN DIE STUNDEN SICH GEFUNDEN"

Wenn ich den Lesern nun erzähle, daß ich am dritten Tage nach der Beerdigung meines geliebten Weibes, also von ihrem frischen Grabe weg, direkt zur *Evangelischen Allianz* nach *Amsterdam* gereist bin, so könnte das manchem Mann und erst recht mancher Frau gar seltsam, ja sogar leichtfertig erscheinen. Und wenn ich nicht selbst der Attentäter wäre, so würde es mir auch vielleicht selbst so vorkommen. Dennoch gedenke ich mich wegen dieser Reise durchaus nicht zu entschuldigen. Jeder Mensch ist eben ein eigengewachsenes Wesen, hat seine eigene Führung und muß tun, was er, gerade er, *soll.* Das ist aber oft das gerade Gegenteil von dem, was andere sollen und dürfen.

Was sollte ich denn auch jetzt anfangen? Nachdem sich meine Gedanken durch Jahr und Tag um mein hinsiechendes Weib bewegt hatten, war es durchaus nötig, daß meine Seele einmal in eine ganz andere Luft eingetaucht wurde. Zur pfarramtlichen Arbeit war ich damals durchaus unfähig. Wäre ich, so wie ich war, das heißt nach Leib und Seele zerknickt, in die Einsamkeit meines verödeten Pfarrhauses gezogen, so wäre ich schwermütig geworden. Bei den *Verwandten* aber herumzusitzen, wäre nicht minder verderblich gewesen. Wir würden wahrscheinlich aus dem Zirkel trübseliger Familienbetrachtungen nicht herausgekommen sein. Also reisen! *Zeit* dazu hatte ich genügend. Die umwohnenden Amtsbrüder, die das tiefste Mitleid mit mir hatten, waren übereingekommen, auf vier bis fünf Wochen alle meine Arbeit zu übernehmen.

Wohin sollte ich nun gehen? Ich glaube auch heute noch, ich mußte einmal unter Menschen, *die nichts von meinem Kummer wußten* und mich also auch nicht darauf anredeten, aber natürlich unter Menschen, die mich geistig und geistlich befruchteten und in neue, große Gedankenkreise hineinführten, damit ich wieder *leben* könnte, denn mein Herz war schier erstorben.

Nach allen diesen Seiten hin bot die Evangelische Allianz mir, was ich haben mußte, ja, ich empfing durch die Gemein=

schaft mit Menschen, die mich trösteten, und durch die Begegnung mit meinem verehrten alten Lehrer Professor *Tholuck* und meinem neuen Freund *Jan van Oosterzee*, dem berühmten Utrechter Theologen, so viel für Leben und Dienst, daß ich noch lange Zeit davon zehren konnte.

Da meine Ferien aber noch nicht zu Ende waren, so reiste ich rheinaufwärts zu meinen Geschwistern in dem schönen St. Goar. Ich hatte mich verpflichtet, dort auf einem Missionsfest zu predigen, und will jetzt gleich vorweg bemerken, daß mir gerade über dem Predigen das Herz wieder fester und der Glaube freudiger wurde. Auch tat mir die trauliche Gemeinschaft in dem idealen Pfarrhause wohl.

Aber von bleibender Bedeutung für meine ganze Zukunft war ein Erlebnis, das mir *auf der Reise* nach St. Goar begegnete.

Ich hatte eine längere Wanderung gemacht und saß in einem kleinen Wirtshaus zu Oberlahnstein, des Dampfschiffes harrend, das mich nach St. Goar bringen sollte. Es war am frühen Nachmittag. Zu meinem großen Kummer sagte mir nun plötzlich der Wirt, es sei eine Depesche gekommen, daß mein Dampfer bei Nonnenwerk festgefahren sei und frühestens in drei bis vier Stunden eintreffen könnte. Das war bitter. Was sollte ich tun? Wie ich so überlege, dringen aus der Nebenstube die scharfen Stimmen von Männern, die sich bald als Viehhändler entpuppten, an mein Ohr.

Worüber diese Männer ihren Streit führten, verstand ich nicht; es war mir auch gleichgültig. Nur das *eine* Wörtlein *„Frücht"* wurde immer wieder laut; und das war mir *nicht* gleichgültig. Ich besann mich, wo und in welchem Zusammenhang mir dieses Wort schon vorgekommen sei, und plötzlich wurde mir klar: „Das ist das Dörflein, wo Pastor *Ninck* wohnt, mit dem du wegen schriftstellerischer Dinge schon öfter verhandelt hast." Er war mir damals persönlich noch unbekannt, aber ich trug längst Verlangen danach, ihm ins Auge zu schauen. Als ich nun von den Leuten erfuhr, daß *Frücht* nur eine „dicke Stunde" von Lahnstein entfernt sei, so war mein Entschluß bald gefaßt, und ebensobald stieg ich in der alleinigen Begleitung meines Wanderstabes den Berg hinauf.

Ich fand den lieben Bruder, der jetzt längst in der oberen Heimat weilt, auch zu Hause. Es war eine hohe, edle Gestalt mit sanften und doch willensstarken Gesichtszügen und herrlichen Augen. Er empfing mich herzlich. Zunächst aber war er nicht allein. Einige Lehrer seiner Pfarrei waren um ihn versammelt. Er lud mich ein, an der kleinen Konferenz teilzunehmen, die bald zu Ende sei.

Aber es beunruhigte mich fast, daß der Mann mich fortwährend mit langen, fragenden und prüfenden Blicken anschaute. Ich ahnte nicht, was das bedeute. Als die Lehrer uns verlassen hatten und wir also allein waren, blieb er dennoch ganz einsilbig und in sich gekehrt. Was immer ich auch für Akkorde anschlug, es gab keine Musik. Da sagte ich: „Bruder Ninck, mir scheint, daß Sie Wichtigeres zu tun haben, als mit mir zu plaudern; ich will nun wieder nach Lahnstein hinunterlaufen." „Im Gegenteil", erwiderte er ernst, „ich habe sehr nötig, gerade mit Ihnen zu reden. Lassen Sie uns in den Garten gehen!"

Das geschah. Als wir da eintraten, ertönte das Vesperglöcklein. Der teure Mann nahm nach Landessitte sein Käpplein ab und betete. Aber sein Gebet dauerte länger, als es wohl gewöhnlich bei dieser Gelegenheit gewährt haben mag.

Nun fing er an und erzählte, was sein Herz bewegte. Vor vierzehn Tagen habe er von *Bremen* die Aufforderung bekommen, dort in den Dienst der *Inneren Mission* einzutreten, wobei es sich vornehmlich um die Gründung einer neuen Gemeinde in der großen, aufblühenden Ostertor-Vorstadt handle. Die Sache sei sehr wichtig und liege ihm schwer auf dem Herzen. Es sei ihm mehr als zweifelhaft, ob er eben jetzt seine Gemeinde verlassen dürfe. Anderseits sei ihm gewiß, daß er für Bremen einen Mann stellen müsse, und zwar einen, der schon innere Erfahrung habe.

So habe er denn ernstlich Tag um Tag mit Gott geredet und ihn gebeten, ihm den Mann, der für Bremen passe, hinauf nach Frücht zu schicken. „Und" — so schloß er — „seit ich *Sie* gesehen habe, ist's mir mit jedem Augenblick gewisser geworden, daß *Sie* der Mann für Bremen sind." Er umarmte mich tiefbewegt und bot mir das brüderliche *Du* an, das ich mit Freuden annahm. „Nun sage schnell: ‚Ich will nach Bremen'", drängte der liebe Mann, der bei dieser und anderer Gelegenheit etwas an sich hatte, was an Gewaltsamkeit erinnern konnte, wenn man ihm nicht die Liebe angemerkt hätte.

Mich durchzuckte es wie ein Wetterstrahl. Daß es für mich, den nun zum zweiten Male Vereinsamten, Zeit sei, das entlegene Dörflein mit einem größeren Arbeitsfeld zu vertauschen, war mir schon klar. Dazu kam, daß mein Büblein nun bald schulpflichtig wurde, die sehr mangelhafte Schule in Holpe aber unmöglich besuchen konnte. Es blieben also nur zwei Möglichkeiten: *Entweder* mußte ich mich von meinem einzigen Kinde *oder* von meiner Pfarrei trennen. Und nun kam plötzlich diese neue Aussicht.

Aber es stiegen auch alsbald allerlei Wolken auf. Wie? Ich sollte eine feste Pfarrei aufgeben und in den mir noch höchst unklaren Dienst der Inneren Mission eintreten und von einem stets wechselnden Komitee mich leiten lassen? Und ferner: Pastor Ninck konnte wohl sagen, daß er auf Bremen verzichte, er konnte auch dem Komitee meinen Namen nennen; ob aber die Bremer Herren davon irgendwelche Notiz nehmen würden, das mußte sich dann doch erst zeigen.

Freund Ninck lächelte überlegen wegen dieser Bedenken und sagte: „Warum mußte denn heute dein Dampfer steckenbleiben? Warum mußtest du gerade in das Wirtshaus einkehren, wo die Pferdehändler saßen? Und warum mußten die gerade immer von Frücht reden und dich auf den Gedanken bringen, mich zu besuchen? Ich weiß, daß der Herr Christus dich hier auf den Berg geschickt hat, und wenn er einmal A gesagt hat, so sagt er auch B." Seine innere Gewißheit und Freudigkeit waren so groß, daß sie sich meiner Seele bald mitteilten. Als ich am andern Morgen früh den Berg hinabwanderte, war eine neue, große Aussicht vor meinen Augen aufgetan.

Einige Tage später zog ich mit meinem blondköpfigen Büblein, das mir von Elberfeld nach Siegburg entgegengebracht wurde, wieder in mein vereinsamtes Haus. Auf der Reise hatte mich das unschuldige Kind durch seine zärtliche Liebe und durch seine originellen Fragen sehr getröstet und angeregt. Aber es ging mir durchs Herz, wie er nun in dem großen Wohnzimmer fragend und suchend umherblickte und dann in aller Einfalt sagte: „Kommt denn das liebe Mütterken Maria gar nicht wieder?" O selige Kindheit, welcher der Tod mit seinen Schrecken noch ein verborgenes, unverstandenes Ding ist! Der Knabe lebte fortan fast nur auf meiner Studierstube. Das hinderte aber keineswegs, daß ich fleißig arbeitete und mich besonders nach Tholucks Rat in *Luthers* Schriften vertiefte. Auch Pascals „Pensées" („Gedanken") schafften mir viele Anregung.

Aber ach, von Bremen kam kein werbendes Wort! Ich fragte einmal bei Ninck an, aber auch der antwortete nicht. Woche um Woche verging. Der August schwand, und der September kam, und aus dem September ging's in den Oktober. Da erstarb die Hoffnung. Eine finstere Wolke senkte sich über meinen Geist. Ich war so fest überzeugt gewesen, daß ich durch Gottes wunderbare Hand hinauf nach Frücht geführt worden war und daß Gott selbst den Pastor Ninck bewogen habe, zu meinen Gunsten zu verzichten, und nun war das alles Einbildung und Phantasie gewesen. Ich kam in große Gefahr, an der göttlichen Leitung überhaupt irre zu werden.

Man soll aber, wenn man wirklich des göttlichen Winks gewiß ist, nicht daran irre werden, ob sich auch Gott in Dunkel hüllt und uns lange warten läßt. Zu seiner Zeit kommt dann doch seine Hand wieder aus der Wolke heraus; man erfährt dann, daß er uns *nur scheinbar* im Stich ließ — bis *seine* Stunde gekommen ist.

Das *Warten* ist mir mein Leben lang immer sauer geworden; damals aber war ich doch noch heißblütiger und ungeduldiger als heute. Ich konnte mir gar nicht denken, daß den Bremern die Sache weniger eilen könne als mir. *Wenn* es ihnen aber eilte und wenn sie an mich dachten, wie konnten sie dann so lange schweigen? Sie dachten eben nicht an mich, und Gott im Himmel dachte auch nicht an mich, und ich war offenbar bestimmt, in meinem einsamen Pfarrhaus trübsinnig zu werden. *So* waren meine verkehrten Gedanken.

In dieser glaubenslosen Stimmung fand mich mein Bruder Bernhard, der mich am 5. Oktober 1867 besuchte. Ich bemühte mich, heiter zu sein, denn ich wollte vor *ihm* wenigstens meinem Herrn Christus keine Schande machen. Kommenden Tages predigte ich erst auf meiner Kanzel, nachmittags aber in dem zwei Stunden entfernten Odenspiel, wo man zur Zeit keinen Pastor hatte. Natürlich begleitete mich Bernhard. Dieses Odenspiel trägt seinen Namen mit Recht, denn der wilde Sturmesgott Wodan (oder Odin) trieb gerade in jenen Tagen um das hochgelegene Dörflein sein grimmiges Spiel.

Am anderen Morgen war noch dasselbe tobsüchtige Wetter. Mein Bruder reiste nach einer anderen Seite hin fort. Ich wanderte allein nach Holpe und war bald bis auf die Haut durchnäßt. Aber in meinem Herzen leuchtete ein Wort, das ich am Morgen in der Bibel entdeckt hatte. Das heißt, *gelesen* hatte ich's schon manchmal in früherer Zeit. Aber erst heute enthüllte es für mich seine Gewalt. Ich meine das Wort: *„Ich will ihre Traurigkeit in Freude verkehren und will sie trösten und erfreuen nach ihrer Betrübnis"* (Jer. 31, 13).

Und siehe da, in Holpe auf meinem Arbeitstisch lag *ein Brief aus Bremen.* Pastor Thikötter, mein Landsmann, der Schriftführer des Vereins für Innere Mission, lud mich ein, recht bald in Bremen zu predigen; man sei darauf aufmerksam gemacht worden, daß *ich* wohl der rechte Mann sein könnte, den Posten eines *Inspektors der Inneren Mission* zu bekleiden; das Gehalt betrage 1 000 Taler Gold (gleich 3 300 Mark), dazu Wohnungsentschädigung usw.

Da sah ich den himmlischen Stern wieder, der mir eine Zeitlang entschwunden war. Jetzt war ich wieder fest überzeugt, daß Pastor Ninck mit seinem kindlichen Glauben recht behalten werde. Ich zweifelte nicht, daß ich von Bremen als erwählter Inspektor der Inneren Mission zurückkehren würde. An demselben Tage schrieb ich meinen Eltern im Tone von

Psalm 126, daß der Herr nun seinen Gefangenen erlöst habe. Nach Bremen meldete ich, daß ich am 20. Oktober auf irgendeiner Kanzel, die man mir zuweisen würde, predigen wolle.

Jedenfalls wollte ich den Bremer Posten nicht annehmen, ohne die Verhältnisse kennengelernt zu haben. Vollends konnten die Herren von der Inneren Mission nicht einen Mann wählen, von dem sie *nur gehört* hatten.

Schon am 18. Oktober 1867 kam ich in Bremen an. Mit ganz anderen Augen sah ich jetzt die altberühmte, altertümliche und urgemütliche Hansestadt an als vor zwölf Jahren, da ich als lebenslustiger Gütersloher Primaner darin umherschwirrte. Als ich am 24. Oktober die Stadt verließ, war sie mir schon eine halbe Heimat geworden.

NACHWORT

(Vom Sohn des Verfassers)

Bis hierher gleicht der Lebenslauf Otto Funckes einem vielgewundenen, durch manche Enge schäumend sich Bahn brechenden Bergfluß. In dem Augenblick, da der Bergfluß zum breiten, ruhigen, weithin befruchtenden Strom der Ebene wird, bricht die Schilderung ab. In der Tat, *ein ganz neues Dasein* hat den vielgeprüften Bergpfarrer von seinem Einzug in Bremen an umfangen: statt der stillen Bauernhöfe die mächtig sich reckende vornehme alte Hansestadt. Statt dem Dienst an der kleinen Gemeinde mit ihren festen Überlieferungen eine große, ganz persönliche Aufgabe: aus dem Chaos einer werdenden modernen Vorstadt von Arbeitern und Kleinbürgern mit Hilfe gebildeter christlicher Freunde eine neue Welt – seine „Friedensgemeinde" – zu gestalten. Statt schlichter Landleute nun auf einmal Menschen aller Stände, darunter nicht zum wenigsten die christliche Aristokratie Bremens, deren Damenwelt in der damals noch grundlosen Feldstraße, wo Funcke in einer Kinderbewahranstalt seine packenden Bibelstunden hielt, manchen Überschuh im Regendunkel verlor. Statt einem Meer von Leiden, Kämpfen, Prüfungen nun eine lange Zeit reichen Berufssegens und ungetrübten Familienglücks! Es ging schnell vorwärts: Am 9. Februar 1868 wurde er von seinem Landsmann Pastor D. Thikötter in seine neue Arbeit feierlich eingeführt; am 3. Advent 1869 konnte er bereits die Einweihung der von ihm aus freien Liebesgaben rasch erbauten „Friedenskirche" vollziehen; am 12. Mai 1872 wurde in aller Form die neue Gemeinde gegründet, die erste neue evangelische Gemeinde Bremens seit den Tagen der Reformation.

Nicht gleich sichtbar wurde die neue, glückhaftere Zeit. Es war, als wolle Gott ihn erst ganz in die Tiefe führen, ehe er ihm die Hand zum Aufstieg bot. Otto, sein einziges Kind, der letzte Lebensbesitz, den der große Zusammenbruch ihm gelassen, ward ihm nach kurzer Frist entrissen. War er nicht nach Bremen gegangen, auch um sein Kind in nächster Nähe behalten zu können? Nun blieb ihm nur eins: das „Trachten nach der Königsherrschaft Gottes" und das Lebenszeugnis von ihrer Herrlichkeit. Mit ungebrochenem Glaubensmut vermochte er den Kampf für Gottes Sache aufzunehmen, um zu erleben, daß ihm nun „alles andere zufiel". Mit der Tochter eines Bremer Bürgermeisters verband er sich zu einem Treuebund, den erst nach über vierzig Jahren der Tod geschieden hat. Sieben Kinder — zwei Söhne und fünf Töchter — wurden dem Ehepaar geschenkt, und nie durfte der Tod in das lebensvolle Pfarrhaus seinen Eintritt halten. Otto Funcke hat noch erlebt, wie zwei seiner Töchter in voller Jugendblüte sich dem Diakonissenberuf weihten, wie die fünf anderen Kinder ihre Berufe, ihre Lebensgefährten fanden. Die ersten Enkel hat er noch auf seinen Knien geschaukelt und in ihren Zügen die Zukunft seines Geschlechts zu lesen gesucht. Am 2. Weihnachtstag des Jahres 1910 durfte er nach einer letzten schweren Leidensschule heimgehen.

„Um den Abend wird es licht sein" stand, von geliebter Hand gemalt, über der Eingangstür seiner Bremer Arbeitsstube. Mit Recht! Sattes Behagen ist Otto Funcke lebenslang ferngeblieben; immer neu mußte sich seine empfindungsstarke, leicht erschütterte Seele auf den Flügeln eines glaubensvollen Dennoch emporreißen, wenn das Leiden an der gottfernen Welt und das tiefere Leiden am eigenen Ich ihr zu stark werden wollte. Aber etwas köstlich Sonniges, eine aus der Tiefe dringende Wärme umspielte zu jeder Zeit sein ganzes Wesen, und in dem durchgereiften, weithin wirkenden Mann blieb bis zuletzt das *Kind* lebendig.

Warum bricht sein Selbstbekenntnis in dem Augenblick ab, in dem er — innerlich wie äußerlich — die Höhe seines irdischen Lebens, nicht ohne Einsatz seiner letzten Kräfte, angeklammert an die tiefsten Gewalten des Lebens, wie durch ein Wunder erreicht hat? Dem oberflächlichen Blick mag das vorliegende Lebensbild ein Bruchstück scheinen; dem Verständnisvollen bewährt sich gerade hier der Sinn des Buches. Denn es redet nicht vom Verfasser um des Verfassers willen, auch nicht von seiner bunten kleinen Welt, um „ein Stück Leben" zu schildern. Es redet auf jedem Blatt von dem Unaussprechlichen, dem ewig Verhüllten und doch ewig Offenbargewordenen, dessen Fußspuren sich im Leben Otto Funckes auf allen Wegen, auch den schweren, deutlich gezeigt haben.

Im übrigen liegt von jener Zeit an ein anderes Selbstbekenntnis Funckes vor unzähligen Augen ausgebreitet: *die mehr als zwei Dutzend Bücher*, in denen man seine an innerem und äußerem Erleben so reiche Seele erkennt. Sie zeigen immer neu, wie jedes äußere Erleben ihm ein Transparent der Ewigkeit wurde und wie jede innere Seelenbewegung für ihn plastische, oft drastische Gestalt gewinnt. Daher bilden sie im Grunde alle eine Einheit: die *„Reisebilder und Heimatklänge"* und wie diese Reisebücher voll Humor und Lebensbeobachtung sonst heißen; die Predigten und Bibelstunden, in denen die *großen Gestalten der Bibel* als vom lebendigen Gott Bewegte uns so erschütternd und tröstlich nahekommen; die Werke, die *ins moderne Leben greifen* und das Ewig-Menschliche — zugleich aber auch das Allzumenschliche — so zeichnen, daß der Leser ihre Bilder und Gedanken so bald nicht wieder los wird. Die tiefschürfenden *täglichen Andachten* endlich, an denen sich ungezählte ernste Christen einer nun ins Grab gesunkenen Generation täglich Licht und Kraft geholt haben. All diesen so verschiedenartigen Büchern ist eins gemeinsam: Funckes Ich steckt darin, ganz persönlich und unmittelbar, dem Leser ganz nah, voll Kraft und voll Schwachheit, jubelnd und weinend, durch Zweifelswolken sich immer neu emporglaubend, -liebend, -hoffend. Und hinter ihm, über ihm *Christus,* sein Meister, sein Heiland. Ein *ganzer Mensch* lebt in diesen Büchern, der den Mut hat, vor seinen Lesern, mit ihnen, für sie Mensch zu sein, der vom Geborgensein in Gott aus eigenster Erfahrung zu künden weiß.

Zum *Seelsorger mit der Feder* war er geboren; kein Wunder, daß eine große, unsichtbare Gemeinde in aller Herren Ländern sich um ihn zusammenfand. O diese nie endenden rat- und trostsuchenden Briefe seiner Leser! Wenn Frau und

Kinder sich einmal zürnend beschwerten, daß der Hausvater kaum jemals Ruhestunden kenne, dann konnte er mit Galgenhumor seufzend für sich selbst die Grabinschrift vorschlagen: „Die Korrespondenz hat ihn getötet." Aber diese Fernseelsorge war ihm aufs tiefste Gewissenssache. Bis ins Alter war er voll fröhlicher Kampflust, wo er das echte Evangelium von Verdunklungsgefahr bedroht sah. Sonst aber lebte in dem erfahrenen und erbarmungsvollen Menschenkenner eine große Weitherzigkeit.

So mag er zum Schluß noch einmal selbst das Wort nehmen über seine Seelsorge mit der Feder. Er bekennt: „Schreiben durfte ich noch viel: Bücher, Geschichten und viele, viele Briefe. Denn zahllose Briefe brachten mir Antworten und Fragen auf meine Schriften. Sie waren bald geschrieben von schwieliger Bauernhand, bald mit der starken, festen Feder des Edelmanns; Dienstmädchen schrieben auf elenden Papierlappen aus Dachkammern heraus, feine Fräulein auf Bogen mit Goldrand und hohe Gelehrte in unleserlichen Schriftzügen. Oft kamen auch Briefe in fremden Sprachen.

Ich hoffe, daß ich in allem, was ich geschrieben habe, *aufrichtig* gewesen bin; ich habe mich bemüht, ganz natürlich und menschlich über geistliche, göttliche und ewige Dinge zu reden. Ich finde in dem Zeitlichen und dem Ewigen dieselben Gesetze, darum spreche ich auch über beides in demselben Ton.

Theologischer Formelkram, der aus griechischer Philosophie herausgewachsen ist, war mir schon verhaßt, lange ehe ich wußte, was griechische Philosophie war, und es ist mir immer gleichgültig gewesen, ob das, was ich schrieb, den andern rechtgläubig, kirchlich, weltlich oder gemeinschaftsmäßig klang. Eine Religion, die für die gesamte Menschheit und doch auch für jeden einzelnen in seiner Eigenart bestimmt ist, muß unaussprechlich einfach und gemeinverständlich sein. Schließlich hat das ganze Christentum nur *einen* Artikel, und dieser Artikel ist *kein* Artikel, sondern eine lebendige *Person*. Jesus, der gekreuzigte und auferstandene Christus, ist die Antwort auf jede Frage, die ein Gott suchendes Herz in sich bewegt. Es genügt, mit ihm in wirkliche persönliche Verbindung zu treten.

Von diesem Standpunkt aus gibt es eine *Einheit* der scheinbar so zerklüfteten Kirche, eine Einheit der zerstreuten Kinder Gottes. Das *verborgene* Leben ist in allen Christen gleich, und alles andere ist Nebensache oder gar Ballast. Alle kirchlichen und theologischen Fragen sind ohne Zweifel notwendige Dinge in einer Welt, die im argen liegt. Aber *Frieden* suchen muß schließlich doch jeder in seinen Wegen, Mühsalen und Kämpfen, und er findet ihn nur in Jesus, denn niemand kennt Gott und hat ihn, der ihn nicht in Jesus entdeckt hat. In ihm ist uns der an und für sich *verborgene* und *verhüllte* Gott sichtbar geworden. Von Jugend auf war mir das Christentum gleich mit dem persönlichen Verhältnis zu *Jesus.* Vor vielen meiner Kameraden hatte ich den unverdienten Vorsprung, daß meine *Mutter* mir zeigte, wie die *Fußspuren des lebendigen Gottes* überall in der Welt zu finden seien, wenn man nur Augen hat zum Sehen, und daß es *heute* noch Offenbarungen des lebendigen Gottes gibt für *jeden.*

In manchen Beziehungen, auf politischem, sozialem, wissenschaftlichem Gebiet, haben meine Ansichten im Laufe meines langen Lebens wohl gewechselt. Seit ich aber ihm ins Herz schauen durfte, weiß ich nichts Höheres, als *seinen Namen zu preisen.* Das soll auch mein Lied bleiben im Lande meiner Wallfahrt, solange ich noch einen Odem habe."

H. und G. Taylor

Hudson Taylor

Ein Mann, der Gott vertraute

336 Seiten. ABCteam Paperback. 5. Auflage

Klar, wie von einer menschlichen Stimme ausgesprochen, lautete der Befehl: „Dann gehe für mich nach China!"
Das bedeutete die Wende. Eine Aufgabe, von der Hudson Taylor noch kaum etwas wußte, nahm ihn mit aller seiner Energie gefangen. Wie sollte er beginnen? Was konnte er, ein Apothekergehilfe in einer Kleinstadt Englands, in China ausrichten? Aber Gottes Ruf hatte ihn erreicht. Es gab für ihn kein Zurück mehr.
Nur wenige Männer haben in geistlicher Hinsicht so nachhaltig auf die Menschen gewirkt wie Hudson Taylor. Die von ihm ins Leben gerufene China-Inland-Mission arbeitet heute unter dem deutschen Namen „Überseeische Missionsgemeinschaft" in den Ländern Ost- und Südostasiens.

Friedrich Zündel

Johann Christoph Blumhardt

Zeuge der Siegesmacht Jesu über Krankheit und Dämonie

352 Seiten. ABCteam Paperback. 20. Auflage

Johann Christoph Blumhardt war ein Zeuge der Siegesmacht Jesu über Krankheit und Dämonie.
Ein Freund von Blumhardt, Friedrich Zündel, schrieb diese Biographie, die heute noch ein Standardwerk für Christen ist, die sich mit dem Gebiet des Okkulten und der Kirchengeschichte beschäftigen.

Norman P. Grubb

Charles T. Studd – Kein Opfer zu groß

128 Seiten. ABCteam Taschenbuch. 4. Auflage

„Wenn Jesus Christus Gott ist und für mich starb, kann mir kein Opfer zu groß sein, um es ihm darzubringen." Diese Worte von Charles T. Studd beschreiben sehr gut seine Lebenseinstellung und erklären die Wirkung, die sein Leben hatte. Es geht dabei nicht so sehr um den jungen Mann, der als Spitzensportler und reicher Pflanzerssohn Christ wurde. Es ist der altgewordene, reife Charles T. Studd, der durch seine Glaubenshaltung den Anstoß zu neuen, weiten Unternehmungen gab. Charles T. Studd ist nicht nur Begründer des weltweiten Evangelisations-Kreuzzuges (WEK), sondern gab – wie auch Hudson Taylor – den Missionen unseres Jahrhunderts ihren entscheidenden Anstoß.

Garth Lean

John Wesley

Modell einer Revolution ohne Gewalt

144 Seiten. ABCteam Taschenbuch. 4. Auflage

Das Leben John Wesleys stellt ein besonders markantes Beispiel dar für den Weg, der dem Christen gewiesen ist, wenn es um die Veränderung der sozialen Zustände und die Zukunft der Welt geht. Abschaffung der Kinderarbeit, Reform der Gefängnisse, Aufhebung der Sklaverei durch das englische Parlament, erste Sozialgesetze: Das sind nur einige Auswirkungen der gewaltlosen Revolution des John Wesley.

BRUNNEN VERLAG GIESSEN